文物行政执法案例选编与评析

（第一辑）

国家文物局　主编

文物出版社

封面设计　周小玮
责任印制　陈　杰
责任编辑　张晓曦

图书在版编目（CIP）数据

文物行政执法案例选编与评析．第一辑／国家文物局主编．—北京：
文物出版社，2011.5
ISBN 978-7-5010-3162-7

Ⅰ．①文…　Ⅱ．①国…　Ⅲ．①文物保护－行政执法－案例－中国
Ⅳ．①D922.165

中国版本图书馆 CIP 数据核字（2011）第 064751 号

文物行政执法案例选编与评析

（第一辑）

国家文物局　主编

*

文 物 出 版 社 出 版 发 行

（北京市东直门内北小街 2 号楼）

http://www.wenwu.com

E-mail：web@wenwu.com

北京美通印刷有限公司印刷

新 华 书 店 经 销

787×1092　1/16　印张：31

2011 年 5 月第 1 版　2011 年 5 月第 1 次印刷

ISBN 978-7-5010-3162-7　定价：150.00 元

序

　　文物行政执法是各级文物行政部门的基本职能，是文物行政管理工作的重要组成部分，也是推进文物事业科学发展的重要基础性工作。

　　当前，我国文物事业进入了一个新的发展时期。经济社会持续快速发展，党和国家对文物工作高度重视，立法工作步伐明显加快，文物保护和管理力度加大，全社会积极参与，这些都为文物事业提供了良好的发展机遇。与此同时，我们还应清醒地看到，在工业化、信息化、城镇化、市场化、国际化深入发展的背景下，大规模的经济建设、城乡建设和基础设施建设，以及旧城改造、新区开发、新农村建设，使文物保护与经济发展的矛盾凸显；一些地方政府和单位法制观念落后，法人违法现象严重，损毁国家重要文物的事件屡有发生。

　　2002 年，新修订的《中华人民共和国文物保护法》赋予文物部门诸多行政执法的权力和责任，文物行政执法揭开了新的篇章。国家文物局率先成立执法督察机构，指导、规范全国文物系统行政执法与处罚工作；在国家文物局和有关方面的推动下，各地文物行政部门也相继成立了专兼职的文物执法机构。国家文物局陆续为这些机构配发了执法督察专用车辆，开展文物行政执法培训，建立文物安全与执法督察信息系统等。自 2005 年起，国家文物局连续三年在全国开展文物行政执法专项督察，执法力度逐步加大，执法程序进一步规范，文物执法专项督察工作初见成效。但是，文物行政执法工作依旧存在着一些问题和不足，主要表现为：各地文物行政部门的执法机构有待加强，执法程序和行为不够规范，执法人员素质参差不齐，执法能力和水平需进一步提高等。

　　《文物行政执法案例选编与评析》一书，一方面将全国文物行政执法现状进行了概括性的分析与阐述，对国家文物局 2005 至 2007 年度行政执法专项督察工作做了简要介绍；另一方面将第一届文物行政执法案卷评比工作中各地选送的文物行政执法案卷进行整理、编辑和甄选，对其中一些具有代表性的案卷进行分析评价，制作了示范案卷，对执法过程中易出现的一些问题进行解答和解释。

　　编辑出版《文物行政执法案例选编与评析》是国家文物局推动全国文物行政执法工作的又一举措，旨在进一步完善执法程序，规范执法行为，提高文物行政执法的能力和水平。希望该书不仅能为一线的文物执法人员提供参考，成为他们办理案件的助手，而且能让全社会了解支持文物行政执法工作，共同推动文物行政执法工作的顺利进行。

2008 年 8 月 27 日

目　录

第一部分　全国文物行政执法现状概述

第二部分　文物行政执法案例选编

第三部分　典型文物行政处罚案卷评析

第四部分　文物行政处罚示范案卷

第五部分　文物行政处罚中常见问题及注意事项

第一部分

全国文物行政执法现状概述

一 文物法制工作的基本情况

《中华人民共和国宪法》规定："中华人民共和国实行依法治国，建设社会主义法治国家。"胡锦涛总书记在党的十七大报告中指出：要"全面落实依法治国基本方略，加快建设社会主义法治国家"，要"推进依法行政"，"建设服务型政府"。

2002年10月，新的《中华人民共和国文物保护法》修订施行，标志着文物法制工作进入新的阶段。

（一）法规体系不断完善

新中国成立以来，党和政府十分重视文物法制建设。建国之初，就颁发了一系列保护文物的法令。此后几十年间，随着形势的发展，又根据我国国情和文物工作的特点、规律，相继制定、颁布了一批文物保护的方针政策和法规。自1949年至1978年，共制定和颁布文物规范性法律文件29件，其中行政法规5件、法规性文件15件、行政规章（仅文化部、国家文物事业管理局及与有关部门共同颁发的法律文件）9件。

十一届三中全会以后，我国历史进入一个新的发展时期。文物工作和文物法制建设在新的形势下进一步发展，取得了很大的成绩。至2001年，颁布了文物保护法1件，有文物保护内容的法律10余件，行政法规6件，法规性文件14件，行政规章30余件。此外，参加接受文化遗产保护国际公约4件。至此，已初步建立了具有中国特色的文化遗产法律体系，基本上做到了有法可依。

2002年以来，我国颁布了新的文物保护法，新制定了行政法规2件，部门规章6件，规范性文件约40件。此外，还制定了一大批地方性文物保护法规。文物法制建设进入一个全新的阶段，立法数量和质量都有了很大的进步。

同时，我国的行政法建设也逐步健全，陆续出台了多部行政法，初步形成了一套比较完备的行政法律体系，其中《行政许可法》、《行政处罚法》、《行政复议法》和《公务员法》是工作中必须熟知和掌握的。

（二）法治观念不断加强

随着改革开放的逐步深入和经济社会的稳步发展，文物工作的重要性也日益凸显，全社会的文物保护意识也在逐渐加强。在科学发展观的指导下，各地各级党政领导愈加重视文物保护工作，人民群众保护文物的呼声也日益增强。这些均为文物工作有效、顺利地开展提供了良好的社会环境。文物保护法出台后，各地掀起了学习、宣传贯彻文物保护相关法律、法规的高潮，这又为文物工作者依法行政、开展行政执法工作提供了良好的法治基础。

（三）执法水平不断提高

2005 年 12 月 22 日，国务院发布《关于加强文化遗产保护的通知》（国发〔2005〕42 号），将文物工作提高到一个新的高度。文件明确要求，"加快文化遗产保护法制建设，加大执法力度"，"要严格依照保护文化遗产的法律、行政法规办事，任何单位和个人都不得做出与法律、行政法规相抵触的决定"，"严厉打击破坏文化遗产的各类违法犯罪行为，重点追究因决策失误、玩忽职守，造成文化遗产破坏、被盗或流失的责任人的法律责任"，"充实文化遗产保护执法力量，加大执法力度，做到执法必严，违法必究"。从对保护物质文化遗产的新阐述中进一步明确了文物行政执法工作的重要性。

一支高素质的干部队伍是有效巩固改革成果，使法律、制度和政策得以稳定、连续贯彻实施的有力保障。近年来，国家文物局连续四年举办了全国省级文物局局长、博物馆馆长、考古所所长和古建所所长专业管理干部培训班，培养高级文博管理干部近 340 人，并为培训合格的学员颁发了岗位资格证书。同时，国家文物局还举办了全国文物行政执法研讨班（会）、世界文化遗产保护管理机构负责人培训班、高句丽遗址地区文博管理干部和业务人员培训班等，培训学员数百人。2000 年以来，国家文物局直接培训各级文物管理干部 2000 多人次，受训人员无论在理论、政策、法律知识方面，还是在管理水平和执法能力方面都有了不同程度的提高。

（四）依法行政不断推进

加强机构建设是推进依法行政的重要保障。一个时期以来，各地不断加强文物行政管理机构建设。目前，已有 24 个省、自治区、直辖市成立了副厅级以上的文物局（其中正厅〔局〕级 3 个），并且有很多地、县级城市成立了文物局。2003 年起，为全面推动文物行政监督和处罚工作，国家文物局成立执法督察处，并下发通知要求各地成立相应的机构。目前，全国各地均已成立了省级文物行政执法专兼职机构，国家文物局还陆续为这些机构配发了行政执法督察专用车。

2005 年 8 月，中央编办正式批复，同意国家文物局设立政策法规司，政策法规司的主要职责是：研究和拟定文物、博物馆事业改革发展的方针、政策和规划，组织起草文物、博物馆管理的法律、行政法规草案；监督指导文物行政执法和文物安全管理工作，承办行政复议、行政诉讼案件和文物行政许可事宜，组织重大行政许可项目听证工作；研究起草重要文件、报告，组织实施有关文物保护宣传工作。增加行政编制 10 名。紧接着，中央编办又批复同意国家文物局增设人事教育司。

严格行政执法和加强执法监督是推进依法行政的重要手段。2005 年 1 月，在充分调查研究的基础上，为规范行政执法工作，落实执法岗位责任制，《文物行政处罚程序暂行规定》正式发布。这是文物执法人员的操作规程和行动指南，既保证违法事件得到正确处理，又保障公民、法人的合法权益不受侵害。行政执法责任制是严格执法行为和加强执法监督的有力举措。按照国务院总体部署，国家文物局已成立领导小组和工作小组分步骤实施行政执法责任制制度。

总之，政府主导作用不断加强；社会参入热情持续高涨；文物部门自身能力不断提高。经济社会发展为文物保护提供了坚实的物质基础，文物的保护又为经济社会的发展注入了丰富的文化内涵。当前这两方面正逐步趋向良性互动，和谐发展。

二　文物行政执法机构建设现状

新修订的《中华人民共和国文物保护法》颁布施行后，明确赋予文物行政部门多项法律责任，进一步为文物行政部门依法行政、开展行政执法工作提供了良好的法治基础。与此同时，在各级文物行政部门的积极推动和努力下，文物行政执法工作逐步加强，执法水平显著提高，执法行为不断规范，大批涉及文物的行政违法案件得到查处，文物事业发展的外部环境不断优化。相应的，文物行政执法机构建设渐次推进，文物执法队伍得到扩充和壮大。

（一）统一部署推动全国文物行政执法机构建设

2003 年 5 月，按照中央、国务院"加快建设法治政府，全面推进依法行政"的要求和部署，国家文物局成立执法督察处，负责指导全国文物行政执法工作，督察、办理重大文物违法案件。之后，国家文物局下发通知，要求各地成立相应的机构，加强执法工作，提高执法水平，维护法律尊严，确保法律、法规得到全面、正确、有效的实施。

2003 年之前，全国只有北京市文物局于 2000 年成立了文物监察执法队，编制 18 人。自 2003 年始，各地相继成立了多种形式的文物行政执法机构。至今，全国已有专兼职省级文物行政执法机构或队伍 30 个，山东省尚为空白，仅有一名兼职执法人员。

为肯定和推动各地文物行政执法机构建设工作，国家文物局先后分三批为 27 个省份文物行政部门配发了行政执法督察车。新疆、陕西、河北等地也纷纷效仿，为其辖区内地（市）级文物行政部门配发了行政执法车辆和器材。

（二）全国省级文物行政执法机构现状与分析

在全国现有的 30 个省级专职或兼职文物行政执法机构中绝大部分是当地省级文物行政部门通过努力而建立的；也有个别地区将文物执法纳入文化市场综合执法机构中。现将这两种情况具体分析如下：

1. 由省级文物行政部门设置的行政执法机构

由于各地文物行政部门体制不一，由其设置的行政执法机构也存在多种形式，大致可分为以下四类。

（1）具有独立法人资格的执法机构

2005 年 7 月，浙江省文物局在省委、省政府的支持下，在深化文化体制改革试点时，将原省文化市场稽查总队的编制争取过来，成立了有 8 个编制的省文物监察总队，具体承担省文物局 106 项行政职能中 36 项执法工作。

浙江省文物监察总队接受省文物局领导，同时具有独立法人资格。这种形式是全国第一例也仅此一例，其工作职能清晰，责任明确，避免了单位内部推诿现象，同时形成对行政权力的监督。

浙江省文物监察总队的成立，极大促进了全省文物执法机构建设的发展。截至目前，全省 89 个具有文物行政管理职能的行政部门中，经地方编委批准、明确职能并增挂文物监察支队、大队（中队）牌子的文物行政执法机构已有 60 家，占全省比率 67%。其中，设区的 11 个市中，已全面完成明确职能和挂牌工作，温州市、嘉兴市还增加了编制，省、市两级文物行政执法机构网络体系基本形成。

（2）省级文物行政部门内设机构

全国有 11 个省份文物行政部门通过调整内设机构而增加了文物行政执法机构。其中有北京、河北、山西、辽宁、江苏、河南、湖南、云南、陕西、甘肃、新疆。

这些机构中，有些是经过当地编制部门批准成立的，个别还增加了编制，如：北京、辽宁、甘肃、新疆；有些是省级文物行政部门依据法律要求和"三定"方案自行设置的机构，如：河北、山西、河南、湖南、云南、陕西、江苏。上述机构中，至少有 2 名以上执法人员，既符合法律要求，也为顺利开展工作提供人员保障。

相对来讲，文物行政机构较为健全的地区一般是这种执法体制。内设执法机构利于工作，便于管理，也是文物行政部门最基本的组成要素之一。

（3）省级文物行政部门内设挂牌机构

全国约有一半地区省级文物行政部门在其原有内设的机构加挂文物行政执法机构的牌子，共13个。其中有天津、内蒙古、吉林、黑龙江、安徽、福建、湖北、广东、广西、四川、贵州、西藏、青海、海南。实际上，这种执法机构只有1名专职甚至兼职（占绝大多数）的执法人员，执法职能不明确，工作开展比较滞后。

（4）与省文化市场执法总队合署办公

2006年7月，江西省文化厅成立文物保护执法队，与文化市场执法总队合署办公，行使文物执法职能。这种体制的出现完全囿于江西省文物行政部门的不健全，只能算是权宜之计。

2. 直属当地政府的文化市场综合执法总队

2004年8月31日，《中共中央办公厅、国务院办公厅转发〈中央宣传部、中央编办、财政部、文化部、国家广电总局、新闻出版总署、国务院法制办关于在文化体制改革综合性试点地区建立文化市场综合执法机构的意见〉的通知》（中办发〔2004〕24号），明确指出建立文化市场综合执法队伍，是深化文化体制改革的重要举措。文化市场综合执法的主体是城市政府，实行属地管理，各业务部门进行行业业务指导，不单独设立执法队伍。

原本文物行政执法工作较为薄弱的上海、重庆、宁夏等地，在文化市场综合执法试点时，经过认真研究，统筹考虑，将文物行政执法纳入其中。另外，按照通知精神，北京市等文化市场综合执法试点地区也将查处文物经营等活动中的违法行为交由综合执法机构负责。

这种执法体制是一些地区的试点方向，也是规范和整顿市场执法行为的重要举措。一方面，文化市场行政执法队伍成立较早，执法经验丰富，执法的法律程序熟悉，执法行为规范，人员、机构相对健全，一定程度上可以弥补文物行政部门机构不健全、执法难、不执法等问题；另一方面可对文物行政部门和文物、博物馆单位的依法行政，履行法定职责、义务实施监督。

三　国家文物局年度行政执法专项督察概况

2005至2007年，国家文物局在局党组的直接领导下，连续三年在全国部署开展了文物行政执法专项督察工作，对全国绝大部分省、自治区、直辖市的文物行政执法工作进行了较为全面的督导和检查。连续三年的督察工作有力推动了文物系统依法行政进程，更为广泛地宣传贯彻了文物工作的法律法规，进一步夯实了文物基础工作，纠正处理了一批重大文物行政违法案件，为事业发展奠定了基础。

（一）文物行政执法专项督察工作的背景和目的

改革开放以来，我国经济社会飞速发展，与此相应的社会主义民主和法制建设也取得了显著成绩。1993 年，党的十四届三中全会第一次在党的文件中提出：各级政府机关都要依法行政、依法办事。随后的十几年间，这个概念的内涵和外延被逐步的丰富和完善。去年，党的十七大更加鲜明地将依法治国、依法行政确立为落实科学发展观，全面建设小康社会、完善社会主义市场经济的重要任务之一。2004年，国务院印发了《全面推进依法行政实施纲要》，明确了下一个十年全面推进依法行政的指导思想和具体目标、基本原则和要求以及主要任务和措施。

随着改革开放的不断深入，文物工作面临着前所未有的机遇和挑战。一方面是各级党委和政府的更加重视、国民经济水平不断发展提高、全社会的广泛关注和参与普遍加强，另一方面却是文物工作的诸多方面尚需改进完善、全社会的法律意识仍显不足、涉及文物的违法犯罪行为时有发生。这些均给加强文物工作、提高依法行政能力提出了更高、更新的要求。

2002 年 10 月，《中华人民共和国文物保护法》经修订后重新颁布实施，新的文物保护法赋予文物行政部门诸多行政执法、许可和处罚等法律职责。为了全面促进文物事业发展，进一步推进各级文物行政部门依法行政和加强文物、博物馆单位依法工作水平，国家文物局自 2005 年始，在全国连续三年开展了文物行政执法专项督察工作。

（二）2005 至 2007 年度文物行政执法专项督察工作的基本情况

2005 年 3 月 16 日，国家文物局向全国下发了《关于开展 2005 年度行政执法专项督察的通知》，由此拉开了行政执法专项督察工作的序幕。

1. 专项督察工作的主要工作程序和工作方式

每年初，国家文物局向各地文物行政部门下发通知部署本年度专项督察工作的主要内容和形式；

随后，各地文物行政部门根据总体安排在本辖区内开展自查工作，并及时将自查情况汇总上报国家文物局；

在各地自查的基础上，国家文物局根据上报情况和掌握的其他情况确定被督察地区，主要是近年来有重大案件发生、行政执法工作难度较大或行政执法工作开展较好、有典型示范意义的地区；

成立专项督察工作组并召开督察组工作会议。督察组组成人员主要有国家文物局局领导，各地省级文物行政部门主要领导，国家文物局各司（室）领导，各地省级文物行政执法机构负责人及国家文物局各司（室）工作人员等，其中由各地省级文物行政部门主要领导担任督察组组长；

确定督察地区和时间后，各督察组分头赴各地实地督察，督察的主要对象是各级文物行政部门和各文物、博物馆单位。督察中主要采取实地察看、汇报与座谈、检察制度与档案、抽查文物样本等等。督察过程中即时向被督察单位反馈发现的问题和相应的整改建议；

之后，督察组向国家文物局提交督察报告。国家文物局根据报告内容向各地发出整改通知，并实时督促各地落实督察组意见，对于一些问题较严重、隐患较突出的单位，国家文物局还将派员复查；

督察结束后，国家文物局将汇总后的整体情况上报国务院，同时向全国通报，并通过新闻媒体向社会公布有关情况。

2. 专项督察工作的重点内容

专项督察工作紧紧围绕"保护为主、抢救第一、加强管理、合理利用"的工作方针，以《中华人民共和国文物保护法》为主要依据，重点对各级文物行政部门、各文物、博物馆单位的日常管理、建章立制、行政执法、重点工作等进行了督促检查。主要有：

（1）各级文物行政部门依法行政和行政执法工作

①文物行政部门和执法机构建设情况；

②文物行政执法人员上岗与培训情况；

③中央直拨文物保护专项资金监督与管理情况。

（2）各文物、博物馆单位依法办事和日常管理工作，主要抽查世界文化遗产地、全国重点文物保护单位和较大的博物馆

①各单位建章立制和执行情况；

②"四有"工作；

③国有博物馆藏品档案建立、管理和备案工作；

④各单位安全状况和防火、防盗等安全设施达标工作;

⑤各单位是否存在违法违规现象;

⑥中央文物保护专项资金管理使用情况。

(3) 其他重点工作

①第三次全国文物普查工作进展情况;

②全国文物先进县的文物保护与管理工作。

3. 地点和范围

2005 至 2007 年,国家文物局共派出 12 个督察组分赴北京、天津、河北、山西、内蒙古、辽宁、吉林、黑龙江、江苏、浙江、安徽、福建、河南、湖北、湖南、广东、重庆、四川、贵州、云南、陕西、甘肃、青海、宁夏共 24 个省、自治区、直辖市的 243 个世界文化遗产地、全国重点文物保护单位、博物馆等进行了专项督察工作。

4. 重大违法案件的核查与督办

核查和督办在督察中发现重大违法案件被确立为专项督察的重要工作任务。三年的专项督察发现了多起涉及文物的行政违法案件,有造成国有馆藏文物灭失的;有在文物保护单位保护范围和建设控制地带内违法建设的;有将文物保护单位交由企业经营管理的等等,其中 11 起案件被列为国家文物局重点督办违法案件,分别是:山西省临汾市临汾民康制药厂住宅楼工程恶意破坏古城墙案、陕西省西安市汉长安城遗址内出现大量违法建筑案、福建省福州市崇妙保圣坚牢塔(乌塔)保护范围内违法建设案、河北省滦平县将金山岭长城交企业经营违法案、新疆维吾尔自治区部分地区将国有文物保护单位交企业经营违法案、安徽省宣城市广教寺双塔保护范围和建设控制地带内违法建设案、重庆市大足县将大足石刻交企业经营违法案、河南省博爱县大王庙大殿后院碑刻文物遭严重破坏案、内蒙古自治区库伦三寺保护范围内违法建设案、甘肃省博物馆内部维修致使一级文物遭损毁案、四川省江油市窦圌山云岩寺保护范围内违法建设。

(三) 专项督察工作的收获和思考

1. 督察中看到了各地文物工作的成绩,也看到了不足

(1) 各项基础工作情况

在各级地方党委、政府的高度重视下,各地文物、博物馆事业显著发展,一大

批重要的文物保护单位受到妥善保护，一批各具特色的博物馆拔地而起，各项基础工作成绩喜人。各地在工作当中，也不断解放思想、开拓思路，创造性地实践出一些文物保护的新手段、新方法。文物、博物馆事业逐步融入经济、社会发展，逐步走进寻常百姓生产、生活当中。

由于地区经济、社会发展现状的差别，在一些地区，尤其是经济欠发达地区，文物事业发展相对迟缓，文物保护工作差强人意。主要表现为资金投入少，如个别省份全年的文物保护专项经费不足百万；专业人才缺乏，文物保护与管理水平较低，各项工作难以开展；文物保护法制观念淡薄，不能依法行政；文物、博物馆单位工作人员创新性不够、开拓性不强等等。

（2）各地文物、博物馆单位日常管理情况

在各级文物行政部门的具体指导下，在督察组检查的绝大部分文物、博物馆中，各项规章制度比较健全，日常运行较为规范，事业性收入逐年提高，参观人数逐年上升。各文物、博物馆单位积极探索新思路、新方法，积极投身经济建设，在有效保护的前提下，不断实践出各种行之有效的文物利用新举措，服务于社会、服务于人民。

通过督察，部分文物、博物馆单位仍然不同程度地存在管理粗放、制度不健全等问题。一些文物保护单位的四有工作不完善，个别单位至今尚未竖立保护标志牌，有些单位四有档案不够规范（尤其是早期的国保单位，四有档案较简单），另有一些博物馆藏品管理较为混乱，藏品管理制度存在缺项，账目不清。同时，个别地区文物行政部门的监督与执法检查工作相对薄弱，走过场、敷衍了事。

（3）各地文物、博物馆单位安全防范设施建设情况

在我局的大力推动下，各地文物、博物馆安全防范设施建设初建成效。被督察的所有博物馆和部分文物保护单位均已安装了技防、消防设施，设置专人负责管理使用。云南省博物馆新安装的安全防范系统在试运行阶段就十分成功地阻止了两次入侵盗窃行为，极大地震慑了犯罪分子的投机心理，有效地保障了文物安全。

虽然，绝大部分博物馆和部分文物保护单位已经安装安全防范设施，但督察中发现，个别博物馆和文物保护单位已安装的安全防范设施或者已老化而不能很好发挥作用，或者设施本身不完全符合规范要求、未能科学、合理设置，或者在管理使用中误操作、不会操作等。更为甚者，目前还有一些博物馆和大量文物保护单位没有安装安全防范设施，仅仅依靠人防和简单的物防，安全意识较为淡薄，一旦发生文物被盗和失火事件后果不堪设想。

（4）各地文物保护经费投入与使用情况

"十五"期间，中央文物保护专项资金投入总额为 17.4 亿元。与此同时，各地

普遍加大了文物保护资金投入。四川省"十五"期间省级文物保护经费投入从2001年的400万元增加到2005年的1120万元，市、县级文物保护经费从2001年的200多万增至2005年的400多万。经费投入的不断增加充分说明各级人民政府近年来愈加重视文物保护工作。通过各地文物行政部门联合财政、审计等部门对文物保护经费使用的检查发现，各地资金到位及时，基本做到专款专用。并且，各地普遍实施了按照项目进度拨款的制度，从目前来看，基本达到了预期效果。

现场督察发现，个别文物、博物馆单位文物保护专项资金使用与管理存在较大漏洞或问题。归纳起来大致有以下四种：一是资金迟迟不到位，滞留在省级文物行政部门；二是资金到位后，未按照项目申报时的进度使用，致使项目停滞；三是不同程度地存在挪用、占用等现象；四是个别文物、博物馆单位的事业性收入未按照法律要求全部用于文物保护。甘肃省博物馆2001年至2006年共有中央直拨文物保护专项资金640万元，而实际到位384万元，余款均滞留在甘肃省文物局未下拨。另有立项为博物馆加固维修的340万元被挪作新馆建设。除资金的使用与管理不规范外，对资金使用的监督与审计也极为缺乏，更缺乏绩效考评制度。

2. 督察工作推动了各地文物依法行政和行政执法进程

（1）机构建设

一方面极大地促进了文物行政部门的机构建设。一个时期以来，各地不断加强文物行政管理机构建设，同时，专项督察工作也间接地促进文物行政部门的机构建设。如，福建省文物局在被督察之前仅为正处级局，编制为10人，却有5个编制被文化厅占用。经过督察工作，尤其是对福州乌塔案件的督办，有力地加强了各级党委、政府对文物工作的重视程度，即时研究决定将福建省文物局擢升为副厅级局。

目前，已有24个省、自治区、直辖市成立了副厅级以上的文物局（其中正厅［局］级3个），并且有很多地、县级城市成立了文物局。

另一方面较为有力地推动了各级文物行政执法机构建设。2003年之前，全国只有北京市文物局于2000年成立了文物监察执法队，编制18人。2005年度专项督察进行时，全国共有11个省份设立了省级文物行政部门，在国家文物局的不断推动和专项督察工作的促进下，各地相继成立了文物行政执法机构。至今，全国所有省份均有了专兼职的省级文物行政执法机构或队伍，部分地区还成立了市、县级的专职文物行政执法机构。

（2）依法行政的能力

通过专项督察工作，各地依法行政渐次推进。首先，立法工作得到普遍加强，各地结合自身实际陆续发布了《〈中华人民共和国文物保护法〉实施办法》，出台了多项单项法规；其次，各地均不同程度地规范了行政许可、行政审批工作，给文物保护与管理工作奠定了坚实基础；第三，各地加强对辖区内文物、博物馆单位的监督、管理工作，制定了相应的检查、巡查制度，定期对各文物、博物馆的保护与管理现状进行抽查，提出问题，限期整改，较为有效地解决了大量实际问题，消除了大量隐患。

（3）行政执法水平

随着各地文物行政执法机构的逐步健全，文物行政执法工作的基础不断扎实。一方面各级文物行政部门愈加重视行政执法工作，建立机构，增加人员，加强培训等；另一方面，执法实践的不断积累，从客观上推进了行政执法工作。行政执法的工作方式逐渐地由行政干预、行政协调向行政处罚转变，逐渐地由红头文件向法律文本转变，逐渐地由主观的、人为控制向法律程序转变，这些根本性转变有效地抑制了执法行为的随意性，增加了透明度，更加公平、公正，同时也维护和保障了违法相对人的基本权益。

3. 专项督察中确立了若干制度，为今后工作也提出了更多要求

（1）在专项督察实践中，经过探索也形成了若干制度

一是年度行政执法专项督察制度。将专项督察工作的形式和内容在实践中不断丰富完善，并作为一项制度逐步确立。二是重点文物违法案件督办制度。分析年度行政执法专项督察中发现的违法案件，依据轻重缓急，经研究确定其中几起为国家文物局年度重点督办违法案件。案件由国家文物局直接督办案发地省级人民政府处理。三是行政执法奖惩制度。一方面在专项督察或者日常抽查工作中，对工作极为突出的单位或个人进行奖励，反之则依法严肃处理；另一方面定期组织对各地文物行政执法案卷和组织进行评比，进行奖励或者通报批评。四是行政执法新闻发布制度。每年2季度举行行政执法督察新闻通气会，一是公布上年度文物行政执法专项督察的有关情况，二是介绍本年度开展文物行政执法专项督察的具体部署；另外还不定期地将即时发生的违法案件有关情况向新闻媒体发布。

（2）通过专项督察工作，也发现了文物行政执法工作中仍需加强的几个方面

首先，各地执法机构建设仍需进一步推动和加强。在全国现有的31个省级专职或兼职文物行政执法机构中，绝大部分是当地省级文物行政部门通过努力而建立的，也有个别地区将文物执法纳入文化市场综合执法机构中。但这些机构，真正能够专司行政执法工作，独立、主动完成行政处罚事项的仅为少数几个，其余多为兼职机构，多缺乏人员、缺乏机制、缺乏对辖区内行政执法工作进行全面掌握和具体

实施的能力。另外，行政执法工作的重心和主力逐渐地向市、县级文物行政部门转移，然而这一层级的文物行政执法专门机构建设极为滞后。

其次，专项督察仍需进一步制度化和规范化。专项督察工作必须通过各项制度进行保障，形成程式化的有效的工作模式。要对参加专项督察的人员进行岗位培训，了解专项督察工作的目的、意义和工作内容，要进一步规范各项工作内容，除了临时性新增项目，其他常规项目必须明确，要预期对专项督察所应达到的效果进行分析和确定。

第三，专项督察需要进一步明确工作程序和标准

目前，专项督察工作已经形成较为完整、成熟的程序。然而这些程序较为原则性，易受到客观因素的干扰，影响专项督察工作的进度和效果。同时，督察中，缺乏对检查项目的评价标准，仅仅依靠主观判断是不够的。

第二部分

文物行政执法案例选编

一　国家文物局年度重点督办违法案件

在国家文物局年度专项督察工作中，核查和督办在督察中发现重大违法案件被确立为重要工作任务。三年的专项督察发现了多起涉及文物的行政违法案件，有造成国有馆藏文物灭失的；有在文物保护单位保护范围和建设控制地带内违法建设的；有将文物保护单位交由企业经营管理的等等。这些案件违法事实清楚，影响恶劣，在国家文物局的直接督办下，均得到依法处理。

山西省临汾市临汾民康制药厂住宅楼
工程恶意破坏古城墙案

2005 年 5 月，原临汾市民康制药厂未经报批，违法兴建职工住宅楼，擅自施工，致使临汾市文物保护单位临汾古城墙遭受严重破坏。经现场勘查，在建的两幢住宅楼位于古城墙西北角楼基址与北墙内侧，其建设用地侵占了古城墙本体及保护范围。其中，北城墙墙体被挖进长 110 米、宽 2.3 米、高 8－10.5 米。这一恶劣的违法行为违反了《文物保护法》第 17、19 条，依据第 66、77 条和《刑法》第 324 条，应对此案做出相应的行政处罚并追究直接责任人的刑事责任。在临汾文物工作者坚持三天三夜到施工现场制止违法行为时，遭到不明身份的几十人的围攻、谩骂和殴打，市文物局办公楼也遭到围攻。

2005 年 7 月 12 日，国家文物局督察组赴山西省临汾市现场督察被违法破坏的古城墙现场，召开了现场会议，并对这一违法抗法恶性事件提出了相关处理意见。具体如下：1. 违法工程必须立即停工。2. 由省、市文物行政部门组织专业力量，对已经遭到破坏的古城墙损毁状况和程度进行彻底调查，写出评估报告。3. 在全面调查和科学测绘的基础上，制定古城墙本体保护方案，待批准后加紧实施，防止损毁状况的扩大。4. 依法查处在此案中负有责任的有关单位和直接责任人，对指使、组织公开抗法的违法犯罪分子要一查到底，依法惩处。5. 请专业文物保护单位结合古城遗址公园的建立、周边环境的整治，抓紧做出针对现存的临汾古城墙的保护规划。6. 市政府要尽快制定关于保护古城墙的保护规划。7. 加大对古城墙的环境治理。目前，古城墙周边环境不尽如人意，城墙上有居民，城墙外有垃圾污水，离建设古城遗址公园要求甚远，要开展一次环境整治行动，进一步唤起市民保护古城墙的意识。8. 山西省文物局应将此案作为文物行政执法督察的重点督察督办案件，督察结果及时上报省政府、国家文物局。

　　上述意见已全部落实，案件基本处理完毕。违法相对人原临汾市民康制药厂同意接受处罚，出资 90 万元修复城墙，并将城墙保护范围内已挖的基坑填平夯实。近期正在进行城墙修复工程的招标确定工作，整个修复工作即日开始。

　　在 2005 年度全国文物局长会上，国家文物局对临汾市文物系统的干部职工用血肉之躯维护法律尊严，保护文化遗产的先进事迹进行了表彰，授予文物保护特别奖，并颁发了奖金。山西省文物局在 2005 年度全省文物局长会上也授予临汾市文物局文物保护特别奖，并给单位和先进个人颁发了奖金。这一先进事迹同时得到了当地党委、政府、人大、政协以及广大市民的有力支持。

陕西省西安市汉长安城遗址内出现大量违法建筑案

2005 年 4 月，有关媒体登载了全国重点文物保护单位汉长安城遗址内非法建设极其严重的文章。国家文物局随即派员赴西安调查了解情况，要求陕西省文物局加强文物行政执法力度。此后，在市政府的支持下，25 处非法建筑被陆续拆除。但遗址内一些规模、体量较大的如长乐宫休闲度假村、聚沣生态园、西安福太工贸有限责任公司、陕西宫乾煤炭运销公司（西马煤场）4 处非法建筑依然存在。

2005 年 6 月 25 日，国家文物局督察组赴西安敦请陕西省、西安市两级政府共同推动遗址内非法建设的拆除工作。

督察工作得到陕西省委、省政府和省人大的高度重视。经过省、市、区各级政府和文物等部门的共同努力：

——2005 年 10 月，在西安市未央区政府的监督下，聚沣生态园自行拆除了其内部的所有违法建筑，并对其外墙进行了统一处理。

——至 2006 年 4 月底，陕西宫乾煤炭运销公司和西安福太工贸有限责任公司两家煤场的储煤已全部清理完毕，并将做到围墙推倒、房屋拆掉，恢复汉长安城遗址土地原貌。

——2006 年 4 月底，长乐宫休闲山庄占压未央宫遗址的部分建筑已全部拆除。其余建筑先作为临时建筑暂留，但绝不允许扩建。

福建省福州市崇妙保圣坚牢塔（乌塔）
保护范围内违法建设案

　　崇妙保圣坚牢塔（俗称乌塔，以下均称乌塔），位于福建省福州市鼓楼区，是第五批全国重点文物保护单位。乌塔始建于后晋天福六年（941），八角七层，塔身上镌刻的佛像、文字是研究五代闽国史及其宗教、雕刻艺术的珍贵材料。

　　1996年，福州市政府对原乌塔周边区域旧屋区进行改造，并于2002年10月采取商业运作方式，将该地块出让给一家房地产企业开发经营。2004年下半年，未经批准的乌塔塔基加固工程和冠亚广场项目开工建设。

　　2004年，国家文物局领导赴闽调研期间曾现场勘察过乌塔周边地区，当即指出该地块不得作为商业用地开发。2005年3月，国家文物局曾派员勘察冠亚广场项目现场，要求福建省文物局调查处理此事。2005年7月15日上午，国家文物局督察组现场检查了该项目对乌塔及其历史风貌所造成的破坏和影响。督察组严肃指出：（1）未经报批的所谓"乌塔塔基加固工程"使用钢筋混凝土、灌浆等对乌塔塔基进行"加固"，不仅违反《文物保护法》的规定，同时也违反文物建筑维修工程的规范；（2）从施工现场情况和规划设计图纸来看，冠亚广场绝大部分建设项目就在乌塔的保护范围之内，严重破坏了乌塔的历史风貌和周边环境。被认定的两个违法事实违反了文物保护法第17、19、21条，应依据文物保护法第66、77条和文物保护法实施条例第54、55条和其他法律法规对此做出行政处罚决定，并建议有关部门对相关责任人作出行政处分。

　　据此，督察组认定这是一起典型的法人违法案件，其中福州市人民政府负有主要责任。督察组责成福建省文物局从速组织专家对乌塔塔基加固工程和冠亚广场建设项目所造成的文物受损状况进行论证，并敦请福建省人民政府依法对有关部门擅自兴建乌塔塔基加固工程和冠亚广场项目造成文物破坏的事件开展调查，提出处理意见。此后，工程地表以上部分立即停工，福建省、福州市有关领导也两次向国家文物局汇报此事的处理工作，明确承认了违法事实，并承诺依法提出处理意见报国家文物局审定后实施。

　　经调整修改后的新建设规划方案共减少建筑面积18000平方米，其中公寓5400平方米，商业12600平方米。该方案经省、市政府多次调整修改后，已依法由省人民政府征求国家文物局意见。国家文物局在接到整改方案（乌山广场规划方案）后，即于2006年3月30日在京组织专家对其进行论证，并初审通过；随即，又于4月16日组织专家赴福州现场论证该方案，经现场实地勘察，专家在对其提出一些完善性意见后，已原则同意该规划方案。

与此同时，福州市文物行政部门严格依照《中华人民共和国文物保护法》第66条的规定，对冠亚广场建设项目的业主冠亚房地产公司处以人民币五十万元罚款。并由福州市建设部门责成施工单位免去相关工程负责人职务和吊销项目经理资格证书。

经过此事，福州市人民政府对文物保护工作更加重视。在加快城市建设的同时，继续加强文物保护，大力弘扬福州优秀传统文化。结合新一轮的城市总体规划编制，编修《福州历史文化名城保护规划》，重点突出对乌山和三坊七巷两个历史文化保护区的保护，依法报批后实施。之后，福州市还专门成立了"三坊七巷"文物保护规划领导小组，投入巨资，打造三坊七巷等四大文化品牌。目前，被誉为"明清建筑博物馆"的三坊七巷保护工程已全面启动。

河北省滦平县将金山岭长城交企业经营违法案

1997 年，滦平县在未经审批的情况下，擅自将全国重点文物保护单位金山岭长城的经营管理权以 300 万元的价格出让给某公司 50 年。在经营期间，该公司不止一次对长城本体造成破坏。

7 月 5 日，国家文物局督察组来到滦平县现场核查此事。经现场勘查，该案违反了文物保护法第 24 条，应依照第 75 条依法做出行政处罚决定。督察组严肃指出：滦平县改变金山岭长城管理体制的做法，当时就与 1982 年文物保护法的立法精神相违背，现在更是与 2002 年新修订的文物保护法的规定直接抵触；不仅在社会上造成消极影响并遭到谴责批评，而且也形成了对金山岭长城保护的危害和威胁，应该依法尽快纠正。督察组要求承德市和滦平县坚决、彻底、真正纠正上述错误，依法将管理权交还文物行政部门。

之后，承德市政府即对此事依法采取措施，责令金山岭长城旅游发展有限公司全部退出，将金山岭长城管理权全部移交滦平县文物部门管理，成立金山岭长城管理处，行使金山岭长城的有关管理权。2005 年 11 月 25 日和 2006 年 4 月 13 日，国家文物局两度派员专程赴现场核实，该违法行为已被纠正。

新疆维吾尔自治区部分地区将国有文物
保护单位交企业经营违法案

2003 年 10 月开始，新疆维吾尔自治区南部喀什地区、阿克苏地区、和田地区、巴音郭勒蒙古自治州将国有文物保护单位交由北京某企业进行经营活动（由企业负责门票经营、对外宣传和直接参与管理工作）。其中涉及多处全国重点文物保护单位，有喀什地区阿巴和加麻札（墓）、喀什地区塔什库尔干塔吉克自治县石头城遗址、阿克苏地区拜城县克孜尔千佛洞、和田地区民丰县尼雅遗址等。这一系列行为明显违反了《文物保护法》，并从客观上造成了国有资产的流失，必须坚决依法予以纠正。

2006 年 3 月初，国家文物局获知此事后，即向新疆自治区人民政府致函，要求其核实有关情况，如属实，必须坚决纠正。在自治区政府的亲自督察下，现在上述违法行为已全部纠正，该企业已从各文物保护单位撤离，之前签署的协议书已全部废止。

安徽省宣城市广教寺双塔保护范围和
建设控制地带内违法建设案

广教寺双塔是全国重点文物保护单位，兴建于 1096 年，系仿唐式宋塔，具有较高的艺术价值，是安徽境内现存的历史最为悠久的古建筑之一。2005 年底，宣城市某单位未经报批擅自在广教寺双塔保护范围和建设控制地带内违法建设。2006 年初，国家文物局派员赴现场核查，要求其立即停工。但之后建设单位依然一意孤行，明目张胆的继续违法建设。

2006 年 6 月 28 日，经国家文物局督察组现场勘察，可以确定的违法事实有：（一）擅自拆除了双塔南部原经批准复建的山门，并兴建了一座体量、形制均不协调的新山门，同时破坏了地下遗迹；（二）擅自推平了双塔北部的历史形成的高台地，同时兴建四座大殿，地下遗迹全部破坏。上述两项违法建设严重违反了《中华人民共和国文物保护法》，一定程度上违反了《刑法》，应迅速整改并追究当事人的法律责任。

2006 年 7 月 13 日，国家文物局派专家组现场勘察该案整改情况。

2006 年 7 月 28 日，国家文物局将有关情况正式上报国务院。

2006 年 7 月 31 日，中央统战部、国家文物局、国家宗教事务局召开专题会议，研究广教寺双塔违法建设和行政执法的有关问题，取得高度统一。

2006 年 8 月 2 日，国家文物局和国家宗教事务局联合致电安徽省人民政府，就广教寺双塔保护范围和建设控制地带内违法建设事件的处理工作提出具体处理意见。

2006 年 8 月 13 日，国家文物局再次派员复查现场。

2006 年 8 月 25 日，国家文物局将三次督办情况分别赴建设部和国家宗教局进行了沟通。同年 9 月 4 日，国家文物局正式致函建设部和国土资源部，请其在行政管理职权范围内依法查处广教寺双塔违法建设工程。

2006 年 9 月 9 日，国家文物局和国家宗教事务局组织召开了广教寺双塔保护范围和建设控制地带内违法建设情况专题会议，听取了安徽省人民政府的汇报。中央统战部、中纪委（监察部）驻文化部纪检组（监察局）、国土资源部、文化部以及安徽省政府及有关部门等同志参加了会议。

2006 年 11 月 29 日与 2007 年 3 月 28 日，国家文物局局领导带队两赴现场对广教寺双塔违法建设整改情况进行督察。

2007 年 3 月 27 日，根据国家文物局要求，安徽省文物局、宣城市人民政府在现场召开广教寺双塔保护规划研讨会。专家组经过认真研究,对广教寺双塔保护规划的编制提出明确建议。

目前,广教寺双塔总体保护规划已编制完成。待审批通过后,将依照规划内容实施整改。

重庆市大足县将大足石刻交企业经营违法案

大足石刻为世界文化遗产和全国重点文物保护单位。2004 年 10 月，大足县与重庆某公司签订协议成立旅游公司，将大足石刻作为资产进行管理经营。2005 年 3 月，大足石刻艺术博物馆也与该旅游公司签订协议，正式将大足石刻交由其进行经营活动。该案明显违反了《中华人民共和国文物保护法》有关规定。2006 年初，国家文物局获知此事，即责成有关部门尽快纠正该违法行为。同年 4 月，该旅游公司将大足石刻门票经营权交还给大足石刻艺术博物馆。

2006 年 6 月 29 日，国家文物局督察组现场检查时发现，该旅游公司并未完全退出大足石刻的经营管理活动。

2006 年 7 月 26 日，重庆市政府组织市文物局、大足县人民政府和有关方面召开专题会议研究如何加强大足石刻保护工作和落实国家文物局督察组意见。会议议定，某公司必须全面退出大足石刻的经营管理活动，并于 8 月 10 日前办理完毕所有善后事宜。

目前，该事件已得到全面纠正。

河南省博爱县大王庙大殿后院碑刻文物遭严重破坏案

2006 年 5 月 31 日，河南省博爱县在建设工程中用铲车将省级文物保护单位大王庙大殿后围墙全部推倒，致使 16 座明嘉靖至清光绪年间的珍贵碑刻文物严重损毁。事发当时，河南省文物局执法人员即刻赶到现场并全力制止，但遭到不明身份人员阻拦和推搡，有同志还被推倒在地。现场一片狼藉，被损坏的碑刻残块与被推倒的墙体、残砖混杂在一起，16 座碑刻文物均有不同程度的损伤，个别碑刻文物裂为多块。经初步鉴定，在这 16 座碑刻文物中，3 座为二级文物，5 座为三级文物，其他的为一般文物。至此可以判定，该案明显违反了《刑法》，相关责任人应得到法律制裁。

2006 年 6 月 9 日，国家文物局派员现场了解案件情况。6 月 30 日，国家文物局督察组现场核查了破坏现场，并向当地人民政府提出了明确的整改意见。8 月 10 日，国家文物局再度派员现场督办整改情况。

目前，该事件已得到妥善处理，同时博爱县文物行政和管理机构及文物保护工作得到全面加强。

内蒙古自治区库伦三寺保护范围内违法建设案

　　库伦三寺由兴源寺、福源寺和象教寺组成，为第六批全国重点文物保护单位。1998 年，内蒙古库伦旗未经报批擅自在库伦三寺正中开辟了一条宽 10 米、长约 1 公里的南北向公路，将古建筑群从中分割，严重破坏了古建筑群的历史风貌，公路上车辆的往来震动同时对古建筑安全造成潜在危害。同时，在库伦三寺之象教寺内，某单位未经报批擅自新建钢筋混凝土结构的建筑"大雄宝殿"，这一建筑从体量、形制、结构等方面均严重破坏了古建筑群的整体格局和环境风貌。上述两项违法建设严重违反了《中华人民共和国文物保护法》，应立即进行整改。

　　2006 年 7 月 3 日，国家文物局督察组在现场核实后对该案明确提出了若干整改意见。8 月 2 日，国家文物局派员现场督促落实督察组提出的整改意见。

　　目前，该案的整改处理工作基本结束，象教寺内新建违法建筑"大雄宝殿"已拆除，公路已封闭并改道行驶，周边多处影响古建筑历史风貌的大体量建筑被拆除，督察组提出的整改意见得到全面落实，库伦旗文物工作进一步加强。

甘肃省博物馆内部维修致使一级文物遭损毁案

　　2007年6月26日，甘肃省博物馆展厅内多媒体系统发生故障，维修单位在维修时致使展柜上装饰用的玻璃板脱落，将展柜内彩陶展品砸成碎片，经核查，遭损毁的文物有2件一级文物。事后，甘肃省博物馆隐瞒不报，并擅自对受损文物进行了修复。该案件是一起典型的重大安全事故，事发后甘肃省博物馆擅自采取不当措施，性质恶劣，影响极坏，后果严重。督察组依据先期国家文物局和甘肃省人民政府提出的处理意见，再次重申要求对该案件继续深入调查，严肃依法处理。

　　目前，相关直接责任人已被处理，主管领导的责任追究事宜已由甘肃省监察厅受理。

四川省江油市窦圖山云岩寺保护范围内违法建设案

　　云岩寺位于江油市北 25 公里的窦圖山上，是第三批全国重点文物保护单位。始建于唐，兴盛于宋，明末毁于兵火。现存建筑中，除飞天藏建于南宋淳熙八年（1181），其余均为清朝重建。占地 26 亩，建筑面积 5051 平方米。

　　督察中发现和了解到，云岩寺存在如下违法违规问题：1. 江油市政府将云岩寺与窦圖山景区捆绑交由某企业经营管理；2. 某企业在云岩寺保护范围内有数处未经报批的违法建设；3. 未经批准，擅自将云岩寺开放为宗教活动场所。督察组现场指出，省、市文物行政部门应立即对云岩寺涉及的违法问题深入调查，确认违法事实；违法事实确认后，制订整改方案，报批后依法处理。

　　目前该事件正在进一步处理中。

二 各地文物行政执法案例

某综合开发公司擅自拆除市级文物保护单位案

2002年春，某市规划局酝酿开发包括某市级文物保护单位在内的某地段，征求文物部门的意见，某市文物管理局明确提出意见，要对该文物保护单位进行重点保护，不得擅自拆除、改建、新建。某市规划局在既没有采纳某市文物管理局的意见又没有函告文物部门的情况下，向某综合开发公司核发了"建设用地规划许可证"，该市城市建委员会根据规划局的总体规划，颁发了"房屋拆迁许可证"。2003年5月6日，某市文物管理局工作人员对某市级文物保护单位检查时，发现某综合开发公司正在拆除该市级文物保护单位，有3间文物建筑已被挑顶，文物管理局工作人员当即进行了制止，并与市规划局进行协调。5月8日，市文物管理局致函市规划局要求对某市级文物保护单位进行保护，列出保护房屋清单共计80间。5月9日，该市规划局作出对该市级文物保护单位的保护意见，要求某综合开发公司对房屋清单中的文物建筑进行保护，但该综合开发公司仍继续拆迁。5月17日，某市文物管理局向该综合开发公司发出了《立即停止拆迁通知书》，某综合开发公司按照"拆迁许可证"赋予的权力拒不停工，继续拆迁。至5月23日，该综合开发公司共拆除某市级文物保护单位中的文物建筑70间。

在调查取证过程中，执法人员多次对现场进行了拍照、摄像并制作了现场检查笔录，收集了某综合开发公司的法人证明、授权委托书、关于该文物保护单位的相关文件等相关证据，对该综合开发公司的法人代表、授权委托人、居委会、房主及知情人分别进行询问，制作了12份询问笔录，证实了违法事实。

根据调查取证情况，某市文物管理局认定某综合开发公司擅自拆除某市级文物保护单位的行为违反了《中华人民共和国文物保护法》第二十条的规定，且后果严重，依据《中华人民共和国文物保护法》第六十六条第一款第三项的规定，决定给予某综合开发公司罚款人民币五十万元的行政处罚，同时责令某综合开发公司按原貌恢复已拆除的文物建筑。2003年5月20日，某市文物管理局制发了《行政处罚告知书》。5月22日，某综合开发公司提出听证申请。6月6日，某市文物管理局举行了听证会，6月18日，某市文物管理局制发了《行政处罚决定书》，维持了《行政处罚告知书》中的内容。7月22日，某综合开发公司向某市中级人民法院提起行政诉讼，要求撤销某市文物管理局作出的行政处罚决定。法院经过审理，于10

月8日作出行政判决，维持某市文物管理局作出的行政处罚决定。12月1日，因某综合开发公司在法定期限内既没有提起上诉，又没有履行行政处罚决定，某市文物管理局向法院提请强制执行。2004年6月14日，某综合开发公司将五十万元罚款交至当地行政罚款代收机构。对被拆除的文物建筑，该综合开发公司按某市文物管理局审定和某省文化厅批准的方案进行了原貌恢复，并于2005年底完成了全部恢复工程。

某镇人民政府擅自在县级文物保护
单位保护范围内挖掘取土案

2002 年 5 月 28 日，某县文物管理部门接到举报称某县级文物保护单位（遗址类）被挖毁，5 月 29 日，某县文物管理部门工作人员赶到现场进行调查了解，对现场进行了拍照，制作了现场检查笔录，当日，某县文物管理部门对此事进行立案。经查，此文物保护单位属某村生产用地，某镇人民政府为了给某公路的拓宽改造提供土源，分别于 2001 年 11 月 28 日和 2002 年 3 月 18 日，与某村第二村民小组签订了两份协议书，约定以每方 1.4 元的价格在该文物保护单位保护范围内分别取土 4 万方和 3 万方，自 2001 年 11 月 28 日开始取土，到 2002 年 5 月 29 日被停工时，该文物保护单位被挖出 58 米×30 米、90 米×33 米、27 米×7 米，深 6 至 10 米不等的三个大坑，挖土断壁上露出古墓七座，取土现场随处可见古墓砖、陶器碎片及人体骨骼。

在随后的调查取证过程中，某县文物管理部门执法人员收集了取土协议书、某县级文物保护单位保护范围平面图、某县人民政府公布县级文物保护单位的文件等相关证据，并在公安部门的配合下，对某镇负责人、某村负责人及部分参与取土的人员进行了询问，证实了违法事实。

根据调查取证的情况，某县文物管理部门认定某镇人民政府的行为违反了《某省〈文物保护法〉实施办法》第十三条的规定，经过集体讨论，根据《某省〈文物保护法〉实施办法》第四十三条第四款的规定，决定责令某镇人民政府赔偿损失十二万元，并处以罚款人民币四万元的行政处罚，并按照行政处罚程序于 2002 年 6 月 21 日制发了《告知听证权通知书》，某镇人民政府在法定期限内未提出听证申请。2002 年 7 月 1 日，某县文物管理部门制发了《行政处罚决定书》。2002 年 8 月 15 日，某镇人民政府向某县人民政府申请行政复议，请求撤销《行政处罚决定书》做出的决定。8 月 29 日，某县文物管理部门向某县人民政府提供了《行政复议答辩书》，对某镇人民政府提出的意见进行答辩，认定某镇人民政府违法事实清楚、证据确凿，处罚法律依据充分、程序合法，应维持原行政处罚决定。在某镇人民政府拒不履行行政处罚决定的情况下，2002 年 12 月 17 日，某县文物管理部门向该县人民法院提出行政处罚强制执行申请。后经该县人民法院执行账户划拨，该行政案件于 2003 年 10 月 12 日结案。

某学校擅自在全国重点文物保护单位
保护范围内进行建设工程案

　　2003 年 4 月 10 日，某学校未经文物行政主管部门批准，擅自在某全国重点文物保护单位的保护范围内进行校舍工程建设，某县文物管理部门多次劝阻无效，将此情况上报某市文物局。某市文物局多次向该学校下达停工通知书，但该学校置之不理。2003 年 12 月 3 日，某市文物局致函某县人民政府，要求该县人民政府按照相关法律法规的要求，拆除该违法建筑，但由于种种原因，该建筑未被拆除。2004 年 5 月 27 日，某市文物局文化局对该建设工程进行立案调查，并对现场进行了拍照，制作了现场勘察笔录。在随后的调查取证过程中，执法人员对该学校的法人代表进行了询问，并收集了某省人民政府公布该处全国重点文物保护单位保护范围的文件、保护范围和建设控制地带图等相关证据，证实了违法事实。

　　根据调查取证情况，某市文物局认定某学校擅自在某全国重点文物保护单位保护范围内进行建设的行为违反了《中华人民共和国文物保护法》第十七条的规定，依据《中华人民共和国文物保护法》第六十六条的规定，决定给予某学校罚款人民币五十万元的行政处罚，并于 2004 年 7 月 21 日制发了《行政处罚听证告知书》，在法定期限内该学校未提出听证申请。2004 年 8 月 13 日，某市文物局制发了《行政处罚决定书》。在该学校拒不履行行政处罚决定又没有在法定期限内提起行政诉讼的情况下，某市文物局于 2004 年 11 月 23 日向该市中级人民法院申请强制执行，该市中级人民法院经过审理，于 2005 年 9 月 5 日作出行政裁定：认定某市文物局作出的行政处罚决定，事实清楚，适用法律法规正确，程序合法，处罚适当，准予强制执行某市文物局作出的行政处罚决定，申请执行费由某学校承担。在随后的强制执行过程中，该市中级人民法院先行从某学校执行回五万元并上缴财政专户。

某公路桥梁建设有限公司擅自在省级文物保护 单位保护范围内进行建设工程案

2003 年 6 月 18 日，某省文物局接某区文物管理所报告，某公路桥梁建设有限公司擅自在某省级文物保护单位保护范围内进行建设工程，某省文物局于 8 月 19 日进行立案。经查，该省级文物保护单位保护范围内有一栋始建于七十年代的四层楼，管理使用单位属某公路桥梁建设有限公司。2002 年 7 月 11 日，该公司办公会研究，以该楼年久失修为由，决定对该楼进行内装修和外墙贴瓷砖，在未向文物部门申报的情况下，擅自开工建设。2002 年 9 月 6 日至 9 月 26 日，一期 300 平方米的工程完工，2003 年 1 月 20 日，开始二期 2000 平方米的工程建设，5 月 28 日某区文物管理所检查时发现了该建设工程，立即制发了《停工通知书》，但该公司不但未停工，反而加快了施工速度，至 6 月 3 日文物管理所工作人员再次到现场时，工程已全部完工。

在调查取证过程中，执法人员对现场进行了拍照，制作了现场检查笔录，收集了装潢协议书、某省级文物保护单位保护范围和建设控制地带图等相关证据，并对该公司的总经理、工程负责人及施工工人进行了询问，制作了询问笔录，证实了违法事实。

根据调查取证情况，某省文物局认定某公路桥梁建设有限公司的行为违反了《中华人民共和国文物保护法》第十七条的规定，经过集体讨论，依据《中华人民共和国文物保护法》第六十六条的规定，决定给予某公路桥梁建设有限公司罚款人民币十五万元的行政处罚，并于 2003 年 9 月 25 日制发了《行政处罚听证告知书》，在法定期限内该公司未要求听证。2003 年 10 月 8 日，某省文物局制发了《行政处罚决定书》，并于 10 月 9 日送达。某公路桥梁建设有限公司于 2003 年 12 月 2 日向某省人民政府法制办公室提出行政复议申请，某省文物局于 12 月 17 日提供答复意见书进行了答复，2004 年 1 月 18 日，某公路桥梁建设有限公司撤回复议申请，并于 4 月和 6 月分两次将十五万元罚款交至当地行政罚款代收机构。

某旅游开发有限公司擅自施工破坏长城主体案

2003 年 11 月 20 日和 11 月 25 日，某省文物局分别接到两个市的文物部门的报告，反映位于两市交界处的某省级文物保护单位——某某长城被某旅游开发有限公司破坏。11 月 25 日，某省文物局进行立案调查。经查，某旅游开发有限公司为开发某风景区，在没有取得任何手续的情况下，于 2002 年 5 月开始组建临时施工队伍，擅自对某某长城进行清理加固，清理加固的长度达 2000 余米，形式、风格、色调与长城原状形成反差。同时为了风景区的交通便利，擅自拆毁已坍塌的长城 11 米，修建了一条连接长城内外的公路。执法人员对现场进行了拍照，并召集当地人民政府和市区两级文物部门的主要领导及某旅游开发有限公司法人代表进行座谈，了解了违法事实。

根据调查取证情况，某省文物局认定某旅游开发有限公司的行为违反了《中华人民共和国文物保护法》第十七条、第二十一条第二、三、四款的规定，依据《中华人民共和国文物保护法》第六十六条第一款第一、三、四、六项的规定，决定给予某旅游开发有限公司罚款人民币二十万元的行政处罚，按照行政处罚程序于 2003 年 12 月 3 日制发了《行政处罚告知书》，并于 12 月 9 日送达。某旅游开发有限公司于 12 月 10 日提出了书面申请，要求减轻处罚。某省文物局经过集体讨论，认定该旅游开发有限公司虽然违法情节比较严重，但在事情发生后能积极配合文物部门调查，认真进行整改，并自愿出资对被损坏的长城进行修复，因此将罚款数额调整为十万元。2003 年 12 月 30 日，某省文物局制发了《行政处罚决定书》，某旅游开发有限公司于 2004 年 1 月 18 日履行了行政处罚决定，将十万元罚款交至当地行政罚款代收机构。

某开发有限公司擅自在省级文物保护单位保护范围内和建设控制地带内进行建设工程案

2004年1月9日，某市文化稽查总队收到该市文物管理委员会发来的《文物行政执法及监督检查联系单》，称有群众举报某省级文物保护单位保护范围内有建设工程。1月12日，执法人员到现场进行调查了解，发现该建设工程属某开发有限公司，执法人员对现场进行了拍照，制作了现场检查笔录。当日，某市文化稽查总队对此事进行立案。经查，该工程位于某省级文物保护单位建设控制地带内，部分位于保护范围内，为某开发有限公司建设的商业用房，并于2001年5月28日取得某区规划局核发的选址意见书，该公司以规划部门已核发选址意见书为由，未就此工程向文物部门报批。2004年2月27日，某市文化稽查总队下发《责令整改通知书》，责令某开发有限公司停止施工，并按文物部门和意见进行整改，某开发有限公司按要求在规定时限内完成了整改。

在调查取证过程中，执法人员收集了某开发有限公司的企业法人营业执照、规划选址意见书及施工图纸、授权委托书、受委托人身份证明、公布该省级文物保护单位及保护范围、建设控制地带的文件等相关证据，委托相关部门对文物建筑受损情况进行了鉴定，并对某开发有限公司的授权委托人进行了询问，证实了违法事实。

根据调查取证情况，某市文化稽查总队认定某开发有限公司的行为违反了《中华人民共和国文物保护法》第十七条、第十八条第二款的规定，依据《中华人民共和国文物保护法》第六十六条第一款第一、二项的规定，经过集体讨论，决定给予某开发有限公司罚款人民币五万元的行政处罚，并于2004年9月15日制发了《行政处罚听证告知书》，在法定期限内，该开发有限公司未提出听证。2004年9月30日，某市文化稽查总队制发了《行政处罚决定书》，某开发有限公司按期履行了行政处罚决定，于2004年10月14日将五万元罚款交至当地行政罚款代收机构。

某地方税务局擅自在省级文物保护单位
保护范围内进行建设工程案

2004 年 3 月 15 日，某省文物局安全检查组在对某县检查时，发现位于该县境内的某省级文物保护单位的保护范围内正在建造大楼。3 月 22 日，某省文物局正式立案调查。经查，该建设工程为该县地方税务局建设的地税综合大楼。该税务局于 2003 年 9 月开始筹建地税综合楼，12 月 19 日进行招投标，2004 年 2 月 18 日正式开工，期间没有到文物部门报批。2004 年 3 月 19 日，某省文物局致函该县人民政府要求该工程立即停工，并对相关人员给予行政处分。2004 年 4 月 5 日，某地方税务局给某省文物局报送地税综合大楼建设的请示。在调查取证过程中，某省文物局执法人员对现场进行了拍照，制作了现场检查笔录，收集了省文物局致某县人民政府的函、某地方税务局给某省文物局报送建设地税综合大楼的请示等相关文件，并对该地税局的副局长进行了询问，制作了询问笔录，证实了违法事实。

根据调查取证情况，某省文物局认定某地方税务局的行为违反了《中华人民共和国文物保护法》第十七条的规定，依据《中华人民共和国文物保护法》第六十六条第一款第一项的规定，决定给予某地方税务局罚款人民币六万元的行政处罚，并于 2004 年 4 月 9 日制发了《行政处罚听证告知书》，某地方税务局在《行政处罚听证告知书》送达回执上签字表明不要求听证。2004 年 4 月 15 日，某省文物局制发了《行政处罚决定书》，某地方税务局于 2004 年 4 月 26 日履行了行政处罚决定，将六万元罚款交至当地行政罚款代收机构。

某研究所擅自在全国重点文物保护单位保护范围内进行建设工程案

2004年3月20日，某市文化局工作人员在对某全国重点文物保护单位检查时发现，某研究所在该处文物保护单位的保护范围内进行建设工程。3月21日，某市文化局对该建设工程进行立案调查，调查中发现该建设工程为某研究所以维修旧房的名义，在一处煤气站旧址上新建职工宿舍，目的是改善职工住房条件，该工程未经任何部门批准，于2004年3月20日开始施工。行政执法人员当即向某研究所制发了《违法建设停工通知书》并制作了现场检查笔录。在调查取证过程中，执法人员对该建设工程的负责人进行了询问，证实了违法事实，并将此事向省文化厅和市政府进行了报告，省文化厅和市文物局先后多次下发通知要求某研究所停止施工。鉴于此违法事件对文物保护工作造成的负面影响，某研究所于2004年11月18日给予该建设工程的负责人行政警告处分，并在单位内部进行通报。

某市文化局认定某研究所擅自在文物保护单位保护范围内进行建设的行为违反了《中华人民共和国文物保护法》第十七条的规定，依据《中华人民共和国文物保护法》第六十六条的规定，决定给予某研究所罚款人民币二十万元的行政处罚，并于2004年11月24日制发了《行政处罚听证告知书》，某研究所在《行政处罚听证告知书》送达回执上签字表明不要求听证。2004年11月26日，某市文化局制发了《行政处罚决定书》，某研究所于2004年12月8日履行了行政处罚决定，将二十万元的罚款交至当地行政罚款代收机构。

某佛教协会擅自在省级文物保护单位
保护范围内进行建设工程案

2004 年 9 月 20 日，某市文物局在对某省级文物保护单位进行检查时，发现某佛教协会的下属单位某寺在该文物保护单位保护范围内进行建设工程，执法人员对现场进行了拍照，制作了现场检查笔录，下发了《违法建设停工通知书》，并于当日立案调查。经查，该工程位于某寺山门右前方，为二层建筑，长 20 米，宽 5 米，建筑面积 200 平方米。某寺在未向任何部门报批的情况下，于 2004 年 8 月 20 日开始建设，至执法人员发现时，该建筑主体已完工。

在现场调查取证后，执法人员又收集了某寺的宗教活动场所登记证、其上级单位某佛教协会的社会团体法人登记证书、某佛教协会的授权委托书、某省级文物保护单位保护范围和建设控制地带图等相关证据，并对被委托人进行了询问，证实了违法事实。

根据调查取证情况，某市文物管理局认定某寺的行为违反了《中华人民共和国文物保护法》第十七条的规定。因为《中华人民共和国行政处罚法》规定，被处罚主体必须依法是能够独立行使权利、承担责任的公民、法人或其他组织，由于某寺不是法人单位，所以某市文物局经过集体讨论，依据《中华人民共和国文物保护法》第六十六条第一款第一项的规定，决定对其上级法人单位某佛教协会进行处罚，责令其于 2004 年 10 月 27 日前将违法建筑拆除，并处以罚款人民币八万元的行政处罚。2004 年 9 月 21 日，某市文物局向某佛教协会制发了《听证告知书》，某佛教协会在法定期限内未提出听证。2004 年 9 月 27 日，某市文物管理局制发了《行政处罚决定书》，当事人按期履行了行政处罚决定，于 2004 年 9 月 28 日将八万元罚款交至当地行政罚款代收机构，并于 2004 年 10 月 10 日将违章建筑全部拆除。

某砖瓦厂擅自在省级文物保护单位保护范围内挖掘取土案

2005 年 4 月 27 日，某市博物馆接到群众电话举报，称某省级文物保护单位保护范围内有人挖掘取土。当日，某市博物馆工作人员赶到现场进行调查了解，对现场进行了拍照，并将情况向某区文物宗教旅游局进行了汇报。4 月 29 日，某区文物宗教旅游局对此事进行立案调查。经查，此文物保护单位属某村生产用地，某砖瓦厂于 2005 年 4 月 23 日与某村签订了购土合同，在没有取得任何手续的情况下，于 4 月 26 日开始在该文物保护单位保护范围内挖掘取土，至 4 月 27 日被停工时，该文物保护单位被挖掘面积约 800 平方米，深 0.4 至 2.5 米不等，取土现场地面可见三座古墓残迹。

在调查取证过程中，执法人员对现场进行了拍照，制作了现场检查笔录，并收集了取土协议书、某省级文物保护单位保护范围平面图、某省人民政府公布文物保护单位保护范围和建设控制地带的文件等相关证据，并对某砖瓦厂法人代表及部分参与取土的人员进行了询问，证实了违法事实。

根据调查取证的情况，某区文物宗教旅游局认定某砖瓦厂的行为违反了《中华人民共和国文物保护法》第十七条的规定，经过集体讨论，根据《中华人民共和国文物保护法》第六十六条第一款第一项的规定，决定给予某砖瓦厂罚款人民币二十万元的行政处罚，并按照行政处罚程序于 2005 年 5 月 23 日制发了《行政处罚告知书》，某镇砖瓦厂提出听证申请。2005 年 6 月 13 日，某区文物宗教旅游局举行了听证会，认定某砖瓦厂的申辩理由不能成立，决定维持行政处罚告知内容，并于 2005 年 7 月 6 日制发了《行政处罚决定书》。7 月 7 日，某砖瓦厂提出经济困难，请求分期缴纳罚款，某区文物宗教旅游局进行调查，发现情况属实，于是批准某砖瓦厂分期缴纳罚款。2005 年 7 月 12 日，某砖瓦厂将第一期罚款四万元交至当地行政罚款代收机构，并书面承诺剩余的十六万元于 2007 年 12 月前缴清。

某运销有限公司擅自在全国重点文物保护单位
保护范围内进行建设工程案

　　2005 年 5 月 7 日，某县文物局接到举报称某运销有限公司在某全国重点文物保护单位（遗址类）内施工。5 月 8 日，某县文物局执法人员到现场调查，并下发了《停工通知书》，该公司于 5 月 9 日停止施工，但 5 月 12 日又擅自恢复施工，某县文物局于 5 月 14 日再次向该公司下发《停工通知书》并于 5 月 28 日进行立案调查。经查，某全国重点文物保护单位为遗址类，被民房、公路、商店、企业厂房及附属设施履压，此次施工的地方属该全国重点文物保护单位的一部分，原属某公司所有，该公司破产后，某法院 2002 年将其使用权进行了拍卖。2005 年 3 月，某运销有限公司与原土地所有者办理了受让手续，取得了该国有土地的使用权，并计划在此兴建综合服务楼。2005 年 5 月 7 日起开始擅自对地面原有建筑进行拆除，5 月 8 日在执法人员抵达现场后，将关于兴建综合服务楼的请示报送至某县文物局，5 月 12 日又开始垒砌护坡墙，至 5 月 26 日该工程完全停工时，拆除总面积约 450 平方米，其中建筑面积为 296 平方米，垒砌的护墙长 16 米，高 11 米，部分拆除现场裸露出文化层。在调查取证过程中行政执法人员对现场进行了拍照，制作了现场检查笔录，收集了该全国重点文物保护单位保护范围图、该土地使用权证、某运销有限公司法人身份证明等相关证据，对该运销有限公司的法人代表进行了询问，证实了违法事实。

　　根据调查取证情况，某县文物局认定某运销有限公司的行为违反了《中华人民共和国文物保护法》第十七条的规定，依据《中华人民共和国文物保护法》第六十六条第一款的规定，决定给予某运销有限公司罚款人民币五万元的行政处罚，并于 2005 年 6 月 10 日制发了《行政处罚告知书》，在法定期限内，该公司未提出听证要求。2005 年 6 月 13 日，某县文物局制发了《行政处罚决定书》，某运销有限公司于 6 月 15 日向某县文物局提出行政复议，6 月 23 日该县文物局书面告知当事人行政复议应向该县人民政府或上级文物行政部门提出申请，该运销有限公司未再提出异议，在规定的期限内缴纳了罚款。

某厂擅自进行建设工程破坏古墓葬案

2005年5月12日，某市文物事业管理局接到群众举报称某工地施工中发现古墓葬。执法人员立即赶到现场调查，发现在施工地面裸露出多座古墓，根据墓室结构及墓砖浮雕纹饰之特点，认定为清代墓葬群。经过调查核实，此工程为某厂综合办公楼，地处该市的地下文物埋藏丰富区，于2005年4月开始施工，该厂施工前未到文物部门审批并进行前期考古发掘。执法人员对现场拍照取证后，给当事人下发了《停工通知书》，但当事人拒不停工，并且用水泥灌浆掩埋古墓。执法人员于是拨打某电视台《市民热线》栏目组电话，记者赶到后现场进行了采访录像，当时露在地面上的古墓就有六座，据民工反映还有部分古墓被挖毁、部分被用水泥灌浆掩埋了。该厂厂长拒不承认挖出的是古墓，不接受文物部门的调查、询问。

根据调查取证的情况，某市文物事业管理局认定某厂的行为违反了《某省文物保护管理条例》第十条的规定，经过集体讨论，根据《某省文物保护管理条例》第三十八条第一款第八项的规定，决定给予某厂罚款人民币二万元的行政处罚，并按照行政处罚程序于2005年5月18日制发了《行政处罚告知书》，在当事人要求听证的情况下，某文物事业管理局于6月2日举行了听证会，认定当事人申辩理由不能成立，不予采纳，维持《行政处罚告知书》处罚内容并于6月9日制发了《行政处罚决定书》。2005年7月6日，该厂向某市人民政府提出行政复议，11月8日该市人民政府作出维持某市文物事业管理局作出《行政处罚决定书》的具体行政行为的决定。2005年11月16日，某厂向某人民法院提出行政诉讼，该人民法院经过审理，于2006年2月20日作出行政判决，维持某市文物事业管理局作出的《行政处罚决定书》。

某房地产开发有限公司擅自在省级文物保护
单位建设控制地带内进行建设工程案

　　2005 年 6 月 21 日，某市文物管理局在对某省级文物保护单位检查时发现，某房地产开发有限公司未经文物行政部门批准，擅自在该省级文物保护单位建设控制地带内进行建设工程。6 月 22 日，某市文物管理局对该建设工程下达了《停工通知书》，7 月 12 日，该省文物局对此项工程进行了批复，批准了申报的 23 栋楼中的 22 栋，对其中的 3 号楼盘暂不批准。7 月 22 日某市文物管理局对施工现场进行复查时，发现未获批准的 3 号楼盘也在施工，于是对 3 号楼盘再次下达了《停工通知书》。7 月 29 日，某市文物管理局再次对施工现场复查时，发现 3 号楼盘仍在施工，于是某市文物管理局对施工现场进行了拍照并制作了现场检查笔录及现场勘验图，后将此案移交给该省文物局处理。某省文物局于 2005 年 8 月 5 日进行立案，并于当日到施工现场进行调查了解，对现场进行拍照并制作了现场检查笔录，对该房地产开发有限公司的总经理进行了询问，制作了询问笔录。8 月 8 日，某省文物局责令该房地产开发有限公司停止施工。在随后的调查取证过程中，执法人员又收集了省文物局关于此建设工程的批复件、某市发改委关于此建设工作的相关文件、省建设厅和省文物局关于划定文物保护单位控制范围和建设控制地带的通知等相关证据，证实了违法事实。鉴于此违法事件对文物保护工作造成的负面影响，某房地产开发有限公司于 8 月 6 日向某省文物局做出书面检查。

　　根据调查取证情况，某省文物局认定某房地产开发有限公司的行为违反了《中华人民共和国文物保护法》第十八条第二款、《某省〈文物保护法〉实施办法》的规定，经过集体讨论，依据《中华人民共和国文物保护法》第六十六条第一款第二项、《某省〈文物保护法〉实施办法》第四十三条第一款第七项的规定，决定给予某房地产开发有限公司罚款人民币十万元的行政处罚，并于 2005 年 8 月 8 日制发了《行政处罚听证告知书》，某房地产开发有限公司在法定期限内未提出听证。2005 年 8 月 15 日，某省文物局制发了《行政处罚决定书》，某房地产开发有限公司于 2005 年 8 月 26 日履行了行政处罚决定，将十万元的罚款交至当地行政罚款代收机构。

某房地产开发有限公司未经考古
勘探擅自进行建设工程案

2005年7月5日，某市文物稽查大队接到"110"电话，称某建筑工地施工中发现一座古墓葬。某市文物稽查大队执法人员于当日赶到施工现场进行调查了解，发现施工工地总共开挖了三个基槽，其中发现古墓的基槽深4米，长50米，宽16米，古墓位于基槽的东侧，经某考古研究所工作人员现场初步鉴定，此墓为宋代墓葬。执法人员对现场进行了拍照，制作了现场检查笔录和现场勘验图。2005年7月6日某市文物管理局对此事进行立案，并于当日向工程建设方——某房地产开发有限公司下发了《违法建设停工通知书》。经查，此工程为某小区建设工程的二期，一期工程已按要求进行了考古勘探，二期工程未经考古勘探擅自2005年7月4日开始施工。7月5日，在挖掘过程中发现一座古墓葬，建设方和施工方立即打电话报警并保护好现场，警方到达现场后将此情况通报给某市文物稽查大队。某房地产开发有限公司在事情发生后，积极配合某考古研究所对古墓葬进行抢救性发掘，并于7月8日至14日配合考古研究所对二期工程用地进行了全面勘探。

某市文物管理局在随后的调查取证过程中，执法人员收集了某房地产开发有限公司的企业法人营业执照、某小区建设情况说明及相关文件、某考古研究所发掘报告、某房地产开发有限公司授权委托书、被委托人身份证明等证据，并对被委托人进行了询问，证实了违法事实。

根据调查取证的情况，某市文物管理局认定某房地产开发有限公司的行为违反了《某省〈文物保护法〉实施办法》第二十三条的规定，经过集体讨论，根据《某省〈文物保护法〉实施办法》第四十三条第一款第六项的规定，决定给予某房地产开发有限公司罚款人民币五万元的行政处罚，并按照行政处罚程序于2005年7月10日制发了《行政处罚告知书》，在法定期限内，该房地产开发有限公司未提出陈述、申辩和听证。2006年7月15日，某市文物管理局制发了《行政处罚决定书》，某房地产开发有限公司于2006年7月15日履行了行政处罚决定，将五万元罚款交至当地行政罚款代收机构。

某百货公司擅自在省级文物保护单位
保护范围内进行建设工程案

2005 年 7 月 8 日，某市文物局接到群众举报，称某百货公司擅自在某省级文物保护单位保护范围内进行工程建设。市文物局执法人员立即赶到现场进行调查，发现该省级文物保护单位的产权单位——某百货公司未经审批，擅自对保护范围内的五组库房进行翻改建，执法人员对现场进行了拍照，制作了现场检查笔录并下发了《违法建设停工通知书》。当日，某市文物局对此事立案调查。经查，该百货公司以使用的库房破旧为由，向某市建设委员会提出申请进行翻修、改造、装修，某市建设委员会分别于 2004 年 10 月 28 日和 2005 年 3 月 15 日对百货公司申报的两个项目颁发了"建筑工程施工许可证"，在没有向文物行政部门报批的情况下，某百货公司于 2005 年 3 月开始施工，施工面积合计 2038.4 平方米，至执法人员 7 月 8 日到现场时，工程已基本完工。

在随后的调查取证过程中，执法人员收集了某百货公司的企业法人营业执照、房屋所有权证、国有土地使用证、某市建设委员会颁发的建筑工程施工许可证、授权委托书等相关证据，并对被委托人进行了询问，证实了违法事实。

根据调查取证情况，某市文物局认定某百货公司的行为违反了《中华人民共和国文物保护法》第十七条的规定，依据《中华人民共和国文物保护法》第六十六条第一款第一项的规定，经过集体讨论，决定给予某百货公司罚款人民币五万元的行政处罚，并于 2005 年 8 月 9 日制发了《行政处罚告知书》，在法定期限内，该百货公司未提出听证。2005 年 8 月 16 日，某市文物局制发了《行政处罚决定书》，某百货公司按期履行了行政处罚决定，于 2005 年 8 月 19 日将五万元罚款交至当地行政罚款代收机构。

某房地产开发有限公司擅自在市级文物保护单位保护范围内进行建设工程案

2005年8月15日，某市文物管理局接群众举报称某房地产开发有限公司未经文物行政部门批准，擅自在某市级文物保护单位保护范围内进行建设工程。当日，执法人员赶到施工现场进行调查了解。经查，该市级文物保护单位由某市人民政府2002年3月21日公布，2005年5月16日公布其保护范围为现存建筑处边沿向外扩伸10米。2005年8月11日某房地产开发有限公司擅自在该文物保护单位西侧保护范围内平整场地，准备修建道路。某市古建筑研究所工作人员闻讯后赶到现场进行制止，向现场施工负责人宣传《中华人民共和国文物保护法》，明确告知该项工程位于某市级文物保护单位保护范围内，未经文物行政部门批准不得擅自施工，但该房地产开发有限公司对此置之不理，强行施工。

在现场调查取证后，某市文物局于2005年8月15日进行立案并邮寄送达了《停工通知书》，当事人对执法调查极其不配合，既未停工，又对执法人员避而不见。根据调查取证情况，某市文物管理局认定某房地产开发有限公司的行为违反了《中华人民共和国文物保护法》第十七条、第二十六条的规定，依据《中华人民共和国文物保护法》第六十六条第一款第一项的规定，决定责令某房地产开发有限公司拆除违法修筑的道路并处以罚款人民币十五万元的行政处罚。8月18日，某市文物管理局向某房地产开发有限公司下发了《文物行政处罚告知书》，在当事人拒收的情况下，进行公证送达，某公证处进行了现场公证并出具了公证书。某房地产开发有限公司在法定期限内未提出听证。2005年8月24日，某市文物管理局制发了《行政处罚决定书》，并邮寄送达。2005年8月26日，某房地产开发有限公司向某区人民法院提起了行政诉讼，请求撤销《行政处罚决定书》，并要求某市文物管理局承担诉讼费用。某区人民法院经审理后于2006年3月6日做出一审如下判决：一、维持《行政处罚决定书》中拆除违法修筑的道路的决定；二、撤销《行政处罚决定书》中罚款十五万元的决定；三、诉讼费用原、被告各负担一半。某市文物管理局于2006年3月23日向某市中级人民法院提起上诉，请求依法撤销某区人民法院判决书中第二、三条，判令《行政处罚决定书》中罚款十五万元的决定是有效的，并由某房地产开发有限公司承担一审及上诉费用。某市中级人民法院经审理后于2006年5月10日作出终审判决：一、维持某区人民法院行政判决的第一条，即维持某市文物管理局《行政处罚决定书》中拆除违法修筑的道路的决定；二、撤销某区人民法院行政判决的第二条，改为维持某市文物管理局《行政处罚决定书》中罚款十五万元的决定；一、二审诉讼费用由某房地产开发公司负担。

某电信集团施工中发现文物隐匿不报案

2005 年 9 月 4 日，某区文物部门接到群众举报，称某单位在施工中挖出一座古墓，工人将发现的文物藏匿。某区文物部门将此情况上报市文物局，并与市文物局执法人员一同赶到现场，发现现场挖出一座古墓，墓室北侧约 2 平方米被挖毁，墓内无物，墓碑被毁成数段。执法人员立即拨打 110 报警，并对现场进行了拍照，制作了现场检查笔录，制发了《停止侵害通知书》。110 警务人员到现场后，将墓内出土文物追回。当日，某市文物局对此事立案调查。经查，该工程为某电信集团铺设通信电缆管道工程，9 月 3 日下午 5 时左右，在进行管道挖掘时挖出古墓，工人将发现的文物藏匿，某电信集团未将此情况报告给文物部门，直至次日有群众举报，执法人员赶到现场后才将实情告知文物部门，并配合 110 警务人员追缴文物。

在现场取证后，执法人员又收集了某电信集团的企业法人营业执照、组织机构代码证、挖掘城市道路核准书、建设工程规划许可证、授权委托书、受委托人身份证明等证据，并对受委托人进行了询问，制作了询问笔录，证实了违法事实。

根据调查取证情况，某市文物局认定某电信集团的行为违反了《中华人民共和国文物保护法》第三十二条的规定，依据《中华人民共和国文物保护法》第七十四条第一款的规定，决定给予某电信集团罚款人民币五千元的行政处罚，并于 2005 年 9 月 16 日制发了《行政处罚告知书》。在规定期限内，当事人未提出陈述、申辩。2005 年 9 月 22 日，某市文物局制发了《行政处罚决定书》，某电信集团于 2005 年 10 月 13 日将五千元罚款交至当地行政罚款代收机构。

李某某擅自在省级文物保护单位保护范围内挖掘采矿案

2004 年起，因某省级文物保护单位保护范围内有铁矿石，屡屡遭人挖掘，使文物保护单位历史风貌遭受破坏，某市文物局为此加大了检查力度，但一直未有成效。2005 年 9 月 20 日，某市文物局再次对该省级文物保护单位进行检查时，发现有人正在保护范围内进行挖掘，执法人员迅速将当事人控制住，并将现场的 1 台挖掘机、1 台自卸车和 1 辆小轿车进行先行登记保存，同时执法人员对现场进行了拍照，制作了现场检查笔录。当日，某市文物局对此事进行立案。经查，当事人李某某为盗采铁矿石，租用 1 台挖掘机和 2 台自卸车，于 9 月 19 日到达案发现场，因下雨当日没有采挖，20 日正在挖掘时被某市文物局查获，当时现场的另外七八人和 1 台自卸车逃逸。在随后的调查取证过程中，某市文物局执法人员收集了李某某的身份证明、某省级文物保护单位保护范围平面图、车辆租用证明等相关证据，并对李某某进行了询问，证实了违法事实。

根据调查取证的情况，某市文物局认定李某某的行为违反了《中华人民共和国文物保护法》第十七条的规定，经过集体讨论，根据《中华人民共和国文物保护法》第六十六条第一款第一项的规定，决定给予李某某罚款人民币五万元的行政处罚，并按照行政处罚程序于 2005 年 11 月 1 日制发了《行政处罚告知书》，李某某明确表示不要求听证。2005 年 11 月 4 日，某市文物局制发了《行政处罚决定书》。李某某按期履行了行政处罚决定，于 2005 年 11 月 7 日将五万元罚款交至当地行政罚款代收机构。

某公路桥梁建筑工程有限公司擅自在县级文物保护
单位保护范围内挖掘施工案

2005年9月22日，某市文化广电新闻出版局接到群众举报，称有人在某县级文物保护单位保护范围内挖掘取土，执法人员于当日赶到施工现场进行调查了解，对现场进行了拍照，制作了现场检查笔录，并下发了停工通知书。9月23日，某市文化广电新闻出版局对此事立案调查。经查，此文物保护单位属某村用地，2005年1月，某公路桥梁建筑工程有限公司与某村签订了30年的承包合同，承包了包括该文物保护单位在内的10亩土地。某公路桥梁建筑工程有限公司于2005年8月开始在承包地内挖掘取土作为公路的填土，同时平整部分土地，准备建造沥青搅拌场。执法人员在随后的调查取证过程中，收集了该公路桥梁建筑工程有限公司企业法人营业执照、法人代表的身份证明、公布某县级文物保护单位的文件及保护范围图、土地承包合同等相关证据，并对该公司的法人代表、某村负责人和部分村民、施工人员进行了询问，证实了违法事实。

根据调查取证的情况，某市文化广电新闻出版局认定某公路桥梁建筑工程有限公司的行为违反了《中华人民共和国文物保护法》第十七条的规定，经过集体讨论，根据《中华人民共和国文物保护法》第六十六条第一款第一项的规定，决定给予某公路桥梁建筑工程有限公司罚款人民币八万元的行政处罚，并按照行政处罚程序于2005年10月19日制发了《行政处罚事先告知书》，当事人在法定期限内未提出陈述、申辩和听证申请。2005年11月11日，某市文化广电新闻出版局制发了《行政处罚决定书》，某公路桥梁建筑工程有限公司于2005年11月15日履行了行政处罚决定，将八万元罚款交至当地行政罚款代收机构。

某艺术创意制作有限公司擅自修缮省级文物保护单位案

2005 年 10 月 28 日，某市文化行政执法总队收到该市文物管理委员会发来的《文物行政执法及监督检查联系单》，称有群众举报某有限公司未经批准擅自对某省级文物保护单位进行装修改造。11 月 4 日执法人员到现场进行调查了解，对现场进行了拍照，制作了现场检查笔录。经查，该装修场所为某省级文物保护单位的一部分，产权单位为某有限公司，2004 年底，该有限公司与某艺术创意制作有限公司签署房屋租赁协议，将该部分文物建筑出租给后者使用，租赁期限自 2005 年 1 月 1 日至 2009 年 12 月 31 日。该艺术创意制作有限公司未经文物行政部门批准，于 2005 年 9 月底擅自开始对该部分文物建筑内部进行装修，11 月 4 日，某市文化行政执法总队到现场进行调查，该公司才意识到此行为违法，马上向某市文物管理委员会进行申报，某市文物管理委员会 11 月 6 日批复，原则同意此修缮装饰设计方案，并对施工提出了具体要求。

在调查取证过程中，执法人员收集了某有限公司和某艺术创意制作有限公司的企业法人营业执照、房屋租赁协议、建设工程施工许可证及施工图纸、授权委托书、受委托人身份证明等相关证据，委托相关部门对文物建筑受损情况进行了鉴定，并对某艺术创意制作有限公司授权委托人进行了询问，证实了违法事实。某市文化行政执法总队 11 月 24 日进行立案，并于当日向某艺术创意制作有限公司下达了《责令改正通知书》，该公司按文物部门的整改意见在规定的期限内完成了整改。

根据调查取证情况，某市文化行政执法总队认定某艺术创意制作有限公司的行为违反了《中华人民共和国文物保护法》第十七条、第二十一条第二、四款的规定，经过集体讨论，依据《中华人民共和国文物保护法》第六十六条第一款第一、四项的规定，决定给予某艺术创意制作有限公司罚款人民币五万元的行政处罚，并按照行政处罚程序于 2005 年 12 月 14 日制发了《行政处罚听证告知书》，在送达回证上，该公司的授权委托人签署意见，表示放弃听证，接受处罚。2005 年 12 月 20 日，某市文化行政执法总队制发了《行政处罚决定书》，某艺术创意制作有限公司于 2006 年 1 月 4 日履行了行政处罚决定，将五万元罚款交至当地行政罚款代收机构。

某服饰公司擅自修缮全国重点文物保护单位案

2005 年 11 月 28 日,某市文化行政执法总队收到该市文物管理委员会发来的《文物行政执法及监督检查联系单》,称有群众举报某集团有限公司擅自改变某全国重点文物保护单位的使用性质并擅自进行修缮,明显改变了文物的原状。当日,执法人员到现场进行调查了解。检查中发现:某集团有限公司于 2005 年 5 月 1 日将该处全国重点文物保护单位的底层和二楼出租给某服饰公司作经营场地,某服饰公司于 2005 年 7 月 15 日开始施工,擅自将底层的窗户改成陈列橱窗。执法人员用相机对现场进行了拍照,制作了现场检查笔录。在随后的调查取证过程中,执法人员收集了该服饰公司的工商营业执照、法人代表身份证明、租赁意向书及某市文物管理委员会同意某集团有限公司改变该处全国重点文物保护单位部分用途的批复等相关证据,委托相关部门对文物建筑受损情况进行了鉴定,并对该服饰公司的法人代表及被委托人进行了询问,证实了违法事实。某市文化行政执法总队于 2006 年 1 月 16 日进行立案,并同时对某服饰公司制发了《责令整改通知书》,该服饰公司按照文物部门的整改意见进行了整改,耗资二十六万元。

某市文化行政执法总队认定某服饰公司的行为违反了《中华人民共和国文物保护法》第二十一条第二、四款的规定,经过集体讨论,根据《中华人民共和国文物保护法》第六十六条第一款第一、四项的规定,决定给予某服饰公司罚款人民币五万元的行政处罚,并按照行政处罚程序于 2006 年 7 月 18 日制发了《行政处罚听证告知书》(因当事人有急事处理需离开本地,延长了办案时间 4 个月),在法定期限内,当事人未提出听证要求。2006 年 7 月 31 日,某市文化行政执法总队制发了《行政处罚决定书》,某服饰公司于 2006 年 8 月 10 日履行了行政处罚决定,将五万元罚款交至当地行政罚款代收机构。

某工程建设有限公司擅自拆毁文物遗址案

2005 年 11 月 29 日，某市文物局接到某区文物部门报告，称某单位将某省级文物保护单位的部分遗址用铲车铲除。当日，某市文物局对此事立案调查，执法人员赶到现场对现场进行了拍照，制作了现场检查笔录，并制发了《停止侵害通知书》。经查，2004 年某市文物研究所对该省级文物保护单位进行了考古发掘，共清理出十四处重要遗址，为今后的复建工作提供了准确翔实的科学依据。2005 年 11 月 29 日，某工程建设有限公司将其中的两处遗址推平，原因竟是该公司在附近修建地下联系通道，挖出的回填土没有地方存放，看到此处比较空旷，准备将土存放在此处，后由于地面不平，影响车辆的进出，于是又对地面进行平整，结果造成两处遗址被损毁。

在随后的调查取证过程中，执法人员收集了某建设有限公司的企业法人营业执照、组织机构代码证、公布该处省级文物保护单位的文件、授权委托书、受委托人身份证明等相关证据，并委托文物鉴定机构对损毁的遗址进行了鉴定，对该建设有限公司的授权委托人进行了询问，制作了询问笔录，证实了违法事实。

根据调查取证情况，某市文物局认定某建设有限公司的行为违反了《中华人民共和国文物保护法》第二十条第一款、第三款的规定，依据《中华人民共和国文物保护法》第六十六条第一款第三项的规定，经过集体讨论，决定给予某建设有限公司罚款人民币五万元的行政处罚，并于 2006 年 3 月 27 日制发了《听证告知书》，在法定期限内该公司未提出听证申请。2006 年 4 月 5 日，某市文物局制发了《行政处罚决定书》，某建设有限公司近期履行了行政处罚决定，于 2006 年 4 月 15 日将五万元罚款交至当地行政罚款代收机构。

某工程局擅自在市级文物保护单位保护范围内挖掘施工案

2006 年 2 月 24 日，某新闻媒体报道了某市级文物保护单位（遗址类）被挖毁，同日，某市博物馆向某市文物局报告了此事。市文物局执法人员于当日赶到施工现场进行调查了解，对现场进行了拍照，制作了现场检查笔录，要求施工单位立即停止施工。2006 年 2 月 27 日某市文物局对此事进行立案。经查，此工程为某高速公路的一段，需架桥穿越某市级文物保护单位，施工单位为某工程局。2005 年 11 月 29 日，某省交通规划设计院致函某市文物局要求确认桥梁位置。11 月 30 日，某市文物局、某高速公路指挥部、某省交通规划设计院、某市博物馆及施工单位在现场确认了该桥梁有 4 个桥墩位于某市级文物保护单位保护范围内，同时确定了需要考古发掘的区域。12 月 5 日，某市博物馆给建设单位下发了考古发掘通知书。12 月 23 日，某市文物局复函某省交通规划设计院，对施工设计提出了具体要求。2006 年 2 月 17 日，施工单位为赶工期，未向文物部门申报，擅自进行地表清理，挖掘面积约 1500 平方米，深度约 2 米。

某市文物局在随后的调查取证过程中，执法人员收集了该工程局的企业法人营业执照、关于此段高速公路文物保护的相关文件、考古发掘通知书等相关证据，委托相关部门对文物保护单位的受损情况进行了鉴定，并对该工程的建设方和施工方的负责人进行了询问，证实了违法事实。

根据调查取证的情况，某市文物局认定某工程局的行为违反了《中华人民共和国文物保护法》第十七条的规定，经过集体讨论，根据《中华人民共和国文物保护法》第六十六条第一款第一项的规定，决定给予某工程局罚款人民币二十万元的行政处罚，并按照行政处罚程序于 2006 年 7 月 10 日制发了《行政处罚告知书》，某工程局于 7 月 11 日提出了书面申辩，要求免于处罚。某市文物局经再次审核，认定申辩理由不能成立，不予采纳。2006 年 7 月 21 日，某市文物局制发了《行政处罚决定书》，某工程局于 2006 年 7 月 21 日履行了行政处罚决定，将二十万元罚款交至当地行政罚款代收机构。

王某未经考古勘探擅自施工案

2006 年 2 月 25 日，某市文物考古研究所接到群众举报，称某遗址由于有人挖掘取土遭受破坏，研究所工作人员立即赶到现场进行调查，发现取土面积约 6000 平方米，深度约 2.5 米，现场表面遗弃着大量的瓷片和陶器残片，现场取土壁上残留着商代灰坑。经某考古研究所工作人员现场初步鉴定，此遗址主要包含唐、宋、汉、西周、商时期的古文化，内涵丰富。工作人员对现场进行了拍照，并将此情况报告给某市文物管理局。3 月 1 日，某市文物管理局执法人员到现场制作了现场检查笔录和现场勘验图。3 月 2 日，某市文物管理局对此事进行立案。经查，此案当事人为王某，2005 年 11 月王某与某村村委会签订土地承租合同，承租该遗址区域内的 80 亩土地用于自主经营，11 月底，王某开始平整土地，准备建厂房。2006 年 2 月初，由于天气寒冷，自行停工，直至文物部门工作人员到现场调查。王某在案发后，积极配合文物部门工作，并于 3 月 6 日补办了文物调查和勘探手续，同时向文物部门作出了检查。

在调查取证过程中，执法人员收集了王某的身份证明、土地租赁合同、相关文件等证据，并对王某进行了询问，证实了违法事实。根据调查取证的情况，某市文物管理局认定王某的行为违反了《某省〈文物保护法〉实施办法》第二十三条的规定，经过集体讨论，根据《某省〈文物保护法〉实施办法》第四十三条第一款第六项的规定，决定给予王某罚款人民币三千元的行政处罚，并按照行政处罚程序于 2006 年 3 月 8 日制发了《处罚告知书》，当事人在《处罚告知书》上明确表示放弃陈述和申辩。2006 年 3 月 13 日，某市文物管理局制发了《行政处罚决定书》，王某于 2006 年 3 月 13 日履行了行政处罚决定，将三千元罚款交至当地行政罚款代收机构。

某房地产开发有限公司擅自在省级文物保护单位
建设控制地带内进行建设工程案

2006 年 3 月 6 日，某省文物局接群众举报称某房地产开发有限公司在某省级文物保护单位附近进行工程建设。次日，某省文物局执法人员到现场进调查了解，发现某房地产开发有限公司的建设工程属商住楼项目，建筑主体位于该省级文物保护单位建设控制地带内，配套的地下车库部分位于保护范围内，执法人员对施工现场进行了拍照，并口头要求停工。3 月 10 日，某省文物局正式立案，并于 3 月 15 日下发了《停工通知书》。经查，该房地产开发有限公司为外资全资公司，该工程属某市政府招商引资项目，签合同时，当事人的律师提出此项目位于文物保护单位旁边，对能否开工提出质疑，某市文物部门的工作人员现场也提出此工程应先报相关文物部门批准，但该市市政府有关领导却告知当事人先开工，相关手续由市政府协助办理，于是 2006 年春节后，该房地产有限公司在未经文物部门批准的情况下擅自开工。某省文物局执法人员对该房地产开发有限公司的副总经理进行了询问，制作了询问笔录并收集了相关证据，证实了违法事实。

根据调查取证情况，某省文物局认定某房地产开发有限公司的行为违反了《中华人民共和国文物保护法》第十八条，经过集体讨论，依据《中华人民共和国文物保护法》第六十六条的规定，决定给予某房地产开发有限公司罚款人民币五万元的行政处罚，并于 2006 年 4 月 28 日制发了《行政处罚听证告知书》，某房地产开发有限公司在法定期限内未提出听证。2006 年 5 月 17 日，某省文物局制发了《文物行政处罚决定书》，某房地产开发有限公司于 2006 年 5 月 17 日履行了行政处罚决定，将五万元罚款交至当地行政罚款代收机构。

某中学擅自拆除省级文物保护单位案

2006 年 3 月 17 日，某市文化局接到省文物局转来的举报信，称某省级文物保护单位三栋楼中的一栋被某中学拆除。当日，某市文化局执法人员赶到现场进行调查，发现该省级文物保护单位三栋楼中靠东边的一栋已被夷为平地，执法人员对现场进行了拍照并制作了现场检查笔录，3 月 18 日某市文化局对此事立案调查。经查，该省级文物保护单位以前的产权属某师范学院，2005 年 3 月，某师范学院与某区人民政府签订转让协议，将包括该省级文物保护单位在内的部分校区转让给某区人民政府，由该区人民政府提供给区属某中学办学使用。2005 年 11 月 7 日，某中学在未办理任何手续的情况下，以该楼是危房，同时不知道该楼为文物为由，开始对该楼进行拆除。2006 年 2 月 9 日，某区文化局人员检查时，发现该楼被拆至只剩半人高的残壁，即告知当事人此楼为文物，立即停工。但当事人依然于 2 月 13 日与一个体户签订协议，将剩余残壁夷为平地。此次违法事件发生后，某区人民政府责令该中学校长停职检查，并责令该中学收回被拆除文物建筑的材料，请文物专家编制该省级文物保护单位的保护与修缮方案，制定被拆除文物的复建方案，积极配合文物部门对此案进行查处，并多次召开专题会议，研究文物保护问题。

在随后的调查取证过程中，执法人员收集了某中学事业法人证书、某省人民政府公布该处省级文物保护单位的文件、某师范学院与某区人民政府签订的转让协议书、转让区域资产评估报告、校方关于拆除此文物建筑的会议纪要、相关人员的工作笔记、拆除协议书等相关证据，对该学校的校长、学校的相关工作人员、进行拆除工作的人员进行了询问，证实了违法事实。

根据调查取证情况，某市文化局认定某中学擅自拆除某省级文物保护单位的行为违反了《中华人民共和国文物保护法》第二十条第三款、第二十六条第一款的规定，依据《中华人民共和国文物保护法》第六十六条第一款第三项的规定，经过集体讨论，决定给予某中学罚款人民币四十万元的行政处罚，并于 2006 年 5 月 26 日制发了《行政处罚听证告知书》，该中学明确表示不要求听证。2006 年 5 月 29 日，该中学向某市文化局提出减少处罚申请，某市文化局经研究，认为当事人要求减轻处罚的理由是资金不足，不能作为减轻处罚的依据，不予采纳。2006 年 6 月 2 日，某市文化局制发了《行政处罚决定书》，某中学履行了行政处罚决定，于 2006 年 8 月 18 日和 9 月 18 日分两次将四十万元罚款交至当地行政罚款代收机构。

某烟草（集团）公司擅自在全国重点文物保护单位建设控制地带内进行建设工程案

　　2006 年 3 月 20 日，某市文物稽查大队执法人员在对某全国重点文物保护单位检查时发现，某烟草（集团）公司在该全国重点文物保护单位建设控制地带内进行建设工程，执法人员对现场进行了拍照，制作了现场检查笔录，下发了《停工通知书》，并于 3 月 29 日进行立案调查。经查，该工程为某烟草（集团）公司培训中心楼西附楼，于 2005 年 12 月动工，其设计方案未经文物行政部门同意，也未报城乡建设部门批准，至文物部门发现时，该楼主体已建成，长 16.5 米，宽 18.3 米，共四层，建筑面积为 1256.53 平方米。

　　在随后的调查取证过程中，执法人员收集了某烟草（集团）公司的企业法人营业执照、施工平面图、授权委托书、受委托人身份证明、公布某全国重点文物保护单位保护范围和建设控制地带的文件等相关证据，对某烟草（集团）公司的授权委托人进行了询问，制作了询问笔录，证实了违法事实。

　　根据调查取证情况，某市文物管理局认定某烟草（集团）公司的行为违反了《中华人民共和国文物保护法》第十八条第二款，经过集体讨论，依据《中华人民共和国文物保护法》第六十六条第一款第二项的规定，决定给予某烟草（集团）公司罚款人民币二十万元的行政处罚，并于 2006 年 5 月 11 日制发了《行政处罚听证告知书》，某烟草（集团）公司在法定期限内未提出听证。2006 年 5 月 17 日，某市文物管理局制发了《行政处罚决定书》，并于 5 月 22 日送达。某烟草（集团）公司于 2006 年 6 月 5 日履行了行政处罚决定，将二十万元罚款交至当地行政罚款代收机构。

某房地产开发有限公司擅自在省级文物保护单位建设控制地带内进行建设工程案

　　2006年4月5日，有群众向某市文物管理局举报：某房地产开发有限公司在某省级文物保护单位附近进行建设工程。执法人员立即赶到现场进行调查，对现场进行了拍照，制作了现场检查笔录。4月20日，某市文物管理局对此事进行立案，并于当日下发了《停工通知书》。经查，该工程位于某省级文物保护单位建设控制地带内，工程未经文物行政部门批准，执法人员现场检查时，一处长50米，宽7米的建筑已建成一层框架；另一处建筑的地基已开挖，长100米，宽7米，深1米至1.8米。4月30日，某市文物管理局给某房地产开发有限公司下发了《停工通知书》。在随后的调查取证过程中，执法人员又收集了某房地产开发有限公司的工商登记信息、某省级文物保护单位保护范围和建设控制地带位置图等相关证据，并对该房地产开发有限公司的总经理助理进行了询问，制作了询问笔录，证实了违法事实。

　　根据调查取证情况，某市文物管理局认定某房地产开发有限公司的行为违反了《中华人民共和国文物保护法》第十八条的规定，经过集体讨论，依据《中华人民共和国文物保护法》第六十六条第一款第二项的规定，决定给予某房地产开发有限公司罚款人民币五万元的行政处罚，并于2006年5月8日制发了《行政处罚事先告知书》，某房地产开发有限公司在法定期限内未提出陈述、申辩和听证申请。2006年5月15日，某市文物管理局制发了《行政处罚决定书》，某房地产开发有限公司于2006年5月22日履行了行政处罚决定，将五万元罚款交至当地行政罚款代收机构。

某食品有限公司擅自装修造成市级
文物保护单位局部被破坏案

2006 年 6 月 23 日，某市园林文物局接到电话举报，称某市级文物保护单位内正在装修。执法人员当日赶到现场进行调查，对施工现场进行拍照并制作了现场检查笔录，同时下达了《停止侵害通知书》和《责令限期改正通知书》。经查，该处建筑为某近代建筑群之一，2000 年该近代建筑群被公布为某市市级文物保护单位，该文物保护单位的产权单位于 2006 年 5 月 16 日将此处建筑出租给某食品有限公司，某食品有限公司未经文物行政部门批准，擅自于 6 月 16 日开始对该处文物建筑进行装修，至执法人员抵达现场时，施工单位拆除了文物建筑一楼入口处木质大门、一楼的地砖、二楼中庭东、南、西侧的铸铁栏杆、北侧楼梯中一楼至二楼局部铸铁栏杆及二楼、三楼西南侧局部钢筋混凝土地面。某市园林文物局于 2006 年 6 月 26 日进行立案，同日对某食品有限公司的授权委托人进行了询问，并制作了询问笔录。在随后的调查取证过程中，执法人员又收集了某食品有限公司的组织机构代码证、工商营业执照、授权委托书、受委托人身份证明、房屋租赁合同、修缮方案及各类证明该建筑为文物保护单位的相关文件等相关证据，证实了违法事实。

根据调查取证情况，某市园林文物局认定某食品有限公司的行为违反了《某省历史文化名城保护条例》第二十五条第一款第一项的规定，依据《某省历史文化名城保护条例》第三十七条第一款的规定，决定给予某食品有限公司罚款人民币一万元的行政处罚，并于 2006 年 7 月 14 日制发了《行政处罚告知书》，某食品有限公司在法定期限内未提出陈述、申辩及听证。2006 年 7 月 28 日，某市园林文物局制发了《行政处罚决定书》，某食品有限公司于 2006 年 7 月 28 日履行了行政处罚决定，将一万元的罚款交至当地行政罚款代收机构。

某有限公司擅自拍摄全国重点文物保护单位案
某管理处擅自修复全国重点文物保护单位案

2006 年 8 月 7 日，某新闻媒体报道了某全国重点文物保护单位被某剧组破坏，8 月 9 日，另一新闻媒体对此事进行了再次报道。某县文化广电新闻出版局得知此事后，于 2006 年 8 月 10 日进行立案调查。经查，2005 年 4 月 25 日，某管理处未经批准擅自与某有限公司签订了影视拍摄合同，利用景区及景区内的某全国重点文物保护单位进行影视拍摄，摄制组为达到拍摄效果，于 6 月 10 日对某全国重点文物保护单位进行了局部喷涂，管理处工作人员发现后进行了制止，剧组工作人员解释喷涂材料为水溶性材料，能用水清洗掉，并现场进行了实验，在剧组一再承诺拍摄结束后负责恢复原状的情况下，管理处收取剧组 2000 元保证金后，同意了剧组的做法。事后，因剧组一直未对喷涂现场进行清理，管理处于 2005 年 9 月 22 日和 2006 年 8 月 4 日两次自行对喷涂部位进行了清洗。

在调查取证过程中，执法人员收集了某有限公司的企业法人营业执照、影视拍摄合同、媒体报道内容、某有限公司和某管理处关于拍摄事件的情况说明等相关证据材料，并对某有限公司的被委托人、某管理处的法人代表及相关工作人员和清洗喷涂现场的工人分别进行了询问，证实了违法事实。某县文化广电新闻出版局认定某有限公司的行为违反了《中华人民共和国文物保护法》第四十六条第二款的规定，属未经批准擅自拍摄、涂污全国重点文物保护单位的行为，依据《中华人民共和国文物保护法实施条例》第五十八条的规定，决定给予某有限公司罚款人民币两万元的行政处罚；认定某管理处的行为违反了《中华人民共和国文物保护法》第四十六条第二款的规定，属未经批准擅自修复全国重点文物保护单位的行为，依据《中华人民共和国文物保护法实施条例》第五十八条的规定，决定给予某管理处罚款人民币五千元的行政处罚，并于 2006 年 8 月 14 日向两家单位分别制发了《文化行政处罚事先告知书》，两家单位均在《文化行政处罚事先告知书》签字表明接受处罚，不要求陈述、申辩和听证。2006 年 8 月 18 日，某县文化广电新闻出版局向某有限公司和某管理处分别制发了《行政处罚决定书》，上述两家单位均于 2006 年 8 月 18 日履行了行政处罚决定，分别将罚款交至当地行政罚款代收机构，某有限公司还于 2006 年 8 月 21 日发表了一封《致某省文物局及全国观众公开道歉信》。

某省级文物保护单位受损案

2006 年 8 月 29 日晚,某市文化广电新闻出版局接到群众举报,称有人在某省级文物保护单位文物主体上打孔。执法人员立即赶到现场进行调查,发现某省级文物保护单位主体上被人用电钻打了五个孔,执法人员对现场进行了拍照并制作了现场检查笔录,并于 9 月 5 日立案。经查,在文物主体上打孔造成文物被损坏的是某房地产公司,该房地产公司开发的一处住宅项目位于该文物保护单位附近,该房地产公司准备借助该文物保护单位打造园林景观,计划在小区和文物保护单位之间建造景观围栏。由于与当地居民的矛盾,该房地产公司准备设置临时栏杆,由于缺少文物保护意识,施工人员在某省级文物保护单位主体上打了五个固定螺丝孔,准备固定栏杆。事情发生后,该房地产公司积极配合文物部门调查,向文物部门写出检查,并于 9 月 8 日主动出资六万元用于受损文物的修复。

在调查取证过程中,执法人员还收集了某房地产公司的组织机构代码证、企业法人营业执照、授权委托书、受委托人身份证明、文物部门对受损情况做出的鉴定、各类证明该建筑为文物保护单位的文件等相关证据,并对受委托人进行了询问,证实了违法事实。

根据调查取证情况,某市文化广电新闻出版局认定某房地产公司的行为违反了《某省历史文化名城保护条例》第二十五条第一款第一项的规定,依据《某省历史文化名城保护条例》第三十七条第一款的规定,决定给予某房地产公司罚款人民币一万元的行政处罚,并于 2006 年 9 月 7 日制发了《文物行政处罚事先告知书》,某房地产公司在法定期限内未提出陈述、申辩。2006 年 9 月 12 日,某市文化广电新闻出版局制发了《行政处罚决定书》,某房地产公司于 2006 年 9 月 12 日履行了行政处罚决定,将一万元的罚款交至当地行政罚款代收机构。

第三部分

典型文物行政处罚案卷评析

（因涉及当事人隐私，案卷内的部分证据略去）

某电信集团施工中发现文物隐匿不报案

2005 年 9 月 4 日，某区文物部门接到群众举报，称某单位在施工中挖出一座古墓，工人将发现的文物藏匿。某区文物部门将此情况上报市文物局，并与市文物局执法人员一同赶到现场，发现现场挖出一座古墓，墓室北侧约 2 平方米被挖毁，墓内无物，墓碑被毁成数段。执法人员立即拨打 110 报警，并对现场进行了拍照，制作了现场检查笔录，制发了《停止侵害通知书》。110 警务人员到现场后，将墓内出土文物追回。当日，某市文物局对此事立案调查。经查，该工程为某电信集团铺设通信电缆管道工程，9 月 3 日下午 5 时左右，在进行管道挖掘时挖出古墓，工人将发现的文物藏匿，某电信集团未将此情况报告给文物部门，直至次日有群众举报，执法人员赶到现场后才将实情告知文物部门，并配合 110 警务人员追缴文物。

在现场取证后，执法人员又收集了某电信集团的企业法人营业执照、组织机构代码证、挖掘城市道路核准书、建设工程规划许可证、授权委托书、受委托人身份证明等证据，并对受委托人进行了询问，制作了询问笔录，证实了违法事实。

根据调查取证情况，某市文物局认定某电信集团的行为违反了《中华人民共和国文物保护法》第三十二条的规定，依据《中华人民共和国文物保护法》第七十四条第一款的规定，决定给予某电信集团罚款人民币五千元的行政处罚，并于 2005 年 9 月 16 日制发了《行政处罚告知书》。在规定期限内，当事人未提出陈述、申辩。2005 年 9 月 22 日，某市文物局制发了《行政处罚决定书》，某电信集团于 2005 年 10 月 13 日将五千元罚款交至当地行政罚款代收机构。

卷内主要文书目录

序号	文号	题名	日期	备注
1	某文物罚字 〔2005〕第××号	行政处罚决定书	2005.9.22	
2		送达回证	2005.9.22	
3		立案审批表	2005.9.4	
4		现场检查笔录	2005.9.4	
5	某文物停字 〔2005〕第××号	停止侵害通知书	2005.9.5	
6		送达回证	2005.9.5	
7		询问笔录	2005.9.5	
8		授权委托书	2005.9.5	
9	某文物告字 〔2005〕第××号	行政处罚告知书	2005.9.16	
10		送达回证	2005.1.6	
11		案件处理呈批表	2005.9.22	
12		结案报告	2005.10.20	

行政处罚决定书

某文物罚字〔2005〕第××号

某电信集团，地址：某市某区某路×号，法定代表人：江某某

2005年9月4日，我局接到某区文化委员会上报，某电信集团在某区某桥电信管道施工中发现古墓及文物未向文物部门报告，在110警务人员追缴下追回了有关文物，该行为违反了《中华人民共和国文物保护法》第三十二条"在进行建设工程或者在农业生产中，任何单位或个人发现文物，应当保护现场，立即报告当地文物行政部门，文物行政部门接到报告后，如无特殊情况，应当在二十四小时内赶赴现场，并在七日内提出处理意见。文物行政部门可以报请当地人民政府通知公安机关协助保护现场；发现重要文物的，应当立即上报国务院文物行政部门，国务院文物行政部门应当在接到报告后十五日内提出处理意见。依照前款规定发现的文物属于国家所有，任何单位或个人不得哄抢、私分、藏匿。"之规定。

根据《中华人民共和国文物保护法》第七十四条第一款"有下列行为之一，尚不构成犯罪的，由县级以上人民政府文物主管部门会同公安机关追缴文物；情节严重的，处五千元以上五万元以下的罚款：（一）发现文物隐匿不报或者拒不上交的"之规定，本行政机关对你单位处以罚款五千元人民币。请你单位于收到本决定书之日起十五日内，到你单位开户银行缴纳罚款。逾期不缴纳罚款的，每日按罚款数额的百分之三加处罚款。

如不服本决定，可以在收到本决定书之日起六十日内向某人民政府或某文物局申请行政复议；也可在收到本决定之日起三个月内直接向某市某区人民法院提起诉讼。当事人逾期不申请复议，也不向人民法院起诉，又不执行本处罚决定的，本行政区机关将申请人民法院强制执行。

某文物局（章）
2005年9月22日

送达回证

某文物局（章）

受送达人	某电信集团		
送达地点	某区某路×号文物局执法队会议室		
送达人签字	王某某　姜某某		
送达文书名称	送达方式	收件人签名或盖章	收到日期
行政处罚决定书某文物罚字（2005）××号	直接	田某某	2005 年 9 月 22 日
备注	田某某是某电信集团施工队项目经理		

注：1. 受送达人是公民的，本人不在家他的成年家属签收，并在备注中注明收件人与本人关系；

2. 受送达人是法人或其他组织的，应当由法人的法定代表人，其他组织的主要负责人或该法人组织上负责收件的人签收；

3. 代收的，由代收人在收件栏内签名或盖章，并在备注栏中注明与收件人关系；

4. 拒收的，注明情况，两名执法人员签字，并将送达文书留在受送达人住所，视为送达；

5. 邮寄送达的，应将挂号回执粘于备注栏中。

立案审批表

当事人	某电信集团					
性别	／	年龄	／	职业	／	身份证号 ／
法定代表人	江某某	职务	董事长	营业执照号码	××××××	
住址	某市某区某路×号					
案件来源	某区文化委员会上报			案由	发现文物隐匿不报	

违法事实：

2005 年 9 月 4 日，我局接到某区文化委员会上报，某电信集团在电信管道施工中发现古墓及文物未向文物部门报告，在 110 警务人员追缴下追回了有关文物。

承办人意见：

该行为违反了《中华人民共和国文物保护法》第三十二条之规定，建议立案调查。

签字：王某某　姜某某　　　　　　　　　　2005 年 9 月 4 日

负责人意见：

同意

签字：吴某某　　　　　　　　　　　　　　2005 年 9 月 4 日

主管领导批示：

同意

签字：贾某某　　　　　　　　　　　　　　2005 年 9 月 4 日

现场检查笔录

检查时间：2005 年 9 月 4 日　　　　　检查地点：某区某桥西南

被检查人名称：某电信集团

年　龄：　/　　性别：　/　　电话号码：　　/　　法定代表人：江某某

当事人地址：某市某区某路×号

现场实际情况：2005 年 9 月 4 日，市文物局执法人员接到举报对某区某桥西南辅路 50 米处检查，发现某电信集团在电信管道施工中挖毁地下古墓，已将墓室北侧 2 平方米挖毁，墓内无物，已填满土，墓碑被毁为数段。

以上情况属实

田某某　2005 年 9 月 4 日

（田某某是某电信集团施工项目部经理）

当事人：　　　　检查人员签字：王某某　　　　证件号：×××

见证人：　　　　　　　　　　姜某某　　　　　　　　×××

停止侵害通知书

某文物停字〔2005〕第××号

某电信集团：

　　你（单位）在某区某桥西南电信管道施工中挖毁古墓未向文物部门报告的行为，违反了《中华人民共和国文物保护法》第三十二条之规定。

　　本行政机关责令你（单位）在接到本通知后，立即停止侵害行为，并写出书面检查，于 2005 年 9 月 5 日前送某文物监察执法队，听候进一步处理。

某文物局（章）

2005 年 9 月 5 日

本局地址：某市某区某路×号　　　电话：××××××

送达回证

某文物局（章）

受送达人	某电信集团		
送达地点	某区某路×号文物局执法队会议室		
送达人签字	王某某　姜某某		
送达文书名称	送达方式	收件人签名或盖章	收到日期
停止侵害通知书某文物停字（2005）××号	直接	田某某	2005 年 9 月 5 日
/	/	/	/
/	/	/	/
备注	田某某是某电信集团施工队项目经理		

注：1. 受送达人是公民的，本人不在家他的成年家属签收，并在备注中注明收件人与本人关系；

2. 受送达人是法人或其他组织的，应当由法人的法定代表人，其他组织的主要负责人或该法人组织上负责收件的人签收；

3. 代收的，由代收人在收件栏内签名或盖章，并在备注栏中注明与收件人关系；

4. 拒收的，注明情况，两名执法人员签字，并将送达文书留在受送达人住所，视为送达；

5. 邮寄送达的，应将挂号回执粘于备注栏中。

询问笔录

被询问人姓名：张某某　　　性别：男　　年龄：38　　联系电话：×××××

工作单位：某电信集团　　　　　　　　职务：

单位或家庭详细地址：某市某区某路×号

与当事人关系：被委托人

询问时间：　2005　年　9　月　5　日　10　时　05　分至　11　时　12　分

询问地点：北京市文物局执法队会议室

询问人：姜某某　　　　　证件号码：×××

记录人：王某某　　　　　证件号码：×××

问：我们是某文物监察执法队行政执法人员，今天来调查你（单位）涉嫌违反文物法规一案，根据有关法律法规规定，你享有陈述权、申辩权，你知道了吗？

答：知道了。

问：群众举报你单位在施工中发现古墓并损毁哄抢内部文物是否属实？

答：经我们调查，没有哄抢文物，只发现了一个陶罐，已上交文物部门。

问：你单位发现古墓的现场当时除施工人员是否有外人？

答：当时有群众观看，现场内只有施工人员。

问：你们施工中何时挖到古墓的，清理墓室现场时都发现了什么？

答：9月3下午4至5点之间挖到墓的，当时工人下去发现一堆骨头和一个陶罐。

问：下到墓室的工人叫什么？

答：李某某。

问：发现古墓后你单位是否停止施工？是否报告文物部门？

答：当时清理完渣土后，就停工了。第二天群众报告110巡警后，文物部门来了，我们一直积极配合文物部门。

问：古墓和石碑是怎样被毁的？

答：古墓和石碑就在路面下不到30厘米，当时挖管道时用的路面挖掘机，路面下的古墓和石碑根本不知道，就给挖了。

问：你还有什么要说的？

答：积极配合文物部门处理，别的没有什么要说的了。

以上情况属实

　　　　　张某某　　　　　　2005年9月5日

承办人：王某某　　证件号　×××

姜某某　　证件号　×××

授权委托书

委托单位：某电信集团

法人代表：江某某　　　　性别：男　　　　职务：董事长

受委托人：张某某　　　　性别：男

工作单位：某电信集团

工作地址：某市某区某路×号

委托内容：张某某同志负责办理某大街新建电信管道施工中古墓保护及处理事宜。

委托期限：2005 年 9 月 5 日至 2005 年 9 月 30 日

　　　　无转委权

委托单位：某电信集团（章）

法定代表人：（章）

江某某

2005 年 9 月 5 日

行政处罚告知书

某文物告字〔2005〕第××号

某电信集团：

2005年9月4日，你单位在某区某桥电信管道施工中发现古墓及文物未向文物部门报告，在110警务人员追缴下追回了有关文物，该行为违反了《中华人民共和国文物保护法》第三十二条之规定。

经调查和研究，认为违法事实清楚，现本行政机关依据《中华人民共和国文物保护法》第七十四条第一款之规定，拟对你单位给予五千元罚款的行政处罚。

根据《中华人民共和国行政处罚法》第三十一条、第三十二条、第四十二条之规定，你单位可在收到本告知书之日起三日内向本行政机关提出书面陈述、申辩材料或要求组织听证，逾期不陈述、申辩或不要求组织听证的，视为你单位放弃上述权利。

注意事项：

1. 如果要求举行听证，请在送达回证备注中签署意见，或者在收到本告知书三日内向本行政机关提出书面申请，逾期视为放弃要求听证的权利。

2. 听证费用由本行政机关承担。

本行政机关地址：某市某区某路×号

联系人：周某某　　　　　　　　　联系电话：××××××

某文物局（章）

2005年9月16日

送达回证

某文物局（章）

受送达人	某电信集团		
送达地点	某区某路×号文物局执法队会议室		
送达人签字	王某某　姜某某		
送达文书名称	送达方式	收件人签名或盖章	收到日期
行政处罚告知书某文物停字（2005）××号	直接	田某某	2005 年 9 月 16 日
备注	田某某是某电信集团施工队项目经理		

注：1. 受送达人是公民的，本人不在家他的成年家属签收，并在备注中注明收件人与本人关系；

2. 受送达人是法人或其他组织的，应当由法人的法定代表人，其他组织的主要负责人或该法人组织上负责收件的人签收；

3. 代收的，由代收人在收件栏内签名或盖章，并在备注栏中注明与收件人关系；

4. 拒收的，注明情况，两名执法人员签字，并将送达文书留在受送达人住所，视为送达；

5. 邮寄送达的，应将挂号回执粘于备注栏中。

案件处理呈批表

当事人	某电信集团		
案件名称	某集团发现文物隐匿不报案	案卷号	

违法事实：

　　2005年9月4日，我局接到某区文化委员会上报，某电信集团某区手帕口桥电信施工中发现古墓及文物未向文物部门报告，在110警务人员追缴下追回了有关文物，该行为违反了《中华人民共和国文物保护法》第三十二条之规定。

报批意见：

　　根据《中华人民共和国文物保护法》第七十四条第一款之规定，建议对该单位处以罚款五千元人民币。

　　承办人：王某某　姜某某　　　　　　　　　　2005年9月22日

审核意见：

　　同意。

　　审核人：吴某某　　　　　　　　　　　　　　2005年9月22日

负责人意见：

　　同意。

　　负责人：贾某某　　　　　　　　　　　　　　2005年9月22日

备注： 附该案全部案卷及调查报告

结案报告

报告人：王某某　姜某某

负责人意见：

　　同意结案

　　吴某某　　　　　　　2005 年 10 月 20 日

报告：

　　某电信集团在某区某桥电信管道施工中发现古墓及文物未向文物部门报告，在 110 警务人员追缴下追回了有关文物一案，我局于 2005 年 9 月 22 日送达了行政处罚决定书，该单位于 2005 年 10 月 13 日将五千元罚款交付银行。至此，该案全部调查处理工作已经结束，故申请结案。

2005 年 10 月 20 日

【**案例评析**】该案是某电信集团在电信管道施工中发现古墓及文物未向文物行政管理部门报告案。该案案卷记载的行政执法行为认定违法事实清楚，证据确凿；适用法律准确；程序合法；处罚适当，是比较优秀的行政处罚案卷。

认定事实清楚，证据确凿。该案案卷能够准确记载违法行为的时间、地点、情节、程度和后果，用现场检查笔录、现场照片、询问笔录以及有关材料复印件等证据形式确凿地记载了某电信集团在位于某区某桥西南辅路 50 米处的电信管道施工中，发现古墓且造成古墓及石碑损毁，并隐匿不报，在 110 警务人员追缴下追回出土的陶罐文物的事实，调查认定的违法事实清楚，取得的证据合法、有效。特别值得肯定的是案卷中对文物行政执法部门大量采用的照片类证据，注意了对拍摄时间、地点、拍摄人等证据的形式要素进行详细记载。通过对企业法人营业执照的取证，对被处罚主体确认清楚。

适用法律准确。该案认定违法事实和作出给予五千元的行政处罚，分别依据《中华人民共和国文物保护法》第三十二条和第七十四条的规定，引用的法律准确到了条款，作出的行政处罚决定符合法定的处罚种类和幅度。而且在行政处罚决定书、告知书、案件呈批表等文书中适用的法律及其条款保持一致。

程序合法，处罚适当。该案按照立案、调查取证、审查决定、送达执行的步骤实施行政处罚，符合规定的程序和规则，并且每一执法环节都有相应的法律文书记载。从现场检查笔录、询问笔录等调查取证文书中体现了二名执法人员调查取证，出示证件，亮明身份；取证文书和案件呈批表时间的先后体现了先调查取证，后做处罚决定；处罚告知书体现了履行法定告知义务；处罚决定依法由行政机关负责人决定；履行了处罚决定书、告知书等法律文书的送达程序。

考虑到当事人的违法行为虽然情节严重，但危害后果不重，按照过罚相当的原则给予五千元的法定幅度内的低限处罚，比较适当。

主要问题。该案中有一些复印件证据，对这些传来证据没有确认说明。复印件证据与勘验、询问笔录等直接证据相比，其证明力较低，形式要件比较严格。对此，最高人民法院《关于行政诉讼证据若干问题的规定》对证据的形式要件有明确要求，形式要件问题有可能导致证据无效。应当对传来证据注明"经核对，与原件一致"，做必要的说明。

某建筑装饰工程有限公司未取得
资质擅自修缮文物案

2005 年 11 月 4 日某市文化行政执法总队人员在某路 × 号稽查时，发现某建筑装饰工程有限公司正在对市级文物保护单位某游乐场某舞台进行修缮。经了解，该建筑装饰有限公司没有取得文物修缮资质，受某制作有限公司的委托，于 2005 年 9 月 20 日开始对市级文物保护单位某游乐场某舞台进行修缮。执法人员当即制发了《停工通知书》，并于当日进行立案调查。

在调查取证过程中，执法人员收集了某建筑装饰有限公司和某制作有限公司的企业法人营业执照、建设工程施工许可证及施工图纸、授权委托书、受委托人身份证明等相关证据，并对某建筑装饰工程有限公司授权委托人进行了询问，证实了违法事实。2005 年 12 月 2 日，某市执法总队委托相关部门对文物建筑受损情况进行了鉴定，2005 年 12 月 13 日，某文物管理委员会认定该修缮行为明显改变了文物原状，严重破坏了文物保护单位的保护本体。

根据调查取证情况，某市文化行政执法总队认定某建筑装饰工程有限公司的行为违反了《中华人民共和国文物保护法》第二十一条第三款的规定，经过集体讨论，依据《中华人民共和国文物保护法》第六十六条第一款第六项的规定，决定给予某建筑装饰工程有限公司罚款人民币五万元的行政处罚，并按照行政处罚程序于 2006 年 1 月 6 日制发了《行政处罚听证告知书》，当日，某建筑装饰工程有限公司提出书面申请，要求听证。2006 年 1 月 10 日，某市文化行政执法总队制发了《行政处罚听证通知书》，于 1 月 18 日举行了听证。经过听证，认定当事人无法定从轻或减轻处罚的情节，某市文化行政执法总队于 2006 年 2 月 13 日制发了《行政处罚决定书》，对某建筑装饰工程有限公司作出罚款五万元人民币的行政处罚，某建筑装饰工程有限公司于 2006 年 2 月 16 日履行了行政处罚决定，将五万元罚款交至当地行政罚款代收机构。

卷内主要文书目录

序号	文号	题名	日期	备注
1	案号〔2005〕第××××号	某市文化市场行政执法总队行政处罚决定书	2006.2.13	
2	案号〔2005〕第××××号	某市文化市场行政执法总队行政处罚决定书（稿）	2006.2.8	
3	案号〔2005〕第××××号	某市文化市场行政执法总队送达回证	2006.2.13	
4	案号〔2005〕第××××号	某市文化市场行政执法总队立案审批表	2005.12.20	
5		文物行政执法及监督检查联系单	2005.10.28	
6		某市文化市场行政执法总队案件举报登记表	2005.9.5	
7	编号：〔2005〕××××号	某市文化市场行政执法总队案件举报登记表	2005.9.5	
8		某市文化市场行政执法总队调查询问笔录	2005.12.2	
9		法人委托书	2005.11.30	
10		申请认定书	2005.12.2	
11	某文管发〔2005〕×××号	关于某建筑装饰有限公司违法施工的认定意见	2005.12.13	
12		关于请求批准对某游乐场某舞台进行修缮的报告	2005.12.30	
13	某文广集〔2005〕×××号	某文化广播影视集团关于同意对某舞台装修的批复	2005.3.24	
14		情况说明	2006.1.23	
15	案号〔2005〕第××××号	某文化市场行政执法总队责令改正通知书	2005.12.22	
16	案号〔2005〕第××××号	某文化市场行政执法总队责令改正通知书（稿）	2005.12.20	
17	案号〔2005〕第××××号	某市文化市场行政执法总队送达回证	2005.12.22	

序号	文号	题名	日期	备注
18	案号〔2005〕第××××号	某市文化市场行政执法总队案件调查终结审批表	2005.12.22	
19		某建筑装饰工程有限公司未取得文物保护工程资质擅自对某游乐场某舞台修缮案的处理意见	2005.12.31	
20		某市文化市场行政执法总队总队长办公会议记录	2006.2.8	
21	案号〔2005〕第××××号	某市文化市场行政执法总队行政处罚听证告知书	2006.1.6	
22	案号〔2005〕第××××号	某市文化市场行政执法总队送达回证	2006.1.6	
23		申请书	2006.1.6	
24	案号〔2005〕第××××号	某市文化市场行政执法总队行政处罚听证通知书	2006.1.10	
25	案号〔2005〕第××××号	某市文化市场行政执法总队送达回证	2006.1.11	
26	案号〔2005〕第××××号	某市文化市场行政执法总队行政处罚听证笔录	2006.1.18	
27	案号〔2005〕第××××号	某市文化市场行政执法总队行政处罚听证意见书	2006.1.28	
28	案号〔2005〕第××××号	某市文化市场行政执法总队结案审批表	2006.3.17	

某市文化市场行政执法总队
行政处罚决定书

案号〔2005〕第×××号

本总队依照《某市文化领域相对集中行政处罚权办法》，实施行政处罚。

当事人：某建筑装饰工程有限公司

地址：某市某县某镇某路×号

法定代表人：马某某

2005年11月4日总队执法人员在某路×号稽查时，发现你单位未取得文物行政管理部门颁发的文物保护工程资质证书，擅自对市级文物保护单位某游乐场某舞台进行修缮，明显改变了文物原状，严重破坏了某市级文物保护单位的保护本体，你单位的行为已违反了《中华人民共和国文物保护法》第二十一条第三款的规定，依据《中华人民共和国文物保护法》第六十六条第一款第六项的规定，本总队在调查取证后，已发出责令整改通知书，现经总队长办公会讨论及听证程序后，决定对你单位作出以下行政处罚：

罚款人民币五万元整。

限你单位于贰零零陆年贰月贰拾捌日前，携带本决定书，将罚款交至本市工商银行或者建设银行的具体代收机构。逾期缴纳罚款的，依据《行政处罚法》第五十一条第一项的规定，每日按罚款数额的百分之三加处罚款。加处的罚款由代收机构直接收缴。

如你单位不服本决定，可以在接到本决定书之日起六十日内，向上某人民政府申请行政复议；也可以在三个月内直接向人民法院起诉。但行政处罚不停止执行。

逾期不申请复议或者不向法院起诉又不履行处罚决定的，本总队可以申请人民法院强制执行。

某市文化市场行政执法总队（章）

2006年2月13日

某市文化市场行政执法总队
行政处罚决定书（稿）

机构代码：×××××　　　　　　　　　案号［2005］第×××号

签发：某文化市场 　　　行政执法总队（章）	法制工作部门复核人： 牛某某 2006 年 2 月 8 日	部门负责人： 王某某 2006 年 2 月 8 日
办案人：张某某　李某某	校对人：李某某	份数：7 份

本总队依照《某市文化领域相对集中行政处罚权办法》，实施行政处罚。

当事人：某建筑装饰工程有限公司

地址：某市某县某镇某路×号

法定代表人：马某某

2005 年 11 月 4 日总队执法人员在某路×号稽查时，发现你单位未取得文物行政管理部门颁发的文物保护工程资质证书，擅自对市级文物保护单位大世界游乐场共舞台进行修缮，明显改变了文物原状，严重破坏了某市文物保护单位的保护本体，你单位的行为已违反了《中华人民共和国文物保护法》第二十一条第三款的规定，依据《中华人民共和国文物保护法》第六十六条第一款第六项的规定，本总队在调查取证后，已发出责令整改通知书。现经总队长办公会议讨论及听证程序后，决定对你单位作出以下行政处罚：

罚款人民币五万元整。

限你单位于 2006 年　　月　　日前，携带本决定书，将罚款交至本市工商银行或者建设银行的具体代收机构。逾期缴纳罚款的，依据《行政处罚法》第五十一条第一项的规定，每日按罚款数额的百分之三加处罚款。加处的罚款由代收机构直接收缴。

如你单位不服本决定，可以在接到本决定书之日起六十日内，向某人民政府申请行政复议；也可以在三个月内直接向人民法院起诉。但行政处罚不停止执行。

逾期不申请复议或者不向法院起诉又不履行处罚决定的，本总队可以申请人民法院强制执行。

某市文化市场行政执法总队
送达回证

案号［2005］第××××号

送达文书名称件数	行政处罚决定书
送达文书编号	××××××
被送达人	某建筑装饰工程有限公司
送达地点	某路×号
送达方式	直接送达
被送达人签名	张某　　　　2006 年 2 月 13 日
代收人	年　月　日

签发人	王某某	送达人	李某某　张某某

备注：

注：1. 被送达人不在时可由其单位或家属代收。
　　2. 发生拒收情况时，需由在场其他人员证明情况，作为留置送达。

某市文化市场行政执法总队
立案审批表

填表部门：综合处　　　　　　　　　　案号〔2005〕第×××号

案件来源	举报（2005）×××号		
案发时间	2005 年 11 月 4 日	案发地点	某路×号
当事人	某建筑装饰工程 有限公司	联系地址	某路×号某楼
法定代表人	马某某	联系电话	××××××
案情概要	总队执法人员于 2005 年 11 月 4 日对某市文物保护单位某游乐场某舞台稽查时，发现当事人未取得文物管理部门颁发的文物保护工程资质证书或认定，擅自修缮某游乐场某舞台，并通知当事人前来总队接受调查。 　　上述事实以调查询问笔录、某文物管理委员会的认定意见等为证。		
办案人员 拟办意见	依据《中华人民共和国文物保护法》第二十一条第三款的规定，建议立案。 　　承办人：张某某　李某某　　　　2005 年 12 月 19 日		
部门负责人 审核意见	拟同意立案，由张某某、李某某同志承办。 　　负责人：王某某　　　　　　　　2005 年 12 月 20 日		
总队领导 审批意见	同意立案。 　　负责人：周某某　　　　　　　　2005 年 12 月 20 日		
备注			

文物行政执法及监督检查联系单

发往：某市文化市场行政执法总队　时间：2005 年 10 月 28 日　　编号：×号

案属单位	某区某集团		
地址	某区某路口	邮编	××××××
案由	根据群众举报，某文物建筑东侧某舞台内未经批准擅自进行装修改造。另发现某建筑装饰工程有限公司在未取得文物保护工程资质证书的情况下进行施工。 　　（注：某文物建筑为市级文物保护单位，某舞台在某建筑保护本体内）		
执法建议意见	尽快查实，责令停工，依法处理。		
查处结案情况			

某文物管理委员会（章）

某市文化市场行政执法总队
案件举报登记表

编号：［2005］×××号

举报时间	10 月 31 日 11 时 20 分	举报方式	来电	信函	来访	其他
				√		
举报人	文物管理委员会	联系电话	× × × × × ×			
举报类别	文保	受理人员	田某某			
举报内容： 　某区某路口，某市级文物保护单位东侧某舞台内擅自装修改造。						
受理部门拟办意见： 　拟由综合处阅办。 　牛某某 　　　　　　　　　　　　　　　　　2005 年 10 月 31 日						
总队领导审批意见： 　同意。 　周某某 　　　　　　　　　　　　　　　　　2005 年 10 月 31 日						
处理情况 　　　　　　　　　　　　　　　　年　　　月　　　日						

某市文化市场行政执法总队
调查询问笔录

询问时间：2005 年 12 月 2 日 11 时 10 分至 11 时 40 分

询问地点：某路×号

被询问人：张某   性别：男   出生年月：1973 年 10 月

身份证号码：×××××××××××××××   联系电话：××××××

工作单位：某建筑装饰工程有限公司   职务：项目经理

联系地址：某路某号×楼   邮编：××××××

询问人：张某某　李某某   记录人：张某某

告知：我们是某文化市场行政执法总队的执法人员（出示执法证），根据《行政处罚法》第三十七条的规定，依法进行调查。当事人或者有关人员应当如实回答询问，并协助调查，不得阻挠。你享有以下权利：执法人员少于两人或执法证件与身份不符的，你有权拒绝调查询问。你是否听清楚了？

答：清楚了。

问：你的身份？

答：张某　男　汉族　1973 年 10 月 29 日出生，现居住在某路×号某室（某花园），今受某建筑装饰工程有限公司委托，前来总队接受调查询问。

问：你建筑装饰工程公司（以下简称装饰公司）是否取得颁发的文物保护工程资质证书或认定？

答：没有。

问：你装饰公司对某游乐场某舞台修缮是受你公司委托吗？

答：是受某制作有限公司委托的。

问：你装饰公司是从何时开始对某游乐场某舞台进行修缮工作的？

答：是从 2005 年 9 月 10 日开始的。

问：对某游乐场某舞台共修缮了哪些部位？

答：剧场观众厅，舞台层（钢架调换木架）。

问：你装饰公司未取得文物部门颁发的文物保护工程资质证书或认定，违反了文物保护法相关规定，总队将依据某文物管理委员会的认定结果，对你装饰公司做进一步的处理，是否清楚？

答：清楚。

问：以上所作调查询问笔录是否事实？

答：是事实。

以上 2 页阅，情况属实。

　　张某

2005 年 12 月 2 日

法人委托书

　　本人马某某系某建筑装饰工程有限公司的法定代表人，现委托我公司的张某为我公司代理人，至某文化市场行政执法总队办理某游乐场某舞台项目相关事宜。

代理人：张某

法定代表：（某建筑装饰工程有限公司章）马某某

委托日期：2005 年 11 月 30 日

申请认定书

某文物管理委员会：

现请贵会对 2005 年 10 月 28 日编号（2005）×号文物行政执法及监督检查联系单所述案件情况，即某建筑装饰工程有限公司在某路×号某市级文物保护单位某游乐场某舞台的保护范围内，未取得文物部门颁发的文物保护工程资质证书，擅自进行建设工程的行为，是否造成严重后果作出认定。

某市文化市场行政执法总队（章）

2005 年 12 月 2 日

某文物管理委员会

某文管发〔2005〕×××号

关于某建筑装饰工程有限公司在某市级文物
保护单位某游乐场某舞台内违法施工的认定意见

某文化市场行政执法总队：

你队关于某建筑装饰工程有限公司在某市文物保护单位——某游乐场某舞台内违法施工的"申请认定书"收悉。我委根据施工现场的勘查结果和对施工单位文物保护工程资质的调查，认定某建筑装饰工程有限公司未取得国家文物局颁发的文物保护工程资质证书，擅自修缮某市级文物保护单位——某游乐场某舞台，明显改变文物原状，严重破坏了某市级文物保护单位的保护本体。

专此函告。

某文物管理委员会（章）
2005 年 12 月 13 日

关于请求批准我公司对某游乐场某舞台进行修缮的报告

某文物管理委员会：

　　我建筑装饰工程有限公司于 2005 年承接了某游乐场某舞台修缮工程项目，因我司 2003 年和 2004 年在得到某文物管理委员会有关部门的批准同意，参加了某市级文物保护单位的装饰改造项目，在文物保护修缮方面我司已经积累了一定的能力和经验，恳请文物管理委员会批准同意我公司对某游乐场某舞台进行修缮。

　　特此报告！

某建筑装饰工程有限公司（章）

2005 年 12 月 30 日

同意某建筑装饰工程有限公司
参加某游乐场某舞台修缮工程。

　　某文物管理委员会办公室（章）
　　2006 年 3 月 11 日

某文化广播影视集团文件

某文广集 ［2005］×××号   签发人：申某某

某文化广播影视集团
关于同意对某舞台进行局部改造及简单装修立项的批复

某文广科技发展有限公司：

你公司《关于某舞台进行局部改造及简单装修事项的请求》 ［某文广集（2005）×××号］收悉，经研究，现批复如下：

一、为配合大型舞台秀《××××××》演出，同意对租用的某舞台进行局部改造及简单装修，改造的内容为：剧场、舞台、观众厅及供电、制冷和暖通风等系统，改造费用为×××万元，最终纳入剧目成本中列支，改造资金在你公司2005年全面预算内安排，项目列入文广2005年集团建设计划中。

二、对该项目实施拟分两步进行：一是改造剧场，使其具备演出条件，并可以进行剧场经营；二是剧目的演出，要进行市场分析和可行性论证，正式推出前再报文广集团。

特此批复。

某文化广播影视集团（章）

2005 年 3 月 24 日

主题词：基本建设　立项　批复

抄报：××××××

某文化广播影视集团办公室   2005 年 3 月 24 日印

打字：钱某某   校对：钱某某   （共印 6 份）

情况说明

某文化市场行政执法总队：

本公司在某舞台改造施工中未经过文管委审批同意，擅自修缮文物保护单位，且我司确实无文物施工许可资质证书。我公司已认识到此行为的错误性，望贵队能够酌情从轻处罚。

谢谢！

某建筑装饰工程有限公司（章）

2006 年 1 月 23 日

某市文化市场行政执法总队
责令整改通知书

案号 ［2005］第××××号

某建筑装饰工程有限公司：

经查，你单位未取得文物行政管理部门颁发的文物保护工程资质证书，擅自对某市级文物保护单位——某游乐场某舞台进行修缮，明显改变了文物原状，严重破坏了该文物保护单位的保护本体，你单位的行为已违反了《中华人民共和国文物保护法》第二十一条第三款的规定。依据《中华人民共和国文物保护法》第六十六条第一款第六项的规定，本总队现依法责令你单位在接到本通知书贰周内履行相关的报批手续，按某文物行政管理部门的批复意见作进一步的整改。

你单位整改完毕后，请及时向本总队反馈。

特此通知。

某市文化市场行政执法总队（章）
2005 年 12 月 22 日

抄送：某文物管理委员会

某市文化市场行政执法总队
责令整改通知书（稿）

案号［2005］第×××号

签发：	法制工作部门复核人：	部门负责人：
某文化市场	牛某某	王某某
行政执法总队（章）	2005 年 12 月 21 日	2005 年 12 月 21 日
办案人：张某某　李某某	校对人：李某某	份数：5 份

某建筑装饰工程有限公司：

经查，你单位未取得文物行政管理部门颁发的文物保护工程资质证书，擅自对某市级文物保护单位——某游乐场某舞台进行修缮，明显改变了文物原状，严重破坏了市级文物保护单位的保护本体，你单位的行为已违反了《中华人民共和国文物保护法》第二十一条第三款的规定。依据《中华人民共和国文物保护法》第六十六条第一款第六项的规定，本总队现依法责令你单位在接到本通知书贰周内履行相关的报批手续，按某市文物行政管理部门的批复意见作进一步的整改。

你单位整改完毕后，请及时向本总队反馈。

特此通知。

某市文化市场行政执法总队（章）
2005 年 12 月 20 日

抄送：某文物管理委员会

某市文化市场行政执法总队
送达回证

案号〔2005〕第××××号

送达文书名称件数	责令整改通知书	
送达文书编号	××××	
被送达人	某建筑装饰工程有限公司	
送达地点	某路×号	
送达方式	直接送达	
被送达人签名	张某　　　2005年12月22日	
代收人	年　　月　　日	
签发人	王某某	送达人	张某某　李某某
备注：		

注：1. 被送达人不在时可由其单位或家属代收。

　　2. 发生拒收情况时，需由在场其他人员证明情况，作为留置送达。

某市文化市场行政执法总队
案件调查终结审批表

案号〔2005〕第×××号

案由	未取得文物保护工程资质证书，擅自修缮文物保护单位		
案件来源	举报（2005）×××号		
当事人	某建筑装饰工程有限公司	地址	某市某县某镇某路×号
法定代表人	马某某	电话	
案件基本事实及证据	总队执法人员于2005年11月4日在某路×号对某市级文物保护单位——某游乐场某舞台稽查时，发现当事人未取得文物行政管理部门颁发的文物保护工程资质证书，擅自修缮某游乐场某舞台，并通知当事人前来总队接受调查。 经调查，当事人未取得文物行政管理部门颁发的文物保护工程资质证书，擅自对某市级文物保护单位——某游乐场某舞台进行修缮的行为，明显改变文物原状，严重破坏了某市级文物保护单位的保护本体。2005年12月22日，总队已向当事人发出责令整改通知书，并责令其贰周内履行相关的报批手续，按照某文物行政管理部门的批复意见进行整改。 上述事实以调查询问笔录、某文物管理委员会的认定意见等为证。		
争议要点			
承办人员拟办意见	当事人的行为已违反了《中华人民共和国文物保护法》第二十一条第三款的规定。依据《中华人民共和国文物保护法》第六十六条第一款第六项的规定，拟作出以下行政处罚： 罚款人民币五万元整。 　　　　承办人：张某某　李某某　　　　2005年12月22日		
办案部门审核意见	拟同意。 　　　　负责人：王某某　　　　2005年12月22日		
法制部门复核意见	拟提交总队长办公会讨论决定。 　　　　负责人：牛某某　　　　2005年12月22日		
总队领导审批意见	同意。 　　　　负责人：周某某 某市文化市场行政执法总队（章） 　　　　　　　　　　　　　　2005年12月22日		

某建筑装饰工程有限公司未取得文物保护工程资质擅自对某游乐场某舞台修缮案的处理意见

总队领导：

2005 年 11 月 4 日，我处在某路×号稽查时，发现当事人某建筑装饰工程有限公司未取得文物行政管理部门颁发的文物保护工程资质证书，擅自修缮市级文物保护单位某游乐场某舞台。2005 年 12 月 13 日，某文物管理委员会出具了"关于某建筑装饰工程有限公司在市级文物保护单位某游乐场某舞台内违法施工的认定意见"，认定当事人的行为已明显改变文物原状，严重破坏了某市级文物保护单位的保护本体。

经现场取证及对当事人作调查询问后，2005 年 12 月 22 日我处向当事人发出了责令整改通知书，并责令其贰周内履行相关的报批手续，按照某文物管理委员会的批复意见进行整改。

根据《中华人民共和国文物保护法》第六十六条第一款第六项的规定，擅自修缮文物保护单位造成严重后果的，处五万元以上五十万以下的罚款。据此，我处对案情作讨论研究后，拟对当事人作出罚款人民币五万元的处罚决定，理由具体如下：

1. 当事人擅自修缮某游乐场某舞台的行为，已明显改变文物原状，严重破坏了某市级文物保护单位的保护本体。因此，我处认为应对其作出行政处罚。

2. 某建筑装饰工程有限公司虽未取得文物保护工程资质证书，但对全国重点文物保护单位进行过装修，只是这次在对某市级文物保护单位某游乐场某舞台进行修缮时，未向文物行政管理部门履行相关的报批手续。因此，我处认为对当事人的行为从轻处罚。

以上意见当否，请示。

综合处

2005 年 12 月 31 日

某市文化市场行政执法总队
总队长办公会议记录

时间：2005 年 12 月 31 日下午

地点：总队小会议室

参加人：周某某（总队长）、丁某某（副总队长）、叶某某（办公室副主任）、

王某某（综合处副处长）、张某某（综合处办案人员）、

侯某某（办公室工作人员）。

议题：审议关于某建筑装饰工程有限公司未取得文物保护工程资质证书擅自对某游
乐场某舞台进行修缮一案的处理意见

一、办案人员张某某汇报某建筑装饰工程有限公司未取得文物保护工程资质证
书擅自对某游乐场某舞台进行修缮一案的处理意见：

当事人：某建筑装饰工程有限公司

地址：某市某县城某镇某路×号

法定代表人：马某某

2005 年 11 月 4 日，我处在某路×号稽查时，发现当事人某建筑装饰工程有限
公司未取得文物行政管理部门颁发的文物保护工程资质证书，擅自修缮市级文物保
护单位某游乐场某舞台。2005 年 12 月 13 日，某文物管理委员会出具了"关于某建
筑装饰工程有限公司在某市文物保护单位某游乐场某舞台内违法施工的认定意见"，
认定当事人的行为已明显改变文物原状，严重破坏了某市级文物保护单位的保护本
体。

经现场取证及对当事人作调查询问后，2005 年 12 月 22 日我处向当事人发出了
责令整改通知书，并责令其贰周内履行相关的报批手续，按照某文物管理委员会的
批复意见进行整改。

根据《中华人民共和国文物保护法》第六十六条第一款第六项的规定，擅自修
缮文物保护单位造成严重后果的，处五万元以上五十万以下的罚款。据此，我处对
案情作讨论研究后，拟对当事人作出罚款人民币五万元的处罚决定，理由具体如
下：

1. 当事人擅自修缮某游乐场某舞台的行为，已明显改变文物原状，严重破坏了
某市级文物保护单位的保护本体。因此，我处认为应对其作出行政处罚。

2. 某建筑装饰工程有限公司虽未取得文物保护工程资质证书，但取得过对全国
重点文物保护单位装修的报批手续，只是这次在对某市文物保护单位某游乐场某舞
台进行修缮时，未向文物行政管理部门履行相关的报批手续。因此，我处认为对当

事人的行为从轻处罚。

二、讨论意见

王某某：我处对这个案件进行认真讨论和研究，大家一致认为，该公司擅自修缮文物保护单位造成严重后果。根据《中华人民共和国文物保护法》第六十六条第一款第六项的规定，应对其作出罚款人民币五万元的处罚决定。

朱某某：根据综合处的汇报，对修缮文物保护工程报批的理解是该公司：一是要有文物行政管理部门颁发的文物保护工程资质证书；二是对文物进行修缮要向文物行政管理部门履行相关的报批手续。该公司是接受某制作有限公司委托进行施工的，要办理资质证书和报批手续应该办得出来。但根据案件的情况，我同意对某建筑装饰工程有限公司处以五万元的处罚。

周某某：该案已认定某建筑装饰工程有限公司擅自修缮，再责令其进行整改有什么意义？

张某某：意思是责令其补办报批手续，再根据某文物管理委员会的批复意见进行整改。

周某某：还有该公司取得过对全国重点文物保护单位装修的报批手续，只是这次在对某市文物保护单位某游乐场某舞台进行修缮时，未向文物行政管理部门履行相关的报批手续是什么意思？

王某某：根据有关规定，对文物进行修缮等保护工程要有文物保护工程施工的资质证书（目前某市只有两家是有长期资质的，其他公司可以申请单项文物保护工程施工资质），某建筑装饰工程有限公司不具有长期资质，过去虽取得过对某个全国重点保护单位装修的施工资质证书，但未取得对某游乐场某舞台进行修缮的单项文物保护工程施工项目资质证书。

周某某：根据上述情况汇报，我同意综合处的处罚意见，但要严格按程序办理。

丁某某：同意综合处的处罚意见。

一致意见：同意对某建筑装饰工程有限公司予以罚款人民币五万元的处罚。

出席人员签名：周某某、丁某某、朱某某、王某某、张某某、侯某某

某市文化市场行政执法总队
行政处罚听证告知书

案号［2005］第××××号

某建筑装饰工程有限公司：

经查，你单位于2005年11月4日未取得文物行政管理部门颁发的文物保护工程资质证书，擅自对某市文物保护单位某游乐场某舞台（某路×号）进行修缮的行为，违反了《中华人民共和国文物保护法》第二十一条第三款的规定，依据《中华人民共和国文物保护法》第六十六条第一款第六项的规定，本总队拟对你单位作出如下行政处罚：

罚款人民币五万元。

根据《中华人民共和国行政处罚法》第四十二条的规定，你单位有要求举行听证的权利。如你单位要求听证，应当在收到本告知书三日内向本总队提出。逾期视为放弃听证。

本总队地址：某路×号，邮编：××××××

联系人：张某某

电话：××××××

某市文化市场行政执法总队（章）

2006年1月6日

某市文化市场行政执法总队
送达回证

案号〔2005〕第××××号

送达文书名称件数	行政处罚听证告知书
送达文书编号	××××××
被送达人	某建筑装饰工程有限公司
送达地点	某路×号
送达方式	直接送达
被送达人签名	张某　2006年2月13日
代收人	年　月　日

签发人	王某某	送达人	张某某　李某某

备注：

注：1. 被送达人不在时可由其单位或家属代收。

2. 发生拒收情况时，需由在场其他人员证明情况，作为留置送达。

申　请　书

某文化市场行政执法总队：

关于某舞台工程一事听证告知书我司已收到。就处罚情况我司提出如下意见：

1. 我司作为建委部门的下属单位，施工的依据是由建管办颁发的施工许可证为证而进行正常施工。

2. 我司从未收到业主书面或口头通知称某舞台是古建筑，且门口未挂"文物保护"铭牌。

鉴于以上二点，我司认为我们是在不知情的情况下，通过合法的手续进行合法施工的。望贵队能综合考虑具体情况，作出合理的决定。

礼！

某建筑装饰工程有限公司

2006 年 1 月 6 日

某市文化市场行政执法总队
行政处罚听证通知书

案号 ［2005］第××××号

某建筑装饰工程有限公司：

因你单位在未取得文物保护工程资质证书，擅自修缮文物保护单位一案中要求听证，现决定于 2006 年 1 月 18 日（星期三）上午 9 时 30 分，在某路 × 号举行听证。本次听证由某文化执法总队办公室副主任朱某某主持。

请你单位或委托代理人凭本通知书准时出席。

参加听证之前，请你单位做好如下准备：

1. 携带身份证明和有关证据材料；

2. 委托代理人须持有委托书（律师须持有律师事务所公函）并明确代理权限；

3. 通知有关证人出席作证，并请事先告知本总队听证联系人；

4. 如申请主持人回避，须在 1 月 1 3 日之前通知本总队听证联系人并说明理由。

届时若无故缺席，视为放弃听证。

联系人：陶某某
联系电话：× × × × × ×

某市文化市场行政执法总队
2006 年 1 月 10 日

某市文化市场行政执法总队
送达回证

案号〔2005〕第×××号

送达文书名称件数		行政处罚听证通知书壹件	
送达文书编号		案号（2005）第×××号	
被送达人		某建筑装饰工程有限公司	
送达地点		某路×号	
送达方式		直接送达	
被送达人签名		张某　　　2006 年 1 月 11 日	
代收人		年　　月　　日	
签发人	朱某某	送达人	陶某某
备注：			

注：1. 被送达人不在时可由其单位或家属代收。

　　2. 发生拒收情况时，需由在场其他人员证明情况，作为留置送达。

某市文化市场行政执法总队
行政处罚听证笔录

案号［2005］第×××号

时间：2006年1月18日　　　　　　　　地点：某路×号

主持人：朱某某　　　听证员：　　　　记录人：陶某某

办案部门：综合处　　调查人：张某某　　调查人：王某某

当事人：张某　男　1973年10月　　　　　某建筑装饰有限公司

其他人员：

朱：某建筑装饰工程有限公司不服某文化市场行政执法总队拟作出的罚款人民币五万元的行政处罚要求听证，现由某文化市场行政执法总队组织本次听证。先核对听证参加人身份。

张：我是案件调查人员张某某。

王：我是案件调查人员王某某。

张：我是张某，在某建筑装饰有限公司工作，职务是项目经理。

朱：当事人是何时收到听证通知书的？

张：我是2006年1月11日收到通知书。

朱：本次听证由某文化市场行政执法总队办公室副主任朱某某主持，由陶某某作为书记员担任记录，当事人如认为听证主持人、书记员与本案有利害关系，可能影响案件公正处理的，可申请回避，你是否要求听证主持人、书记员回避？

张：不要回避。

朱：现在听证正式开始。先由案件调查人员提出当事人违法经营行为的事实、证据和听证处罚的依据。

张：我们于2005年11月4日在某路×号稽查时，发现某市文物保护单位——某游乐场某舞台，未取得文物行政管理部门颁发的文物保护工程资质证书，擅自对其进行修缮，经文物委员会鉴定，其行为明显改变文物原状，严重破坏了某市级文物保护单位的保护本体，同年12月22日，我们已向当事人发出责令整改通知书，并责令其两周内履行相关的报批手续，按照某文物行政管理部门的批复意见进行整改。我们认为当事人的行为已违反了《中华人民共和国文物保护法》第二十一条第三款的规定，依据该法第六十六条第一款第六项的规定，拟对其作出罚款人民币五万元的行政处罚。

朱：其他调查人员还有何补充？

王：其他没有什么。

朱：请调查人员对处罚证据进行质证？

张：2005 年 11 月 4 日下午拍摄的现场照片；2005 年 12 月 2 日的调查询问笔录；某文物管理委员会出具的认定意见（2005 年 12 月 13 日）；某文物管理委员会出具给某制作有限公司文书中提到某公司未取得资质证书。

朱：当事人有何异议？

张：对事实没有异议，这些证据中我对照片和认定结论有些异议。固定脚手架，对结构没有什么影响，只是为粉刷用的，对某舞台的结构没动过。对鉴定意见的异议是：我们是按照建委发的施工许可证进行正常施工的。当初我们询问过业主方是否是文物，他们的回答不是文物。是跟徐某某、石某某联系的，石某某通知我某舞台不是文物，10 月 28 日我们收到综合处说明某舞台是文物时我们还没接到业主方的任何通知说是文物。我认为最主要是我们在不知情的情况下通过合法手续进行合法施工的。原来我公司曾修建过文物，办过相关手续。

朱：有几个问题要问：11 月 4 日某舞台是施工到何种程度？

张：当时拍摄时，脚手架均已搭好，把原来上面木吊顶换掉，原来的结构没有动过。

朱：调查人员还有何补充？

张：关于照片：某市唯一一个报幕用的（手工葫芦）被拆掉，这是文物保护之一。现改为电动的。虽整个框架未动，但修缮文物必须有资质证书，当事人说不知这是文物，但法律有规定，在修缮前必须知道是否是文物才能动工的。还有当事人讲过曾修建过文物，应该有经验才是。

朱：文物单位门口有无规定要立牌？

张：有规定的，《文物保护法实施细则》第十五条第二款有明确规定。

张：我进入某舞台后没发现任何标志。

朱：你们在调查时有没有证据可证明当事人知道是文物的？

张：没有。但文物保护单位是大世界游艺场，保护范围是建筑用地，它包含某舞台，某游艺场有文物门牌。

朱：当事人还有可补充？

张：我进某舞台时没发现文物门牌，业主可以证明这一点。

朱：刚才认真听取了案件调查人员和当事人对本案证据的质证意见和对本案的事实认定，法规适用的意见，听取当事人的陈述、申辩意见，并已记录在案，我将把这些意见如实报告给总队长办公会议，由集体讨论后最后作出行政处罚决定。本次听证到此结束，请参加听证的案件调查人员和当事人对听证笔录进行阅看后，予以签名。

张某某　王某某　朱某某　陶某某　张某

某市文化市场行政执法总队
行政处罚听证意见书

案号［2005］第×××号

当事人：某建筑装饰工程有限公司

案由：未取得文物保护工程资质证书，擅自修缮文物保护单位

时间：2006年1月18日上午9时30分至10时35分

地点：某路×号

听证主持人：朱某某　　　　　　　记录人：陶某某

案件调查人：王某某、张某某　　　办案部门：综合处

由总队领导指定，本人于2006年1月18日上午在总队主持了某建筑装饰工程有限公司未取得文物保护工程资质证书、擅自修缮文物保护单位一案的听证。综合处调查人员王某某、张某某和当事人张某等人参加了听证。现提出听证意见如下：

本案在听证中，综合处调查人员王某某、张某某提出了当事人某建筑装饰工程有限公司违法的事实、证据和行政处罚的依据有：

当事人：某建筑装饰工程有限公司

法定代表人：马某某

地址：某市某县某镇某路×××号×××—×××室

2005年11月4日，综合处查实当事人某建筑装饰工程有限公司未取得文物行政管理部门颁发的文物保护工程资质证书，擅自修缮市级文物保护单位某路×号某游乐场某舞台。2005年12月13日，某文物管理委员会出具了"关于某建筑装饰工程有限公司在某市文物保护单位某游乐场某舞台内违法施工的认定意见"，认定当事人"未取得国家文物局颁发的文物保护工程资质证书，擅自修缮某市文物保护单位——某游乐场某舞台，明显改变文物原状，严重破坏了某市级文物保护单位的保护本体"。

经现场取证及对当事人作调查询问后，2005年12月22日综合处向当事人发出了责令整改通知书，责令其贰周内履行相关的报批手续，按照某市文物管理委员会的批复意见作进一步的整改。

根据《中华人民共和国文物保护法》第六十六条第一款第六项的规定，擅自修缮文物保护单位造成严重后果的，处五万元以上五十万元以下的罚款。据此，综合处对案情作讨论研究后，拟对当事人作出罚款人民币五万元的处罚决定，理由具体

如下：

1. 当事人擅自修缮某游乐场某舞台的行为，已明显改变文物原状，严重破坏了某市级文物保护单位的保护本体。因此，应对其作出行政处罚。

2. 某建筑装饰工程有限公司不具有对文物保护工程施工的长期资质证书，但过去曾对某个全国重点文物保护单位进行过装修。只是这次在对某市文物保护单位某游乐场某舞台进行修缮时，未向文物行政管理部门履行相关的报批手续，未取得对某游乐场某舞台进行修缮的文物保护单位装修施工资质证书。因此，对当事人的行为可从轻处罚。

听证中调查人员出示了认定当事人上述违法行为的证据有：

1. 2005 年 11 月 4 日拍摄的现场照片；

2. 2005 年 12 月 2 日的《调查询问笔录》；

3. 2005 年 12 月 13 日某市文管会出具的《认定意见书》；

经当场质证，当事人对上述证据表示有异议。

主要异议是：1. 综合处所提供的照片是几张脚手架照片，我们搭脚手架是为粉刷墙用的，装修只是把原来屋上的木吊顶拆换，关于那个报幕用的手工拉幕葫芦，我们进场时已没有了，这一点业主方可证明，但施工对某舞台的水泥钢筋结构没动过。2. 我们作为施工单位，是参加非文物保护单位的建筑工程招标并依据建委建管办颁发的施工许可证进行正常施工的。3. 我们从未收到业主方书面或口头通知称某舞台是文物单位，我们也曾问过业主方某舞台是否是文物，某公司的石某某告诉说："某舞台不是文物"；且某舞台门口也未挂"文物保护单位"铭牌。鉴于以上几点，我公司认为我们是在不知情（某舞台是文物保护单位）的情况下，通过合法的手续进行施工的，希望总队根据上述情况，作出合理的处罚决定。

经过听证，主持人认为：本案调查人员提出的认定当事人未取得文物保护工程资质证书，擅自修缮文物保护单位的违法事实清楚，证据确凿，适用法规依据正确。当事人提出的异议虽有部分事实是属实的，但当事人于 2006 年 1 月 24 日又向总队送交了《书面情况说明》，表示："在听证后，经其单位研究，同意接受总队的行政处罚决定，但希望能够酌情从轻处罚"。

根据《中华人民共和国文物保护法》第六十六条第一款第六项的规定，擅自修缮文物保护单位造成严重后果的，处五万元以上五十万元以下的罚款。现综合处提出拟对当事人作出罚款人民币五万元的处罚决定，已是法律规定处罚的最低限度，当事人亦无法定从轻或者减轻处罚情节，无法予以从轻或者减轻处罚，故建议对当事人依法作出罚款人民币五万元的行政处罚。

当否，请总队领导批示。

听证主持人：朱某某

2006 年 1 月 28 日

总队领导审核意见：

同意

周某某

2006 年 2 月 5 日

某市文化市场行政执法总队
结案审批表

案号〔2005〕第×××号

案由	未取得文物保护工程资质证书，擅自修缮文物保护单位	立案时间	2005 年 12 月 20 日
当事人	某建筑装饰工程有限公司		
办案部门	某处	办案人员	张某某 李某某
案件事实	当事人于 2005 年 9 月起在某路 × 号未取得某文物行政管理部门颁发的文物保护工程资质证书，擅自对某市文物保护单位——某游乐场某舞台进行修缮，明显改变了文物原状，严重破坏了某市级文物保护单位的保护主体。 以上事实以现场检查笔录、调查询问笔录、现场拍摄照片、某文物管理委员会的认定意见等。		
处罚决定	罚款人民币五万元整		
执行情况	某文物管理委员会已于 2006 年 3 月 1 日同意当事人《关于请求批准我公司对某游乐场某舞台进行修缮的报告》。 当事人已于 2006 年 2 月 16 日自动履行将罚款交至工商银行代收机构。		
承办人员拟办意见	行政处罚已全部执行完毕，拟结案。 　　承办人：张某某 李某某 　　　　　　　　　　　　　　2006 年 3 月 16 日		
部门负责人审核意见	拟同意 　　负责人：靳某某 　　　　　　　　　　　　　　2006 年 3 月 16 日		
总队领导审批意见	同意结案 　　负责人：丁某某 　　　　　　　　　　　　　　2006 年 3 月 17 日		

【案例评析】该案是某建筑装饰工程有限公司不具有资质，未经批准擅自修缮毁坏某市级文物保护单位某游乐场某舞台文物案。该案认定事实清楚，证据确凿，适用法律准确，程序合法，给予的处罚适当。

认定事实清楚，证据确凿。某游乐场是某市文物保护单位，有某市人民政府1989年9月25日设立的标志。某建筑装饰工程有限公司不能提供相关维护、修缮古建筑资质的证书，说明其不具有相应资质。其不能提供某人民政府或者某文物行政管理部门关于修缮某游乐场某舞台的相关批准文件，说明未经批准。主要证据文书有：调查询问笔录、关于违法施工的认定意见、文保范围及控制地带明细表以及现场照片等，调查认定的违法事实清楚，取得的证据合法、有效，卷内证据能够证明违法行为的性质、情节、程度和危害后果。

适用法律准确。该案在立案、责改、告知、呈批、处理意见、办公会讨论、处罚决定、结案报告等主要文书中，认定违法事实的依据都是《中华人民共和国文物保护法》第二十一条第三款的规定，给予行政处罚适用的是《中华人民共和国文物保护法》第六十六条第一款第（六）项的规定，前后保持一致、统一。引用的法律准确到了条款项，作出的行政处罚决定符合法定的处罚种类和幅度。

程序合法。该案每一执法环节都有相应的法律文书予以记载，履行了行政处罚法规定的程序，文书中记载了二名执法人员调查取证，出示证件，亮明身份；先调查取证，后做决定；告知听证、履行听证程序；集体讨论决定；送达执行等程序。

处罚适当。某游乐场是市级文物保护单位，某舞台是该文物的组成部分，无论是说不知道某游乐场是文物，或者是说不知道某舞台是文物，都不成立。未经批准进行修缮，已经构成破坏，性质是违法的，情节是恶劣的，给予的处罚是适当的。

主要问题。既然已经告知听证，那么就是重大案件，重大案件应当集体讨论决定，本案的讨论记录，建议改为重大案件集体讨论记录为宜。集体讨论得出的结论性意见为最终的行政处罚决定。行政处罚决定书根据集体讨论的结论制作，并保持一致，不必再另行批准。关于传来证据的形式要件问题，本案中有许多证据属于传来证据，如证据中的照片，一张证明是文物，两张证明在施工；另外还有一些书证的复印件，如身份证、营业执照、施工许可证、合同和有关部门的证明。这些证据与勘验、询问笔录等直接证据相比，其证明力较低，最高人民法院《关于行政诉讼证据若干问题的规定》对证据的形式要求比较明确，建议对传来证据注明"经核对，与原件一致"。照片应当有必要的说明。

钟某擅自在市级文物保护单位内施工修缮不可移动文物案

2004 年 6 月 21 日，某市文化稽查总队收到该市文物管理委员会发来的《文物行政执法及监督检查联系单》，称有群众举报某路××号的居民对某市级文物保护单位进行修缮，改变了文物建筑的原状及周边环境。当日，执法人员到现场进行调查了解。检查中发现，该建筑的业主钟某未经批准，擅自于 2004 年 2 月份开始对自己购买的房屋（某市级文物保护单位的一部分）进行修缮，至执法人员发现时，该工程已基本完工。执法人员当即制发了《停工通知书》，用相机对现场进行了拍照，制作了现场检查笔录，并于当日进行立案调查。在随后的调查取证过程中，执法人员收集了钟某的身份证明、房屋产权证明、受委托人身份证明等证据，并对被委托人进行了询问，证实了违法事实。2004 年 6 月 29 日某市文物管理委员会对文物建筑受损情况进行了鉴定，认定该行为严重破坏了文物建筑，改变了文物建筑原状，并于 8 月 31 日对钟某征求装修意见的函进行了回复，提出具体的要求。

根据调查取证情况，某市文化稽查总队认定钟某的行为违反了《中华人民共和国文物保护法》第十七条、第二十一条第二、四款的规定，经过集体讨论，根据《中华人民共和国文物保护法》第六十六条第一款第一、四项的规定，决定给予钟某罚款人民币五万元的行政处罚，并按照行政处罚程序于 2004 年 9 月 15 日制发了《行政处罚听证告知书》，在法定期限内，当事人未提出听证要求。2004 年 9 月 29 日，某市文化稽查总队制发了《行政处罚决定书》和《责令整改通知书》，钟某于 2004 年 10 月 9 日履行了行政处罚决定，将五万元罚款交至当地行政罚款代收机构，并按《责令整改通知书》的要求完成了整改。

卷内主要文书目录

序号	文号	题名	日期	备注
1	案号〔2004〕第×××号	某市文化稽查总队立案报告表	2004.6.28	
2		某市文化稽查总队调查询问笔录	2004.6.24	
3		委托书	2004.6.24	
4	编号：〔2004〕×号	文物行政执法及监督检查联系单	2004.6.21	
5		不可移动文物（环境）受损认定表	2004.6.29	
6	案号〔2004〕第×××号	某市文化稽查总队责令整改通知书	2004.6.24	
7	案号〔2004〕第×××号	某市文化稽查总队送达回证	2004.6.24	
8	某文管发字〔2004〕第×××号	关于某路××号装修的意见	2004.8.31	
9		有关：某路××号花园洋房	2004.8.26	
10		钟某未经批准擅自在文物保护单位内施工案查处意见	2004.8.9	
11		钟某未经批准擅自在文物保护单位内施工案情况汇报	2004.9.6	
12		某市文化稽查总队总队长办公会议记录	2004.9.9	
13	案号〔2004〕第×××号	某市文化稽查总队案件调查终结报告	2004.9.13	
14	案号〔2004〕第×××号	某市文化稽查总队行政处罚告知书	2004.9.15	
15	案号〔2004〕第×××号	某市文化稽查总队行政处罚决定书	2004.9.29	
16	案号〔2004〕第×××号	某市文化稽查总队行政处罚决定书（稿）	2004.9.28	
17	案号〔2004〕第×××号	某市文化稽查总队送达回证	2004.9.29	

序号	文号	题名	日期	页号	备注
18	案号〔2004〕第××××号	某市文化稽查总队责令整改通知书	2004.9.29		
19	案号〔2004〕第××××号	某市文化稽查总队责令整改通知书（稿）	2004.9.29		
20	案号〔2004〕第××××号	某市文化稽查总队送达回证	2004.9.29		
21	案号〔2004〕第××××号	某市文化稽查总队结案报告	2004.12.21		

某市文化稽查总队
立案报告表

填表部门：综合处　　　　　　　　　　　案号〔2004〕第×××号

案件来源	日常检查		
案发时间	2004 年 6 月 21 日	案发地点	某路××号
当事人	钟某	联系地址	同上
案情概要	总队执法人员于 2004 年 6 月 21 日对市级文物保护单位某某稽查时，发现当事人在某路××号内未经文物行政管理部门批准擅自施工。		
意见	1. 依据《中华人民共和国文物保护法》第六十六条第一款第一项的规定，建议立案。 2. 拟由张某某、李某某同志具体承办。 负责人：王某某　　　　　　　　　2004 年 6 月 25 日		
总队领导审批意见	同意立案。 审批人：赵某某　　　　　　　　　2004 年 6 月 28 日		
备注			

某市文化稽查总队
调查询问笔录

时间：2004 年　6　月　24　日　10　时　00　分至　10　时　35　分

询问地点：某路×××号

被询问人：杜某某　　　　　　　性别：女　　　年龄：29

身份证号码：××××××××　　　联系电话：

工作单位：某路某号×××室　　　职务：

联系地址：某某公司　　　　　　邮编：

调查人：张某某　李某某　　　　　记录人：李某某

　　告知：我们是某市文化稽查总队的执法人员（出示执法证），根据《行政处罚法》第三十七条的规定，依法进行调查。当事人或者有关人员应当如实回答询问，并协助调查，不得阻挠。你享有以下权利：执法人员少于两人或执法证件与身份不符的，你有权拒绝调查询问。你听清楚吗？

答：清楚

问：你的身份？

答：杜某某，汉族，1975 年 6 月 5 日出生，家住某路×××号，今受钟某委托到总队就某路××号事宜做调查询问。（钟某长期在香港特别行政区居住）

问：2004 年 6 月 21 日我总队执法人员到某市级文物保护单位稽查时，发现该院内××号住户正在施工，你是否清楚该住户内的施工情况？

答：大致情况我了解。

问：某路××号的业主据我总队在某区房产交易中心查询是钟某，是否属实？

答：属实。因钟某在境外办公，故委托我到总队处理相关事宜。

问：该房屋内施工自何时开始？

答：应该是 2004 年 2 月份开始的，现已是扫尾阶段。

问：某某属市级文物保护单位，在其内部施工或修缮必须事先经文物行政管理部门批准，你处施工是否事先取得了文物行政管理部门的批准？

答：没有。我对文物保护法的这些规定并不清楚，但为了追求整栋建筑的风格统一，这套住户内的设计是聘请专业设计所做方案，因此并未意识到已经违反了国家法律。

问：你处施工未经文物行政管理部门批准，已违反了《中华人民共和国文物保护法》第十七条的规定，现我总队根据《中华人民共和国文物保护法》第六十六条规定责令你立即停止该住户内施工，并在 7 日内（即 2004 年 7 月 1 日前）将该住

户内的施工方案，平面建筑图等相关材料送某文物管理委员会地面文物管理处报

批，逾期不履行我总队将依法做出下一步行政处罚，是否清楚？

答：清楚了，我将立即将相关材料送去报批。

问：以上笔录是否属实？

答：属实。

杜某某

以上三页笔录属实

2004 年 6 月 24 日

委　托　书

今委托杜某某配合处理本人位于某市某路××号房产之文化综合稽查事宜。

授权人：钟某

日期：2004 年 6 月 24 日

文物行政执法及监督检查联系单

发往：市文化稽查总队　　　　时间：2004 年 6 月 21 日　　　编号：［2004］×号

案属单位	某区某路××号		
地址		邮编	××××××
案由	据群众举报，某市文物保护单位——某路××号居民未经批准擅自进行建设工程，改变文物建筑原状及周边环境。		
执法建议意见	请根据有关法律规定依法核实后查处。		
查处结案情况			

某文物管理委员会（章）

不可移动文物（环境）受损情况认定表

2004 年 6 月 29 日

申请认定单位	某市文化稽查总队
不可移动文物 名称	某某
不可移动文物 详细地址	某路××号
受损情况 具体描述	院内××号居民未经批准擅自进行施工，改变文物建筑结构。加高原围墙，并在院内非法搭建。
受损性质 和后果	严重破坏文物建筑，改变文物建筑原状，影响文物建筑的整体保护。
备注	

某文物管理委员会（章）

某市文化稽查总队
责令整改通知书

案号 [2004] 第××××号

钟某:

　　经查,你(单位)未经批准擅自在某路××号(市级文物保护单位某某内住户)内施工的行为已违反了《中华人民共和国文物保护法》第十七条之规定。

　　依据《中华人民共和国文物保护法》第六十六条第一款第一项的规定本总队现依法责令你(单位)在接到本通知后,立即停止施工,并将相关情况作书面说明连同 1/2 000 比例占地位置地形图、建设平面图各一份及其他应交付审核材料,于 2004 年 7 月 1 日前送某文物管理委员会地面文物管理处(某路×××号),听候进一步处理。

　　你(单位)整改完毕后,请及时与本总队联系。

　　逾期不改正的,本总队将申请人民法院强制执行。

　　特此通知。

　　　　　　　　　　　　　　　　　　　　　　某市文化稽查总队(章)
　　　　　　　　　　　　　　　　　　　　　　2004 年 6 月 24 日

抄送:某文物管理委员会

某市文化稽查总队
送达回证

案号［2004］第××××号

受送达人	钟某		
送达地点	某路×××号		
案由	未经批准擅自在文物保护单位内施工		
送达文书名称件数	责令整改通知书（2004 第××××号）壹份		
受送达人签名	杜某某 2004 年 6 月 24 日		
代收人	年 月 日		
签发人	王某某	送达人	张某某
备注			

注：1. 受送达人不在时可由其单位或家属代收。

2. 发生拒收情况时，需由在场其他人员证明情况，作为留置送达。

某文物管理委员会

某文管发字［2004］第×××号

关于某路××号装修的意见

钟某：

　　关于某市某区某路××号装修的来函收悉。现将我委经实地踏勘和研究后的意见告知如下：

　　一、某路某某建筑是市人民政府核定公布的某市文物保护单位。你所购买的某路××号楼是某某建筑的一部分，属文物建筑。按照《中华人民共和国文物保护法》和有关法规的规定，文物建筑的维修必须经文物管理部门审核同意，维修设计方案必须遵循"不改变文物原状"的原则。

　　二、某路××号装修工程未经文物管理部门审核批准擅自进行施工并已基本完工，显然有违《中华人民共和国文物保护法》的有关规定。

　　三、某路××号装修，在建筑平面、空间布局和外部环境方面，改变了文物建筑的部分原状，应予整改。

　　四、建筑内部原则上应恢复原状，考虑到目前进行复原工程可能对文物建筑带来两次损坏，我委同意暂时保留室内装修现状，但你必须作出书面承诺，俟下次全面大修时恢复原状。

　　五、庭院内分隔围墙的加高部分和搭建的空调机房，必须无条件拆除，恢复原状。

　　此复。

某文物管理委员会（章）

2004 年 8 月 31 日

抄送：市文化稽查总队

致某市文化稽查总队：

有关：某路××号花园洋房

本人得知所购买位于本市某路××号为文物保护建筑，但由于对《中华人民共和国文物保护法》的有关规定不甚了解，未在对其装修前经文物管理部门审核，违反了有关规定。

现本着对文物保护及积极配合有关部门工作的原则，作出以下承诺：

1. 本人将在下次全面大修时恢复建筑结构原状。
2. 庭院内分隔围墙的加高部分和搭建的空调机房将拆除及恢复原状。

业权人签字：钟某

2004 年 8 月 26 日

钟某未经批准擅自在文物保护单位内施工案
查处意见

总队领导：

2004 年 6 月 21 日，我处在某路××号稽查时，发现当事人钟某未经批准擅自在市级文物保护单位（某某）内施工，且该建筑内的修缮已基本完工。经现场取证及对当事人作调查询问后，2004 年 6 月 24 日我处向当事人发出了责令整改通知书，责令其立即停止施工并速向某文物管理委员会送交相关材料补办报批手续。2004 年 6 月 29 日，某文物管理委员会出具不可移动文物受损情况认定表，认定当事人的行为已严重破坏文物建筑，改变文物建筑原状，影响某某文物建筑的整体保护。

根据《中华人民共和国文物保护法》第六十六条第一款第一、四项的规定，擅自在文物保护单位的保护范围内进行建设工程及擅自修缮不可移动文物，明显改变文物原状的应责令改正，造成严重后果的，处五万元以上五十万元以下的罚款。据此，我处对案情作讨论研究后，拟对当事人作出罚款人民币五万元的处罚决定，理由具体如下：

1. 当事人在某某文物保护单位内擅自施工及修缮的行为已对文物保护单位的整体保护造成了不可逆转的严重后果。

根据某文物管理委员会出具的认定书，当事人对其居住场所（即某路××号）的改造，包括加高围墙、打通楼层、加封天井及自行搭建等行为已严重破坏了文物的原有建筑结构，改变了文物原状，对某某建筑的整体保护造成影响。最为重要的是，当事人施工行为所造成的后果是不可逆转的，即无法恢复原貌。如强行要求其整改恢复原样将对某某建筑的内部结构造成更为严重的破坏。因此，在当事人行为所造成的后果已无法消除的情况下，我处认为应对其作从重处罚。

2. 某某文物保护单位内居民众多且近期频有类似事件发生，为切实加强对文物单位的保护，防止擅自施工、修缮行为蔓延，理应对当事人的行为予以从重处罚以示惩戒。

建于××年的某某建筑原为某烟草公司的某花园，建筑面积达×××平方米，为西班牙式住宅。因其建筑极富特色且格局保存完整而具有较高的历史文化价值。1989 年，某某建筑被公布为某市文物保护单位。

新中国成立后，某某文物保护单位逐步成为居民小区，院内共计有住户 86 家。近来，不少居民或为改善自身居住环境或为出租出售牟利，纷纷对院内建筑自行修缮或在内擅自施工搭建。仅今年以来，我处接某文物管理委员会联系单反映类似情况的已有三家（除××号外，一家已通过物业自纠，另一家经文管会认定未造成严重后果)。在现场稽查时，居委也反映许多居民都对案件的处理持密切观望态度。因此，我处认为如不对当事人的行为从严处理，将难以制止擅自施工、修缮之风在小区内的蔓延。

以上意见当否，请示。

综合处

2004 年 8 月 9 日

钟某未经批准擅自在文物保护单位内施工案
情况汇报

2004年6月21日，我处在某路××号稽查时，发现当事人钟某未经批准擅自在市级文物保护单位（某某）内施工，且该建筑内施工已基本完成。经现场取证及对当事人作调查询问后，2004年6月24日我处向当事人发出了责令整改通知书，责令其立即停止施工并速向某文物管理委员会送交相关材料补办报批手续。2004年6月29日，某文物管理委员会出具不可移动文物受损情况认定表，认定当事人的行为已严重破坏文物建筑，改变文物建筑原状，影响某某文物建筑的整体保护。

根据《中华人民共和文物保护法》第六十六条第一款第一项的规定，擅自在文物保护单位的保护范围内进行建设工程的应责令改正，造成严重后果的，处五万元以上五十万元以下的罚款。据此，我处对案情讨论研究后，拟对当事人作出罚款人民币五万元的处罚决定并责令其在文管会批复意见下达后两个月内按其要求完成整改，理由说明如下：

1. 根据某文物管理委员会出具的认定书，当事人对其居住场所（即某路××号）的改造，包括加高围墙、打通楼层，加封天井及自行搭建等行为已严重破坏了文物的原有建筑结构，改变了文物原状，对文物建筑的整体保护造成影响。同时，因目前进行复原工程可能对文物建筑带来二次损坏，在一定时间内该建筑内部将无法回复原貌。因此，在当事人行为所造成的后果已无法消除的情况下，我处认为必须对其作出处罚。

2. 当事人违法搭建及擅自修缮属个人行为，且案发后一直持积极配合态度，及时补办了相关报批手续并已作出再次全面大修时恢复建筑原貌的书面承诺。因此，在法定范围内拟对其从轻处罚。

综合处
2004年9月6日

某市文化稽查总队
总队长办公会议记录

时间：2004 年 9 月 9 日上午

地点：某路×××号总队小会议室

参加人员：任某某（总队长）、王某某（副总队长）、丁某某（副总队长）、靳某某（综合处副处长）、黄某某（办公室副主任）、李某某、张某某（综合处办案人员）

议题：审议对钟某未经批准擅自在文物保护单位内施工及擅自修缮不可移动文物案的处理意见

一、办案人员汇报案情及处理意见：

李某某：2004 年 6 月 21 日，我处在某路××号稽查时，发现当事人钟某未经批准擅自在市级文物保护单位（某某）内施工，且该建筑内施工已基本完成。经现场取证及对当事人作调查询问后，2004 年 6 月 24 日我处向当事人发出了责令整改通知书，责令其立即停止施工并速向某文物管理委员会送交相关材料补办报批手续。2004 年 6 月 29 日，某文物管理委员会出具不可移动文物受损情况认定表，认定当事人的行为已严重破坏文物建筑，改变文物建筑原状，影响某某文物建筑的整体保护。

根据《中华人民共和国文物保护法》第六十六条第一款第一、四项的规定，擅自在文物保护单位的保护范围内进行施工及擅自修缮不可移动文物，明显改变文物原状的应责令改正，造成严重后果的，处五万元以上五十万元以下的罚款。据此，我处对案情作讨论研究后，拟对当事人作出罚款人民币五万元的处罚决定并责令其在某文物管理委员会批复意见下达后两个月内按其要求完成整改。

靳某某：对该案件的处理，2004 年 8 月 26 日我与李某某前往市文管会作了进一步沟通。文管会地文处意见如下：

1. 当事人已履行相关报批手续，由于即时整改恢复原貌会造成文物建筑的二次破坏，故同意其保留现有装修现状，但应作出书面承诺，俟下次全面大修时恢复原状；

2. 当事人违法搭建及修缮属个人行为，建议酌情从轻处理。

目前，当事人已作出了相应的书面承诺，结合其整改情况，在参考市文管会意见基础上，我处提出了以上处理建议。

二、讨论意见

黄某某：对当事人的违法行为进行处罚完全符合法律规定。在处罚幅度上，由于当事人属于个人私产修缮，而且是因为不了解相关法律进行的盲目装修，因此我认为幅度不宜过高，以最低为妥。

王某某：该案违法事实清楚，证据确凿，文管会对当事人违法行为认定，对文物建筑造成破坏是存在的，必须依法予以处罚。

案发后，当事人整改态度积极，及时补办了相关手续，作出了相应的书面承诺，并作了相应改正，可以从轻处罚，同意罚款五万元。后期加强对当事人整改与恢复部分工作的督促，体现保护文物的真正意图。

该案具有很强的警示作用，处理后要通过街道和有关部门对文物保护进行宣传，防止类似事件再次发生。

丁某某：同意综合处提出的处理意见。

任某某：这件案件的处理就这样定。这个案件也引出一个问题：当事人买卖房屋中，政府有关部门是否尽到告知义务。尤其像文物房屋，又是居民聚集区，时有修缮、翻修，在居民不清楚文物法律规定和应尽义务的前提下，类似事件难免发生。综合处在今后工作中，除切实履行稽查职责外，要多与管理部门作沟通和宣传，共同做好文物的保护工作。

处理意见：

1. 一致同意对钟某作出罚款人民币五万元的处罚。

2. 责令钟某于某文物管理委员会批复下达后两个月内按其要求完成整改。

出席人员签名：

任某某、王某某、丁某某、靳某某、黄某某、李某某、张某某

某市文化稽查总队
案件调查终结报告

案号 [2004] 第×××号

总队领导审批意见： 　　9月9日总队长办公会议决定：同意。 　　　　　　　　　　　　　　　　任某某 　　　　　　　　　　　　　某市文化稽查总队（章） 　　　　　　　　　　　　　2004年9月13日	

法制工作部门审核意见： 　　拟提交总队长办公会议决定。 　　黄某某 　　　　　　　　2004年9月13日	处室领导意见： 　　拟同意。 　　陈某某 　　　　　　　　2004年9月13日

处理意见及处理依据：

1. 当事人的行为已违反了《中华人民共和国文物保护法》第十七条、第二十一条第二、四款的规定，依据《中华人民共和国文物保护法》第六十六条第一款第一、四项的规定，拟作出以下行政处罚：

罚款人民币五万元。

2. 责令当事人于某文物管理委员会批复意见下达后两个月内按其要求进行整改。

承办人：李某某　张某某　　　　　　　　　　　2004年9月13日

案由	未经批准擅自在文物保护单位内施工及擅自修缮不可移动文物				
案件来源	日常检查				
当事人	钟某	性别	女	电话	
地址	某路××号	民族	汉	身份证号码	×××××××

调查经过及事实证据：

2004年6月21日，总队执法人员在某路××号稽查时，发现当事人未经批准擅自在市级文物保护单位（某某）内施工。总队执法人员当即予以拍照取证，同时通知当事人前来总队接受调查。

2004年6月24日，经调查后总队向当事人发出了责令整改通知书，责令其立即停止施工并速向某文物管理委员会送交相关材料办理报批手续。

2004年6月29日，某文物管理委员会出具不可移动文物受损情况认定表，认定当事人的上述行为已严重破坏文物建筑，改变文物建筑原状，影响某某文物建筑的整体保护。

以上事实以调查询问笔录、某文物管理委员会认定书等为证。

某市文化稽查总队
行政处罚听证告知书

案号〔2004〕第××××号

钟某：

经查，你未经批准擅自在某路××号（某某市级文物保护单位住户）内施工及擅自修缮的行为已违反了《中华人民共和国文物保护法》第十七条、第二十一条第二、四款的规定，依据《中华人民共和国文物保护法》第六十六条第一款第一、四项的规定，本总队拟对你作出如下行政处罚：

罚款人民币五万元。

根据《中华人民共和国行政处罚法》第四十二条的规定，你有要求举行听证的权利。如你要求听证，应当在收到本告知书三日内向本总队提出。逾期视为放弃听证。

本总队地址：某路×××号，邮编：×××××

联系人：张某某　李某某

电　话：××××××

某市文化稽查总队（章）

2004 年 9 月 15 日

机构代码：××××××

某市文化稽查总队
行政处罚决定书

案号 ［2004］第×××号

本总队依照《某市文化领域行政执法权综合行使暂行规定》，受某文物管理委员会委托，实施行政处罚。

当事人：钟某　女　　　　　　×年×月×日出生　　　　汉族

地址：某区某路×××号

2004 年 6 月 21 日总队执法人员在某区某路××号稽查时，发现你未经批准擅自对市级文物保护单位某某修缮及在内施工且对该文物建筑整体保护造成严重后果的行为（上述事实有以下证据证明：调查询问笔录、房地产资料登记册、某文物管理委员会不可移动文物受损情况认定表等），违反了《中华人民共和国文物保护法》第十七条、第二十一条第二、四款的规定，依据《中华人民共和国文物保护法》第六十六条第一款第一、四项的规定，本总队在调查取证并经听证告知程序后，已对你发出责令整改通知书。现决定对你作出罚款人民币五万元的行政处罚。限你于 2004 年 10 月 13 日前，携带本决定书，将罚款交至本市工商银行或者建设银行的具体代收机构。逾期缴纳罚款的，依据《行政处罚法》第五十一条第一项的规定，每日按罚款数额的百分之三加处罚款。加处的罚款由代收机构直接收缴。

如你不服本决定，可以在接到本决定书之日起六十日内，向某市人民政府申请行政复议；也可以在三个月内直接向人民法院起诉。但行政处罚不停止执行。

逾期不申请复议或者不向法院起诉又不履行处罚决定的，本总队可以申请人民法院强制执行。

某市文化稽查总队（章）
2004 年 9 月 29 日

某市文化稽查总队
行政处罚决定书（稿）

案号〔2004〕第××××号

机构代码：××××××

签发： 　　任某某 某市文化稽查总队（章） 2004 年 9 月 28 日	法制工作部门复核人： 　　黄某某 2004 年 9 月 28 日	部门负责人： 　　陈某某 2004 年 9 月 28 日
办案人：张某某	校对：李某某	份数：7 份

本总队依照《某市文化领域行政执法权综合行使暂行规定》，受某文物管理委员会委托，实施行政处罚。

当事人：钟某　　女　　　　×年×月×日出生　　　　　汉族

地址：某区某路××号

2004 年 6 月 21 日总队执法人员在某区某路××号稽查时，发现你未经批准擅自对市级文物保护单位某某修缮及在内施工且对该文物建筑整体保护造成严重后果的行为（上述事实有以下证据证明：调查询问笔录、房地产资料登记册、某文物管理委员会不可移动文物受损情况认定表等），违反了《中华人民共和国文物保护法》第十七条、第二十一条第二、四款的规定，依据《中华人民共和国文物保护法》第六十六条第一款第一、四项的规定，本总队在调查取证并经听证告知程序后，已对你发出责令整改通知书。现决定对你作出以下行政处罚：

罚款人民币五万元。

限你于 2004 年 10 月 13 日前，携带本决定书，将罚款交至本市工商银行或者建设银行的具体代收机构。逾期缴纳罚款的，依据《行政处罚法》第五十一条第一项的规定，每日按罚款数额的百分之三加处罚款。加处的罚款由代收机构直接收缴。

如你不服本决定，可以在接到本决定书之日起六十日内，向某市人民政府申请行政复议；也可以在三个月内直接向人民法院起诉。但行政处罚不停止执行。

逾期不申请复议或者不向法院起诉又不履行处罚决定的，本总队可以申请人民法院强制执行。

某市文化稽查总队

2004 年 9 月 28 日

某市文化稽查总队
送达回证

案号〔2004〕第×××号

受送达人	钟某	
送达地点	某路××号	
案由	未经批准擅自在文物保护单位内施工	
送达文书名称件数	行政处罚听证告知书（2004 第×××号）壹份	行政处罚决定书（2004 第×××号）壹份
受送达人签名	杜某某 2004 年 9 月 15 日	杜某某 2004 年 9 月 29 日
代收人	年　月　日	年　月　日
签发人	程某某	送达人　唐某某
备注		

注：1. 受送达人不在时可由其单位或家属代收。

　　2. 发生拒收情况时，需由在场其他人员证明情况，作为留置送达。

某市文化稽查总队
责令整改通知书

案号〔2004〕第××××号

钟某:

经查,你未经批准擅自在某路××号(某某市级文物保护单位住户)内施工及对不可移动文物修缮造成严重后果的行为,违反了《中华人民共和国文物保护法》第十七条、第二十一条第二、四款的规定。依据《中华人民共和国文物保护法》第六十六条第一款第一、四项的规定,本总队现依法责令你于某文物管理委员会《关于某路××号装修的意见》〔某文管发字(2004)第×××号〕下达后两个月内按其要求完成整改。

你整改完毕后,请及时与本总队联系。

特此通知。

某市文化稽查总队(章)

2004 年 9 月 29 日

抄送:某文物管理委员会

某市文化稽查总队
责令整改通知书（稿）

案号［2004］第×××号

签发： 任某某 某市文化稽查总队（章） 2004 年 9 月 28 日	法制工作部门复核人： 黄某某 2004 年 9 月 28 日	部门负责人： 陈某某 2004 年 9 月 28 日
办案人：李某某	校对人：张某某	份数：5 份

谢某某：

　　经查，你未经批准擅自在某路××号（某某市级文物保护单位住户）内施工及对不可移动文物修缮造成严重后果的行为，违反了《中华人民共和国文物保护法》第十七条、第二十一条第二、四款的规定。依据《中华人民共和国文物保护法》第六十六条第一款第 一、四项的规定，本总队现依法责令你于某文物管理委员会《关于某路××号装修的意见》［某文管发字（2004）第×××号］下达后两个月内按其要求完成整改。

　　你整改完毕后，请及时与本总队联系。

　　特此通知。

某市文化稽查总队（章）
2004 年 9 月 28 日

抄送：某文物管理委员会

某市文化稽查总队
送达回证

案号〔2004〕第×××号

受送达人	钟某		
送达地地点	某路×××号		
案由	未经批准擅自在文物保护单位内施工		
送达文书名称件数	责令整改通知书		
受送达人签名	杜某某 2004 年 9 月 29 日		
代收人	年 月 日		
签发人	陈某某	送达人	李某某
备注			

注：1. 受送达人不在时可由其单位或家属代收。

2. 发生拒收情况时，需由在场其他人员证明情况，作为留置送达。

某市文化稽查总队
结案报告表

案号〔2004〕第×××号

案由	未经批准擅自在文物保护单位内施工	办案部门	综合处
办案时间	2004 年 6 月 28 日至 2004 年 9 月 29 日	办案人	李某某　张某某
当事人	钟某		
案件事实	2004 年 6 月 21 日，总队执法人员在某路××号稽查时，发现当事人未经市文物行政管理部门批准擅自对市级文物保护单位某某修缮及在内施工且对该文物建筑整体保护造成严重后果。 　　以上事实以调查询问笔录、房地产资料登记册、某文物管理委员会不可移动文物受损情况认定表等证。		
处罚决定	罚款人民币五万元整		
执行情况	当事人已按某文物管理委员会《关于某路××号装修的意见》〔某文管发字（2004）第 605 号〕完成整改。 　　当事人已于 2004 年 10 月 9 日自动履行将罚款交至工商银行代收机构。		
结案理由	行政处罚已全部执行完毕，拟结案。 张某某　李某某　　　　　　　　　　2004 年 11 月 1 日		
处室领导复核意见	拟同意。 陈某某　　　　　　　　　　　　　　2004 年 11 月 3 日		
总队领导审批意见	同意结案。 任某某　　　　　　　　　　　　　　2004 年 12 月 21 日		

【案例评析】 该案是钟某擅自在某某文物保护单位违法施工案。该案认定事实清楚，证据确凿，适用法律准确，程序合法，给予处罚适当。

认定事实清楚，证据确凿。 某某建筑坐落在某区某路××号，是某市文物保护单位，有某市文物保护单位保护范围及建筑控制地带明细表和图志为证。钟某认为不知道是文物，理由不能成立，其不能提供某市人民政府或者某文物管理委员会关于修缮某某建筑的相关批准文件，说明未经批准。主要证据文书有：调查询问笔录、不可移动文物受损情况认定表、文保范围及控制地带明细表以及照片等，调查认定的违法事实清楚，取得的证据合法、有效，卷内证据能够证明违法行为的性质、情节、程度和危害后果，违法事实清楚，证据确凿。该案对违法当事人的被处罚主体资格通过身份证、房地产权证等证据进行了调查确认。

适用法律准确。 该案在立案、责改、告知、呈批、处理意见、办公会讨论、处罚决定、结案报告等文书中，认定违法事实的依据都是《中华人民共和国文物保护法》第十七条、第二十一条第二、四款的规定，给予行政处罚适用的是《中华人民共和国文物保护法》第六十六条第一款第一、四项的规定，前后统一准确。引用的法律准确到了条款项，作出的行政处罚决定符合法定的处罚种类和幅度。

程序合法。 该案履行了行政处罚法规定的有关程序，按照立案、调查取证、审查决定、送达执行的步骤实施行政处罚，符合规定的程序和规则，执法环节都有相应的法律文书记载。比如二名执法人员调查取证、出示证件、亮明身份；询问调查；责令改正；告知听证权利；办公会议讨论决定；送达执行，履行了行政处罚法规定的程序。

处罚适当。 某某是市级保护文物，未经批准进行施工，已经构成破坏。性质是违法的，由于当事人积极整改，补办有关手续，作出了相关承诺，且属于私产，给予五万元的罚款是最低限线的，处罚是适当的。

执法机关负责人对该案具有的警示作用认识是很到位的，意识到处理案件后应当通过街道和有关部门加强文物保护宣传，防止类似事件再发生，体现出对行政处罚目的的清晰认识。值得提倡。

主要问题。 程序问题。既然已经告知听证，那么就是重大案件，重大案件应当集体讨论决定，该案的讨论记录，建议改为重大案件集体讨论记录为宜。集体讨论得出的结论性意见为最终行政处罚决定。行政处罚决定书根据集体讨论的结论制作，并保持一致，不必再另行批准。对复印件、照片等传来证据，没有确认说明。最高人民法院《关于行政诉讼证据若干问题的规定》对证据的形式要件有明确要求，形式要件问题有可能导致证据无效。应当对传来证据注明"经核对，与原件一致"，照片做必要的说明。

某开发有限公司擅自在省级文物保护单位保护范围和建设控制地带内进行建设工程案

2004 年下半年，某开发有限公司在某省级文物保护单位北侧和东北侧兴建住宅楼，某市文化局执法人员发现楼盘位于某省级文物保护单位的保护范围和建设控制地带内，多次到现场进行制止未果。2004 年 9 月 8 日，某市文化局对此事立案调查，并于当日下发了《违法建设停工通知书》，但当事人以此建设工程经过相关部门批准，有建设红线图和规划建设设计图为由，拒不停工。

在调查取证过程中，执法人员收集了某开发有限公司的企业法人营业执照、规划选址意见书及施工图纸、授权委托书、受委托人身份证明、公布该省级文物保护单位及保护范围、建设控制地带的文件等相关证据，并对某开发有限公司的授权委托人进行了询问，证实了违法事实。根据调查取证情况，某市文化局认定某开发有限公司的行为违反了《中华人民共和国文物保护法》第十七条、第十八条第二款的规定，依据《中华人民共和国文物保护法》第六十六条第一款第一项、第二款的规定，经过集体讨论，决定给予某开发有限公司罚款人民币八万元的行政处罚，并责令拆除违法建筑。2004 年 11 月 17 日某市文化局制发了《行政处罚听证告知书》，在法定期限内，该开发有限公司未提出听证。2004 年 12 月 10 日，某市文化局制发了《行政处罚决定书》，但当事人仍然拒不执行。此事引起某省文物局和某市政府的高度重视，多次召开专题协调会，责令当事人缴纳罚款，拆除违法建筑。在当事人未自行拆除违法建筑的情况下，2005 年 2 月 16 日，某市人民政府组织联合执法队伍对违法建筑进行了拆除。2006 年 9 月 15 日，某开发有限公司履行了行政处罚决定，于 2004 年 10 月 14 日将八万元罚款交至当地行政罚款代收机构。

卷内主要文书目录

序号	文号	题名	日期	备注
1		行政案件立案呈批表	2004.9.25	
2	某文物罚字 [2004]第××号	违法建设停工通知书	2004.9.8	
3		送达回证	2004.9.8	
4		现场检查笔录	2004.9.8	
5		调查询问笔录	2004.9.8	
6		行政案件调查终结报告	2004.10.12	
7		会议	2004.10.13	
8		案件处理呈批表	2004.10.15	
9	某文物罚字 [2004]第××号	文物行政处罚听证告知书	2004.10.20	
10		送达回证	2004.10.20	
11		案件处理呈批表	2004.9.25	
12	某文物罚字 [2004]第××号	文物行政处罚决定书	2004.12.10	
13		送达回证	2004.12.10	
14		行政案件结案审查表	2006.9.15	

行政案件立案呈批表

<table>
<tr>
<td rowspan="3">当事人</td>
<td rowspan="2">单位</td>
<td>名称</td>
<td>某市某某建筑工程开发有限公司</td>
<td>地址</td>
<td colspan="3">某市某镇某路南侧</td>
</tr>
<tr>
<td>法定代表人</td>
<td>李某某</td>
<td>电话</td>
<td>××××</td>
<td>邮编</td>
<td>××××</td>
</tr>
<tr>
<td rowspan="2">公民</td>
<td>姓名</td>
<td></td>
<td>性别</td>
<td></td>
<td>电话</td>
<td></td>
</tr>
<tr>
<td>地址</td>
<td></td>
<td>证件号码</td>
<td colspan="3"></td>
</tr>
<tr>
<td colspan="2">案件来源</td>
<td colspan="5">群众举报</td>
</tr>
<tr>
<td colspan="2">案情摘要</td>
<td colspan="5">　　今年下半年，当事人在省级文物保护单位某某北侧和东北侧兴建住宅楼，动工之初我们就赶到现场进行了制止，并告知当事人住宅楼建设工程在文物保护范围和建设控制地带内，后来在该工程建设的过程中，我们多次到现场进行制止未果。9月8日，我们已向当事人发了《违法建设停工通知书》，最近，有群众向某市文管办举报此事，我们又到现场进行了勘察，发现在某某建筑北侧已建成一层砖混建筑物，东北侧已建成四层建筑物。</td>
</tr>
<tr>
<td colspan="2">办案人意见</td>
<td colspan="5">　　该建设工程未经过某省人民政府和某省文化厅批准，违反了《中华人民共和国文物保护法》第十七条、第十八条第二款之规定，建议立案调查。
　　办案人：张某某　王某某</td>
</tr>
<tr>
<td colspan="2">部门意见</td>
<td colspan="2">同意立案调查。
负责人：丁某某
　　2004 年 9 月 25 日</td>
<td>审批人意见</td>
<td colspan="2">同意。
批准人：周某某
　　2004 年 9 月 25 日</td>
</tr>
</table>

违法建设停工通知书

某文物罚字〔2004〕第××号

某市某某建筑工程开发有限公司：

　　某市某镇某文物建筑，是 1982 年某省人民政府公布的省级文物保护单位，1996 年 4 月 6 日某省人民政府又公布了其保护范围和建设控制地带（某政办颁发〔1996〕82 号）。你公司在某文物建筑的北侧和东北侧的建设工程，在保护范围和建设控制地带内。该建设工程未经某省人民政府和某省文化厅批准，违反了《中华人民共和国文物保护法》第十七条、第十八条第二款之规定。

　　现责令你公司在接到本通知后，立即停止违法施工，听候进一步处理。

本局地址：某市某镇某街某中心 8 楼
联系电话：××××××

某市文化局（章）
2004 年 9 月 8 日

送达回证

送达机关	某市文化局（章）		
送达人	张某某　王某某	签发人	丁某某
送达文书	《违法建设停工通知书》某文物罚字〔2004〕第××号		
送达地人	某市某建筑工程开发有限公司法定代表人李某某		
受送达地点	某市某镇某路南侧某市某建筑工程开发有限公司内		
收件人	收件人：李某某　　　　　　　　　　　　　　　2004 年 9 月 8 日 15 时 30 分		

注：

　1. 受送达人不在时，由其成年家属及有关人员签收。

　2. 发生拒收情况时，应记明拒收事由和时间，由送达人和见证人签名或者盖章，将送达人文件留在送达人的所在住所，即视为送达。

现场检查笔录

当事人	单位	名称	某市某某建筑工程开发有限公司		地址		某市某镇某路南侧	
		法定代表人	李某某	电话	××××	邮编	××××	
	公民	姓名		性别		电话		
		地址			证件号码			
检查机构			某市文化局		记录人		王某某	
检查人			张某某　王某某		检查时间		2004 年 9 月 28 日	

现场检查情况记录：

　　某市某镇省级文物保护单位某某文物建筑北侧已建的一层砖混建筑物和东北侧已建四层砖混建筑物的最西一单元在保护范围内，其余几单元是在建设控制地带内。

被检查人签字：李某某　　　　　　　　　检查人姓名：张某某　王某某

调查询问笔录

时间：<u>2004</u> 年 <u>9</u> 月 <u>8</u> 日 <u>14</u> 时 <u>00</u> 分至 <u>17</u> 时 <u>30</u> 分

地点：<u>某市某镇某路南侧某某建筑工程有限公司内</u>

调查询问人：<u>张某某</u>　　　　　　记录人：<u>王某某</u>

被调查询问人：<u>李某某</u>　　　性别：<u>男</u>　出生年月：<u>××××</u>　　　民族：<u>汉</u>

身份证号码：<u>××××××</u>　　　　现住址：<u>某市某镇某路南路南侧</u>

工作单位：<u>某市某某建筑工程开发有限公司</u>　　　职务：<u>经理</u>

邮政编码：<u>×××××</u>　　　　　　　电话：<u>××××</u>

　　调查人员：我们是某市文化局文物行政执法人员，向你调查了解你公司涉嫌违反文物法规一案情况，我叫张某某，他叫王某某，请看一下我们的执法证件。根据行政处罚法的规定，你应当如实回答询问，并协助调查，不得阻挠，同时你也有陈述、申辩权。

答：好的。

问：近年来，你公司在省级文物保护单位某某文物建筑的北侧和东侧建住宅楼，该工程在文物保护范围和建设控制地带内。

答：我是在某某建筑北面盖房子，但我不知道某某建筑是文物保护单位。

问：某某文物建筑在 1982 年就被某省人民政府公布为省级文物保护单位，1996 年某省人民政府又公布了它的保护范围和建设控制地带。在你动工之初我们就到现场进行制止，并告知你该工程在保护范围和建设控制地带内，后来在工程建设过程中我们多次来现场进行制止，9 月 8 日，我们还对你下发了《违法建设停工通知书》，但你一直未停工。

答：我不停工是因为我的建设工程经过了某市相关部门批准，我有建设红线图，规划建设计图等手续。但是我不知道某某建筑是文物保护单位，更不知道在它的周边建设需要省级政府和文物主管部门批准手续。

问：某省人民政府于 1996 年 4 月 6 日以某政办发〔1996〕82 号文，明确公布了某某文物建筑保护范围"东至某中学教学楼西山墙，南至某中学平房北檐墙，西至某百货批发部仓库东山墙，北至某中学教学门前走廊"，建设控制地带范围为"东、西、南保护范围以外 50 米，北至边"。根据《中华人民共和国文物保护法》第十七条"文物保护单位的保护范围内不得进行其他建设工程，必须保证文物保护单位的安全，并经核定公布该文物保护单位的人民政府批准"和第十八条第二款"在文物保护单位的建设控制范围内进行建设工程，不得破坏文物保护单位的历史风貌，工程设计方案应当根据文物保护单位的级别，经相应的文物行政部门同意后，报城乡建设规划部门批准"。某某文物建筑为省级文物保护单位，在其保护范围和建设控制地带以内进行任何工程建设，都须事先得到某省人民政府和某省文化厅的许可。某某文物建筑已办理的相关建设许可属于越权审批，该建设工程为违法建设工程，必须立即停工，听候进一步处理。

答：同意接受调查。

以上笔录，请你核对后签字。

被询问人签字：李某某　　　　　　　　　询问人签名：张某某　王某某

行政案件调查终结报告

<table>
<tr>
<td rowspan="4">当事人</td>
<td rowspan="2">单位</td>
<td>名称</td>
<td colspan="2">某市某某建筑工程
开发有限公司</td>
<td>地址</td>
<td colspan="3">某市某镇某路南侧</td>
</tr>
<tr>
<td>法定代表人</td>
<td>李某某</td>
<td>电话</td>
<td>××××</td>
<td>邮编</td>
<td>××××</td>
</tr>
<tr>
<td rowspan="2">公民</td>
<td>姓名</td>
<td></td>
<td>性别</td>
<td></td>
<td>电话</td>
<td></td>
</tr>
<tr>
<td>地址</td>
<td></td>
<td colspan="2">证件号码</td>
<td></td>
<td></td>
</tr>
<tr>
<td colspan="2">案件
来源</td>
<td colspan="7">群众举报</td>
</tr>
<tr>
<td colspan="2">调查的
主要经
过及证
据</td>
<td colspan="7">　　2004 年 9 月 28 日，我们对当事人在某市某镇省级文物保护单位某某的文物保护范围和建设控制地带内的建设工程进行了调查取证，在现场我们发现某某文物建筑北侧的建筑已建了一层，东北侧的建筑已建四层，其中，北侧的一层和东北侧最西一单元在"工字楼"的保护范围内，其余在建设控制地带内。</td>
</tr>
<tr>
<td colspan="2">办案人
意见及
处理依
据</td>
<td colspan="7">根据《中华人民共和国文物保护法》第十七条、第十八条第二款及第六十六条第一款第一项、第二项之规定，建议责令当事人改正违法行为，处八万元罚款。此案案情重大，建议集体讨论。
　　办案人：张某某　王某某　　　　　　　　　2004 年 10 月 12 日</td>
</tr>
<tr>
<td colspan="2">部门
意见</td>
<td colspan="7">同意。
负责人：丁某某

　　　　　　　　　　　　　　　　　　　　　　2004 年 10 月 12 日</td>
</tr>
<tr>
<td colspan="2">领导
意见</td>
<td colspan="7">同意
批准人：周某某

　　　　　　　　　　　　　　　　　　　　　　2004 年 10 月 12 日</td>
</tr>
</table>

会 议

时间：2004 年 10 月 13 日

局领导班成员：陈某某 丁某某 周某某 叶某某 马某某 张某某 王某某

主持：陈某某

记录：王某某

内容：关于对省级文物保护单位某某的保护范围和建设控制地带内违法建筑调查处理意见的讨论。

陈某某：今天我们主要讨论"工字楼"保护范围和建设控制地带内建设工程调查处理意见。先请文物局管理科张某某介绍一下情况。

张某某：九月初，接到群众举报，某省级文物保护单位保护围及控制地带内有违法建筑，这一违法建筑动工之初，我们已到现场进行了制止，并告知当事人某某是省级文物保护单位，1996 年省政府公布了保护范围和建设控制地带，其中保护范围东至某中学教学楼西山墙，南至某中学平房北山墙，西至某百货批发部仓库东山墙，北至某中学教室内前走廊。建设控制地带为东、西、南保护范围以外 50 米，北至分黄河边。因某镇政府为了招商引资与李某某达成协议，出让某某中学。市有关部门为其办理了部分手续。施工期间，我们数次到现场制止，未见成效。后几经周折，找到李某某本人，告知其这是违法建筑，应予停止，但未予理睬。近日，又有群众向某市政府电话举报。市政府电告我局调查处理。我们即刻到现场勘察，拍了照片，确认某某文物建筑北侧已建的一层砖混建筑及东北侧已建的四层砖混建筑物均在保护范围内，其余建筑在建设控制地带内。

陈某某：刚才张某某简单介绍了案情，下面请大家谈谈意见。

丁某某：某某文物建筑是 1982 年某省人民政府公布的省级文物保护单位，当时公布的全称为"××××"，这是其中一处。1996 年省政府又公布了保护范围和建设控制地带。按照《文物法》第十七条规定"文物保护单位的保护范围内不得进行其他建设工程，如因特殊情况需要，须经核定公布该文物保护单位人民政府批准"；第十八条第二款规定"在文物保护单位控制地带内进行建设工程，不得破坏文物历史风貌，工程设计方案应当根据文物保护单位的级别，经相应的文物行政部门同意后，报城乡建设规划部门批准"。该工程未经省人民政府文化厅批准。

叶某某：我们应依法行政，对违法建筑应根据《文物法》有关规定对其进行执法，维护法律的尊严。

马某某：刚才听了张某某的介绍，应严肃认真处理，根据《文物法》规定，责令其改正。

周某某：开发商要严格按程序办事，完善一切手续，立即改正违法行为。

张某某：按照《文物法》第十七、十八第二款规定，是有关部门为李某某办理的相关手续，未经省政府和省文化厅前置审批，应视为无效。根据《中华人民共和国文物保护法》第六十六条第一款、第二款有关规定，应责令其改正违法行为，鉴于其屡禁不止，情节恶劣，罚款八万元。按照《行政处罚法》有关规定，建议对李某某的某某建筑公司下发《文物行政处罚听证告知书》。

陈某某：我们立刻对李某某的某某建筑公司下发《文物行政处罚听证告知书》，责令其改正违法行为，并处八万元罚款，大家有无意见。

（众人表示无意见）

案件处理审批表

<table>
<tr><td rowspan="3">当事人</td><td rowspan="2">单位</td><td>名称</td><td colspan="3">某市某某建筑工程
开发有限公司</td><td>地址</td><td colspan="3">某市某镇某路南侧</td></tr>
<tr><td>法定代表人</td><td colspan="2">李某某</td><td>电话</td><td>××××</td><td>邮编</td><td colspan="2">××××</td></tr>
<tr><td rowspan="2">公民</td><td>姓名</td><td colspan="2"></td><td>性别</td><td></td><td>电话</td><td colspan="2"></td></tr>
<tr><td>地址</td><td colspan="3"></td><td colspan="2">证件号码</td><td colspan="2"></td></tr>
<tr><td colspan="2">案件来源</td><td colspan="8">群众举报</td></tr>
<tr><td colspan="2">案情摘要</td><td colspan="8">　　当事人在省级文物保护单位某某的文物保护范围和建设控制地带内的违法建设工程，我们于9月8日向当事人制发了《违法建设停工通知书》，当事人仍然在继续施工。</td></tr>
<tr><td colspan="2">办案人意见</td><td colspan="8">　　该建设工程未经某省人民政府和某省文化厅批准，违反了《中华人民共和国文物保护法》第十七条、第十八条第二款之规定。建议对当事人下发《文物行政处罚听证告知书》。
　　办案人：张某某　　王某某
 2004 年 10 月 15 日 </td></tr>
<tr><td colspan="2">部门意见</td><td colspan="4">同意按《文物法》有关规定，对当事人予以处罚。
　　负责人：丁某某
　　2004 年 10 月 15 日</td><td>审批人意见</td><td colspan="3">同意处罚。
　　批准人：周某某
　　2004 年 10 月 15 日</td></tr>
</table>

文物行政处罚听证告知书

某文物罚字〔2004〕第××号

某市某某建筑工程开发有限公司：

　　某市某镇某文物建筑 1982 年被某省人民政府公布为省级文物保护单位，1996年 4 月 6 日某省人民政府公布了其保护范围和建设控制地带（某政办发〔1996〕82号）。你公司于今年在该文物建筑的北侧和东北侧的建设工程，在保护范围和建设控制地带内。该建设工程未经某省人民政府和某省文物局批准，严重违反了《中华人民共和国文物保护法》第十七条"文物保护单位的保护范围内不得进行其他建设工程"和第十八条第二款"在文物保护单位的建设控制地带内进行建设工程，不得破坏文物保护单位的风貌"之规定，而且屡禁不止。根据《中华人民共和国文物保护法》第十六条第一款第一项、第二款之规定，本局拟对你公司作出责令改正违法行为，处以罚款八万元的行政处罚。

　　根据《中华人民共和国行政处罚法》第三十一条、第三十二条、第四十二条规定，你单位可在接到本告知书之日起 3 日内向本局提出陈述，申辩或要求组织听证，逾期不陈述、申辩或者不要求组织听证的，视为你公司放弃上述权利。

某市文化局（章）

2004 年 10 月 20 日

本局地址：某市某镇文化艺术中心 8 楼

联系人：张某某　王某某

送达回证

送达机关	某市文化局（章）		
送达人	张某某　王某某	签发人	丁某某
送达文书	《文物行政处罚听证告知书》某文物局罚字［2004］第××号		
送达人	某市某某建筑工程开发有限公司法定代表人李某某		
受送达地点	某市某镇某路南侧某市某某建筑工程开发有限公司内		
收件人	收件人：李某某 2004 年 10 月 20 日 16 时 10 分		

注：

　　1. 受送达人不在时，由其成年家属及有关人员签收。

　　2. 发生拒收情况时，应记明拒收事由和时间，由送达人和见证人签名或者盖章，将送达文件留在送达人的住所，即视为送达。

案件处理审批表

<table>
<tr><td rowspan="4">当事人</td><td rowspan="2">单位</td><td>名称</td><td colspan="3">某市某某建筑工程
开发有限公司</td><td>地址</td><td colspan="2">某市某镇某路南侧</td></tr>
<tr><td>法定代表人</td><td>李某某</td><td>电话</td><td>××××</td><td>邮编</td><td>××××</td></tr>
<tr><td rowspan="2">公民</td><td>姓名</td><td></td><td>性别</td><td></td><td>电话</td><td></td></tr>
<tr><td>地址</td><td></td><td colspan="2">证件号码</td><td></td><td></td></tr>
<tr><td colspan="2">案件
来源</td><td colspan="7">群众举报</td></tr>
<tr><td colspan="2">案情摘要</td><td colspan="7">　　当事人在省级文物保护单位某某的文物保护范围和建设控制地带内的违法建设工程，我们先后向当事人制发了《违法建设停工通知书》、《文物行政处罚听证告知书》，当事人仍然在继续施工，也未在法定期限内提出听证申请。</td></tr>
<tr><td colspan="2">办案人意见</td><td colspan="7">　　鉴于当事人违法行为事实清楚，情节恶劣，证据确凿，建议根据《中华人民共和国文物保护法》第十七条、第十八条第二款及第六十六条第一款第一项、第二项之规定，对当事人作出责令改正违法行为、处以罚款八万元的行政处罚决定。
　　办案人：张某某　王某某</td></tr>
<tr><td colspan="2">部门意见</td><td colspan="4">同意立案调查。
负责人：丁某某
2004年9月25日</td><td>审批人意见</td><td colspan="2">同意。
批准人：周某某
2004年9月25日</td></tr>
</table>

文物行政处罚决定书

某文物罚字〔2004〕第××号

当事人：某市某建筑工程开发有限公司

地址：某市某镇某路南侧

法定代表人：李某某

某市某镇某某文物建筑 1982 年被某省人民政府公布为省级文物保护单位，1996 年 4 月 6 日某省人民政府公布了其保护范围和建设控制地带（某政办发〔1996〕82 号）。经查明，你公司于 2004 年在该文物建筑的北侧和东北侧的建设工程，在保护范围和建设控制地带内。施工之初，我局就派人到现场，告知你公司建设行为违反了《中华人民共和国文物保护法》第十七条、第十八条第二款规定，你公司仍然继续施工。2004 年 9 月 8 日，我局对你公司下发了《违法建设停工通知书》，提出你公司擅自在某某文物保护单位保护范围和建设控制地带内兴建住宅楼，该工程未经某省人民政府和某省文物局批准，违反了《中华人民共和国文物保护法》第十七条、第十八条第二款规定，责令你公司在接到《违法建设停工通知书》后，立即停止违法施工，听候进一步处理。但你公司仍然未停止施工。2004 年 11 月 4 日，我局又对你公司下发了《文物行政听证告知书》，告知你公司我局拟根据《中华人民共和国文物保护法》第六十六条第一款第一项、第二款之规定，责令你公司改正违法行为，处以八万元罚款。

你公司未在法定期限内提出听证申请，鉴于你公司违法行为事实清楚，情节恶劣，证据确凿，现根据《中华人民共和国文物保护法》第十七条、第十八条第二款及第六十六条地款第一项、第二项之规定，本局对你公司作出责令改正违法行为，处以罚款八万元的行政处罚。

限你公司自收到本处罚决定书之日期 15 日内，将罚款八万元交至某市信用联社营业部（地址：某镇某路市财政局一楼；账号：××××××），到期不缴纳的，每日按照罚款数额的百分之三加处罚款。

如不服本处罚决定，你公司可以在收到本处罚决定书之日起六十日内向某市人民政府或某市文化局申请行政复议，或者在受到本处罚决定书之日起三个月内向某市人民法院提起行政诉讼。如逾期不申请复议或者提起诉讼，又不履行义务的，将申请人民法院强制执行。行政复议和行政诉讼期间本决定不停止执行。

某市文化局（章）

2004 年 12 月 10 日

送达回证

送达机关	某市文化局（章）		
送达人	张某某　王某某	签发人	丁某某
送达文书	《文物行政处罚决定书》某文物罚字［2004］第××号		
送达人	某市某某建筑工程开发有限公司法定代表人李某某		
受送达地点	某市某镇某路南侧某市某某建筑工程开发有限公司内		
收件人	收件人：李某某 2004 年 12 月 10 日 14 时 30 分		

注：

　　1. 受送达人不在时，由其成年家属及有关人员签收。

　　2. 发生拒收情况时，应记明拒收事由和时间，由送达人和见证人签名或者盖章，将送达文件留在送达人的所在住所，即视为送达。

行政案件结案审查表

当事人	单位	名称	某市某某建筑工程开发有限公司		地址	某市某镇某路南侧		
		法定代表人	李某某	电话	××××	邮编	××××	
	公民	姓名		性别		电话		
		地址			证件号码			

案情摘要	2004 年，当事人在省级文物保护单位某某的北侧和东北侧兴建住宅楼，动工之初我们就到现场进行了制止，并告知当事人住宅楼建设工程在文物保护范围和建设控制地带内，后来在该工程建设的过程中，我局多次派人到现场进行制止未果，9 月 8 日，我局向当事人制发了《违法建设停工告知书》，当事人未予理睬。根据当事人在文物保护单位的保护范围和建设控制地带所建的住宅楼，严重违反了《中华人民共和国文物保护法》第十七条和第十八条第二款之规定又屡禁不止的状况，我局召开领导班子成员会，研究讨论对当事人的处罚决定，制发了《文物行政处罚听证告知书》，当事人未在法定期限内提出听证申请。某省文化厅于 2004 年 11 月 17 日下达了对该文物保护单位保护范围和控制地带内违法建设的处理意见。2004 年 11 月 26 日，某市政府召开了专题协调解决某某保护范围和建设控制地带内违法建设有关问题。我局在案件事实清楚，证据确凿下，于 2004 年 12 月 3 日，某市政府就对某某文物保护单位保护范围和建设控制地带内违法建设的处理意见向省文化厅、省文物局作了专题汇报。这期间，省市领导也多次来我市指导。2005 年 2 月 5 日又召开了专题协调会明确在 2 月 20 日前执行到位。2005 年 2 月 6 日，省文物局就某市政府对某某文物保护单位保护范围和建设控制地带内违法建设的处理意见做了回复，明确责令当事人改正违法行为。2005 年 2 月 6 日、15 日某市政府召开两次专题会议，责令当事人将违法建筑物自行拆除。2005 年 2 月 16 日，在当事人未自行拆除违法建筑物的情况下，我市协调有关部门执法人员组成联合执法队伍，对该文物保护单位保护范围内的违法建筑依法进行了拆除，恢复了原貌。

案件处罚	根据《中华人民共和国文物保护法》第六十六条第一款第一项、第二款之规定，责令当事人改正违法行为，处八万元罚款。
复议情况	
诉讼情况	
执行情况	2005 年 2 月 16 日，我市组织联合执法队伍对某某文物保护单位保护范围内的违章建筑依法进行了拆除。2006 年 9 月 15 日当事人缴来了八万元罚款。
部门领导意见	鉴于某某文物保护单位保护范围内的违章建筑，已依法进行了拆除，罚款也已到位，建议结案。 负责人：丁某某 2006 年 9 月 15 日
主管领导批示	同意结案。 批准人：周某某 2006 年 9 月 15 日

机关名称：某市文化局

承办人：张某某　王某某　　　　　　　　　　结案时间：2006 年 9 月 15 日

备注：附该案全部卷宗

【案例评析】 该案是某某建筑公司擅自在某省级文物保护单位保护范围和建设控制地带内进行违法建设案。该案认定违法事实清楚，证据确凿；适用法律准确；程序合法；给予处罚适当。

认定事实清楚，证据确凿。 该案案卷能够准确记载违法行为的时间、地点、情节、程度和后果，用现场检查笔录、现场照片、询问笔录以及有关材料复印件等证据形式确凿地记载了某某建筑公司在坐落于某市某镇的省某某级文物保护单位的北侧和东北侧兴建住宅楼的违法行为。施工前，某市文物局已经告知此处为文物保护单位文物保护范围和建设控制地带，多次制止，而某某建筑公司继续施工，情节恶劣。调查认定的违法事实清楚，取得的证据合法、有效，卷内证据能够证明违法行为的性质、情节、程度和危害后果。

适用法律准确。 本案在立案、责改、告知、呈批、听证笔录、处理意见、集体讨论、处罚决定、结案报告等文书中，认定违法事实的依据都是适用《中华人民共和国文物保护法》第十七条、第十八条第二款的规定，给予八万元的行政处罚都是适用《中华人民共和国文物保护法》第六十六条第一款第一、二项的规定，前后保持一致、统一，引用的法律准确到了条款，作出的行政处罚决定符合法定的处罚种类和幅度。

程序合法。 该案按照立案、调查取证、审查决定、送达执行的步骤实施行政处罚，符合规定的程序和规则，并且每一执法环节都有相应的法律文书记载。文书中记载了二名执法人员调查取证，出示证件，亮明身份；先调查取证，后做决定；告知听证；集体讨论决定；送达执行等程序，基本符合行政处罚法规定。

处罚适当。 某某文物建筑是省级保护文物，未经批准进行施工，已经构成破坏。性质严重，情节恶劣，给予八万元的罚款处罚是适当的。

主要问题。 既然已经告知听证，那么就是重大案件，重大案件应当集体讨论决定，该案的讨论记录，建议改为重大案件集体讨论记录为宜。该案中的领导视察照片、请示文书等法定行政处罚程序以外的文书建议不入卷，必要的话可以副卷保存。本案中有复印件证据。这些证据与决定书、询问笔录等直接证据相比，其证明力较低，最高人民法院《关于行政诉讼证据若干问题的规定》对证据的形式要求比较明确，建议对传来证据注明"经核对，与原件一致"。照片应当有必要的说明。应当增加明确某某文物建筑为文物保护单位的文件复印件，有证据证明其是文物保护单位。增加某某建筑公司的营业执照复印件，证明某某建筑公司的主体资格身份。

某房地产开发有限公司未经考古勘探
擅自进行建设工程损毁古墓案

2005 年 12 月 20 日，某市电视台新闻举报，某房地产开发有限公司没有向文物行政部门申请考古调查、勘探，擅自在地下埋葬区以外进行 5 万平方米的建设工程土。某市文化局执法人员立即赶到现场进行调查，某工地一处大型墓葬群被毁，被毁墓葬共有 16 座，现场残留各种古文化遗存数件。执法人员对现场进行了拍照，并制作了现场检查笔录和现场勘验图。12 月 22 日，某市文化局制发了《违法建设停工通知书》，12 月 23 日，某市文化局对此事立案调查。某房地产开发有限公司在案发后，积极配合文物部门工作，补办了文物调查和勘探手续，并于 2006 年元月出资 20 万元进行施工工地的考古发掘。

在调查取证过程中，执法人员收集了某房地产开发有限公司的企业法人营业执照、某小区建设情况说明及相关文件、某考古研究所发掘报告、某房地产开发有限公司授权委托书、被委托人身份证明等证据，并对被委托人和证人进行了询问，证实了违法事实。根据调查取证的情况，某市化局认定某房地产开发有限公司的行为违反了《某省文物保护条例》第二十条的规定，经过集体讨论，根据《某省文物保护条例》第四十一条的规定，决定给予某房地产开发有限公司罚款人民币十万元的行政处罚，并按照行政处罚程序于 2006 年 2 月 17 日制发了《听证告知书》，当事人在《听证告知书》上明确表示放弃听证。2006 年 2 月 25 日，某市文化局制发了《行政处罚决定书》，某房地产开发有限公司于 2006 年 3 月 4 日履行了行政处罚决定，将十万元罚款交至当地行政罚款代收机构。

卷内主要文书目录

序号	文号	题名	日期	备注
1		现场检查笔录	2005.12.20	
2	（某）文物停字 〔2005〕××号	违法建设停工通知书	2005.12.22	
3		送达回证	2005.12.22	
4		行政案件立案呈批表	2005.12.23	
5		委托书	2005.12.25	
6		调查询问笔录	2006.2.10	
7		调查询问笔录	2006.2.16	
8		行政案件调查终结报告	2006.2.16	
9		行政案件讨论记录	2006.2.17	
10	（某）文物听字 〔2006〕××号	听证告知书	2006.2.17	
11		送达回证	2006.2.17	
12		案件处理审批表	2006.2.25	
13	（某）文物罚字 〔2006〕××号	行政处罚决定书	2006.2.25	
14		送达回证	2006.2.25	
15		行政案件结案审查表	2006.5.26	
16		关于追缴某施工现场 散失文物的通知	2006.1.6	

现场检查笔录

<table>
<tr><td rowspan="4">当事人</td><td rowspan="2">单位</td><td>名称</td><td colspan="3">某市某房地产开发
有限公司</td><td>地址</td><td colspan="2">某市开发区某镇</td></tr>
<tr><td>法定代表人</td><td>王某某</td><td>电话</td><td>××××</td><td>邮编</td><td>××××</td></tr>
<tr><td rowspan="2">公民</td><td>姓名</td><td></td><td>性别</td><td></td><td>电话</td><td></td></tr>
<tr><td>地址</td><td></td><td colspan="2">证件号码</td><td></td><td></td></tr>
<tr><td colspan="2">检查机构</td><td colspan="4">某市文化局</td><td>记录人</td><td>张某某</td></tr>
<tr><td colspan="2">检查人</td><td colspan="4">张某某　李某某</td><td>检查时间</td><td>2005 年 12 月 20 日</td></tr>
<tr><td colspan="9">现场检查情况记录：

　　该单位在地下文物埋葬区以外占地面积 5 万平方米以上的区域进行施工建设，没有向省文物行政部门申请考古调查、勘探，导致某工地（某镇某村南）一处大型墓葬群被毁，被毁墓葬共有 16 座，墓葬形制各异，现场残留各种古文化遗存数件，系推土机作业所为，和此后的人为所为，目测该施工现场共超过 5 万平方米。</td></tr>
</table>

被检查人（单位）签章：陈某某　　　　　　检查人姓名：张某某　李某某

违法建设停工通知书

（某）文物停字〔2005〕第××号

某市某房地产开发有限公司：

　　你单位在地下文物埋葬区以外占地面积5万平方米以上的区域进行施工建设没有向省文物行政部门申请考古调查、勘探的行为违反了《某省文物保护条例》第二十条规定。

　　本局责令你单位在接到本通知后，立即停止施工，报1/2000的标有占地位置的地形图和建设平面图各一份，于2005年12月25日前报文化局文物行政执法部门，听候进一步处理。

某市文化局（章）
2005年12月22日

注：本单位地址：某市某路5号文化城五楼文物科

联系电话：××××

送达回证

送达机关	某文化局（公章）		
送达人	张某某　李某某	签发人	任某某
送达文书	违法建设停工通知书		
受送达人	陈某某		
送达地点	某市某房地产开发有限公司		
收件人	收件人：陈某某 　　　　2005 年 12 月 22 日 15 时 20 分		

注：

1. 受送达人不在时，由其成年家属及有关人员签收。

2. 发生拒收情况时，应记明拒收事由和时间，由送达人和见证人签名或者盖章，将送达文件留在受送达人的住所，即视为送达。

行政案件立案呈批表

<table>
<tr><td rowspan="4">当事人</td><td rowspan="2">单位</td><td>名称</td><td colspan="3">某市某房地产开发
有限公司</td><td>地址</td><td colspan="2">某市开发区某镇</td></tr>
<tr><td>法定代表人</td><td>王某某</td><td>电话</td><td>××××</td><td>邮编</td><td>××××</td></tr>
<tr><td rowspan="2">公民</td><td>姓名</td><td></td><td>性别</td><td></td><td>电话</td><td></td></tr>
<tr><td>地址</td><td></td><td colspan="3">证件号码</td><td></td></tr>
<tr><td colspan="2">案件来源</td><td colspan="7">新闻举报</td></tr>
<tr><td colspan="2">案情摘要</td><td colspan="7">　　2005 年 12 月 20 日，某市电视台新闻举报，由于该单位在地下文物埋葬区以外占地面积 5 万平方米以上的区域进行施工建设没有向省文物行政部门申请考古调查、勘探导致公司在位于开发区某镇某村西北侧施工建设工地有古墓葬被毁。我局文物科立即赴现场，经现场勘验确认被毁古墓葬有 16 座，当场拍摄了现场照片，同时开出了现场检查笔录。</td></tr>
<tr><td colspan="2">办案人意见</td><td colspan="7">　　该单位在地下文物埋葬区以外占地面积 5 万平方米以上的区域进行施工建设没有向省文物行政部门申请考古调查、勘探，致使 16 余座古墓葬被毁，涉嫌违反《某省文物保护条例》第二十条之规定，建议立案调查。
　　办案人：张某某　李某某　　　　　　　　2005 年 12 月 23 日</td></tr>
<tr><td colspan="2">部门意见</td><td colspan="4">负责人：张某某
　　　　2005 年 12 月 23 日</td><td>审批人意见</td><td colspan="2">同意立案
　　批准人：任某某
　　　　2005 年 12 月 23 日</td></tr>
</table>

委 托 书

　　兹有某市某房地产开发有限公司授权副总经理陈某某处理某施工现场毁坏古墓葬一事。

　　单位名称：<u>某市某房地产开发有限公司</u>

　　单位地址：<u>某市开发区某镇</u>

　　法定代表人：<u>王某某</u>　　联系电话：××××

某市某房地产开发有限公司（章）

2005 年 12 月 25 日

调查询问笔录

时间：　2006　年　2　月　10　日　8　时　30　分至　9　时　45　分

地点：某市某房地产开发有限公司副总办公室

调查询问人：张某某　　　　　　　　　记录人：李某某

被调查询问人：陈某某　　　　性别：男　　出生年月：××年 8 月　　民族：汉

身份证号码：××××××　　　　　现住址：某市开发区某镇

工作单位：某市某房地产开发有限公司副总办公室　　　　职务：副总经理

邮政编码：××××　　　　电话：××××××

调查人员：我们是某市文化局文物行政执法人员，向你调查了解某地古墓葬被毁情况。我叫张某某，这是我的执法证件（证件号为：××××）；他叫李某某，这是他的执法证件（证件号为：××××），请看一看我们的执法证件。根据行政处罚法的规定，你应当如实回答询问，并协助调查，不得阻挠，同时你也有陈述、申辩权。

答：知道了。

问：你的姓名？与某市某房地产开发有限公司是什么关系？

答：我叫陈某某，是某市某房地产开发有限公司的副总经理。

问：请您将某房屋开发项目位于某镇某村区域施工中被毁古墓葬遗址一事经过详细叙述一下。

答：2005 年 7 月初，我公司在某房屋开发一期工程通往二期工程进行道路施工建设中由推土机推土作业时推出两座古墓葬，当时因为没有发现什么文物，仅当一般无名墓而已，因为我们的施工现场当时是一片坟山，开发前期曾广告迁墓坟事宜。

问：你公司在工程开工前有没有向省文物行政管理部门申请考古调查、勘探？

答：没有。

问：2005 年 12 月 20 日，文化局通报在施工现场发现有 10 余座古墓葬被推土机作业时毁坏，而这一发现仅是新闻线索举报，为什么你公司在作业发现这批古墓葬而没报告文物行政主管部门？

答：我公司在工程建设施工前曾经和开推土机的师傅以及项目经理们开过专门会议，针对施工现场位于坟墓场地，可能会涉及地下埋葬文物，要求他们一旦发现文物立即停止施工并向公司汇报。

问：他们汇报了没有？停工了吗？

答：没有汇报。因为他们推出的墓葬距地表很浅，只有 40—50 公分深，且当一般的无主墓葬推平而已。工程在 2005 年 8 月份已停工。

问：这施工建设的推土机手现在何处？

答：我们的项目工程都是承包给外地工程队的，他们在推平道路后返乡了，具体地址不详。

问：你们的工程在立项前有没有报请文物主管部门进行过工程建设施工前的文物调查、考古、勘探？

答：我们是从某地来投资的，由于人、地生疏和有关环节的不便利，工程项目洽谈时某市开发区管委会曾承诺由他们办妥一切与工程相关的手续，对开发的这片土地我们曾以为已经进行文物调查和考古、勘探。

问：2005 年 12 月 20 日由新闻举报的古墓葬遗址被毁事件是否属实？

答：是事实。

问：你公司在施工中毁坏古墓葬既然是事实，按照国家有关法律法规应承担相应的法律责任，你们的态度如何？

答：事情发生后，我们和某市文化局密切配合，施工现场已立即停止施工，公司已在 2006 年元月拿出 20 万元用于该地段区域内的古墓葬遗址的抢救性清理和考古、勘探。我们领导层也已专门开过会，认真学习了《中华人民共和国文物保护法》、《某省文物保护条例》，总结教训，引以为戒，并愿意承担相应的法律责任，恳请文物主管部门从轻处理。

问：以上笔录请看一下，还有什么需要补充的吗？

答：以上笔录我已看过，我没有什么补充的。

被询问人签名： 陈某某　　　　　询问人签名： 张某某　李某某

调查询问笔录

被调查人：<u>江某某</u>　　性别：<u>男</u>　　年龄：<u>48</u>　　联系电话：<u>××××</u>

工作单位：<u>某镇某场（停薪留职）</u>

家庭住址：<u>某市某路××号</u>

调查时间：<u>2006</u>年<u>2</u>月<u>16</u>日上午<u>10</u>时<u>10</u>分至<u>11</u>时<u>22</u>分

调查地点：<u>某市文化局文物科</u>

询问人：<u>张某某</u>　　　　证件号：<u>××××</u>

记录人：<u>李某某</u>　　　　证件号：<u>××××</u>

问：我们是某市文化局行政执法人员，今天来调查你向某市电视台举报的"某市某房地产开发有限公司"施工工地发现古墓葬一事进行调查，请你将这一情况实事求是地向我们陈述一下。

答：我是2005年11月20日左右到朋友家去有事的，听说某房屋开发广告很热，朋友住在开发商开发地段的北侧——某村，顺便到工地从南到北走了一遍，当走到开发工地北侧围墙一处土山丘时，发现有不少古墓葬被推土机推出，现场有不少墓砖散落，有四—五处有人在挖掘没有全部推掉的古墓，我本人也喜欢古玩，当即就想向新闻媒体报告线索。后因工作较忙就忽视了这一事情。

问：你是什么时候向电视台举报这一线索的？

答：我是2005年12月20日早上向电视台举报这一线索的，然后电视台说要叫文化部门派人一道去。

问：你发现施工现场时，有四—五座古墓葬有人在挖掘，都是什么人？

答：凭我的经验，听口音是外地人有4人，有村民2人，某城里古玩收藏的人有2人，他们在监视挖掘的人，有数码相机作记录。

问：你在现场看到他们挖到的是什么文物？

答：有原始瓷罐，有两个，一个铜镜，一根烂剑（已全部腐烂，挖掘时无法起获）。

问：你在2005年11月20日左右去现场有多少座古墓葬被推土机推的暴露在现场？

答：初步估计有7座左右。

问：以上调查陈述是否属实，还有需要补充的吗？

答：是事实，没有补充的了。

被询问人签名：　　<u>江某某</u>　　　　　询问人签名：　　<u>张某某　李某某</u>

行政案件调查终结报告

<table>
<tr>
<td rowspan="4">当事人</td>
<td rowspan="2">单位</td>
<td>名称</td>
<td colspan="2">某市某房地产开发
有限公司</td>
<td>地址</td>
<td colspan="3">某市开发区某镇</td>
</tr>
<tr>
<td>法定代表人</td>
<td>丁某某</td>
<td>电话</td>
<td>××××</td>
<td>邮编</td>
<td>××××</td>
</tr>
<tr>
<td rowspan="2">公民</td>
<td>姓名</td>
<td></td>
<td>性别</td>
<td></td>
<td>电话</td>
<td></td>
</tr>
<tr>
<td>地址</td>
<td></td>
<td colspan="2">证件号码</td>
<td></td>
<td></td>
</tr>
<tr>
<td colspan="2">案件来源</td>
<td colspan="7">新闻举报</td>
</tr>
<tr>
<td colspan="2">调查的主要经过及证据</td>
<td colspan="7">　　2005 年 12 月 20 日，某市电视台新闻举报，由于该单位在地下文物埋葬区以外占地面积 5 万平方米以上的区域进行施工建设没有向省文物行政管理部门申请考古调查、勘探，导致公司在位于开发区某镇某村西北侧施工建设工地有古墓葬被毁。我局文物科立即赴现场，经现场勘验确认被毁古墓葬有 16 座，当场拍摄了现场的照片，同时开出了现场检查笔录。主要证据如下：1. 现场检查记录 1 份；2. 询问笔录（当事人陈述）1 份；3. 证人言笔录 1 份；4. 现场照片；5. 鉴定意见。</td>
</tr>
<tr>
<td colspan="2">办案人意见及处理依据</td>
<td colspan="7">　　某市某房地产开发有限公司违反《某省文物保护条例》第二十条，事实清楚，证据确凿。依据《某省文物保护条例》第四十一条之规定，建议对某房地产开发有限公司罚款十万元整。
　　办案人：张某某　李某某　　　　　　　　　2006 年 2 月 16 日</td>
</tr>
<tr>
<td colspan="2">部门意见</td>
<td colspan="7">同意
　　负责人：张某某　　　　　　　　　　　　　2006 年 2 月 16 日</td>
</tr>
<tr>
<td colspan="2">领导意见</td>
<td colspan="7">同意
　　批准人：任某某　　　　　　　　　　　　　2006 年 2 月 16 日</td>
</tr>
</table>

行政案件讨论记录

案由：某市某房地产有限公司在没有向省文物行政管理部门申请考古调查、勘探的情况下，在地下文物埋葬区以外占地面积 5 万平方米以上的区域进行施工建设，致使该工程建设工地上 16 座古墓葬被毁一案。

讨论时间：__2006__ 年 _2_ 月 _17_ 日 _9_ 时 _10_ 分至 _10_ 时 _40_ 分

讨论地点：某市文化局会议室

主持人：陈某某　　　　　　　　　　记录人：李某某

出席人员姓名及职务：

金某某：某市文化局局长

任某某：某市文化局副局长

刘某某：某市文化局办公室主任

张某某：某市文化局文物科科长

办案人员提出案件初步处理意见：

张某某：某市某房地产有限公司在没有向省文物行政管理部门申请考古调查、勘探的情况下，在地下文物埋葬区以外占地面积 5 万平方米以上的区域进行施工建设，致使该工程建设工地上 16 座古墓葬被毁，2005 年 12 月 20 日某市文化局接到新闻举报后赴现场，证实举报属实，后经专家鉴定被毁的古墓葬为东汉时期的古墓葬。随后我们到该公司了解情况的时候，该公司的董事长很不配合，始终不承认他们工地上所毁坏的是古墓葬，此事通过媒体的曝光后，在社会上引起了很大的影响并造成了很坏的影响。最终经过我们现场检查记录和对该公司委托来处理此案的副总经理的陈述（询问笔录），以及对证人的了解，该案件事实清楚，证据确凿。具体的证据有：1. 现场检查记录；2. 对当事人的询问调查笔录；3. 证人证言笔录；4. 现场拍摄的照片；5. 专家鉴定意见。该公司的行为已违反了《某省文物保护条例》第二十条之规定，建议按照《某省文物保护条例》第四十一条之规定，对该公司处以十万元的罚款。

任某某：该案件事实很清楚，证据很充分，我们办案的程序也合法。这件事也在社会上造成了很不好的影响，但考虑到该公司是外地来的投资商，投资金额很大，如果对他处罚的太重的话，是不是会影响到其他公司来投资的信心？会不会对我市的经济建设造成不利的因素？再说该公司已在事后拿出了 20 万元用于对该工程地段的考古、勘探和抢救性清理挖掘，是否考虑从轻处罚？

金某某：该公司虽然是我市一个很大的投资商，但是文物是不可再生的，损失一件就少一件，再说根据文物保护法的规定，在地下文物埋葬区以外占地面积 5 万平方米以上的区域进行施工建设未经省文物行政管理部门申请考古调查、勘探的可以处 5 万元以上 50 万元以下的罚款，虽然该公司在事后也拿出了 20 万元用于对该工程地段的考古、勘探和抢救性清理挖掘。但这都是法律所规定的，他必须这么做。所以我认为罚款 10 万元不为过，这也是给其他的开发商和投资商一个警示，也是为了更好地保护好我们某市境内的文物不在经济建设当中遭到更多的破坏。

任某某：同意金局长的观点。

刘某某：同意金局长的观点。

案件处理意见：综上所述，该案件事实很清楚，证据很充分，我们办案的程序也合法，处罚依据也合理，决定对该公司罚款十万元整。

出席人员签名：金某某、任某某、刘某某、张某某

领导意见：请办案人员草拟行政处罚听证告知书，经批准后发给该公司。

听证告知书

（某）文物罚听字［2006］××号

某市某房地产开发有限公司：

你单位于 2005 年 12 月 20 日在位于某市开发区某镇某村西北侧区域施工致使古墓葬遗址被毁一案，经调查和研究，认为违法事实清楚，主要依据如下：1. 现场检查记录 1 份；2. 询问笔录（当事人陈述）1 份；3. 证人言笔录 1 份；4. 现场照片。拟给你单位如下行政处罚：

罚款十万元整。

处罚理由：其行为违反了《某省文物保护条例》第二十条之规定。

处罚依据：依据《某省文物保护条例》第四十一条之规定。

根据《中华人民共和国行政处罚法》第三十一条、第三十二条、第四十二条之规定，你单位可在收到通知书三日内向本部门提出陈述、申辩材料或要求组织听证，逾期不陈述、申辩或不要求听证的，视为你单位放弃上述权利。

某市文化局（章）
2006 年 2 月 17 日

要求听证回执

（某）文罚听字［2006］××号

单位名称：某市某房地产开发有限公司　　　　邮政编码××××

电话：××××　　　　地址：某市开发区某镇

法定代表人：王某某　　　　职务：董事长　　　　电话：××××

是否要求听证：放弃听证　　　　当事人签名或盖章：陈某某

回执送（寄）到：某市文化局　　　　邮政编码：××××

联系电话：××××　　　　地址：某市某路××号

送达回证

送达机关	某文化局（公章）		
送达人	张某某　李某某	签发人	任某某
送达文书	听证告知书		
受送达人	陈某某		
送达地点	某市某房地产开发有限公司		
收件人	收件人：陈某某 2006 年 2 月 17 日 15 时 36 分		

注：

1. 受送达人不在时，由其成年家属及有关人员签收。

2. 发生拒收情况时，应记明拒收事由和时间，由送达人和见证人签名或者盖章，将送达文件留在受送达人的住所，即视为送达。

案件处理审批表

当事人	某市某房地产开发有限公司		
案件名称	古墓葬遗址被毁		
违法事实	2005年12月20日，某市电视台新闻举报，由于该单位在地下文物埋葬区以外占地面积5万平方米以上的区域进行施工建设，没有向省文物行政管理部门申请考古调查、勘探，导致公司在位于开发区某镇某村西北侧施工建设工地有古墓葬被毁。我局文物科立即赴现场，经现场勘验确认被毁古墓葬有16座，当场拍摄了现场的照片，同时开出了现场检查笔录。主要证据如下：1. 现场检查记录1份；2. 询问笔录（当事人陈述）1份；3. 证人言笔录1份；4. 现场照片；5. 鉴定意见。		
报批意见	某市某房地产开发有限公司施工被毁汉代古墓葬遗址一案，经过对现场勘察和专家的鉴定，确认该公司违法事实存在。在对当事人的询问调查后，当事人也承认了自己的违法行为。某市文化局于2006年2月17日下发了听证告知书，当事人在规定的时间内没有向本部门提出陈述、申辩材料或者组织听证，根据《某省文物保护条例》第四十一条规定，拟对"某市某房地产开发有限公司"罚款十万元。 　　经办人：张某某　李某某　　　　　　2006年2月22日		
审核意见			年　　月　　日
法制机构意见			年　　月　　日
分管领导审批意见	同意　　任某某 2006年2月22日	主管领导审批意见	同意　　金某某 2006年2月22日

行政处罚决定书

（某）文物罚字〔2006〕××号

单位名称：某市某房地产开发有限公司

　　单位地址：某市开发区某镇

　　法定代表人：王某某公司董事长

　　你单位在地下文物埋葬区以外占地面积5万平方米以上的区域进行施工建设，没有向省文物行政管理部门申请考古调查、勘探。导致公司在位于开发区某镇某村西北侧施工建设工地有古墓葬被毁。经查，你单位违法事实清楚，证据充分，已违反了《某省文物保护条例》第二十条之规定，有现场检查记录和调查询问笔录为证。依据规定，我局于2月17日依法向你单位下达了行政处罚听证告知书，拟对你单位处以罚款人民币十万元整的行政处罚，在规定的陈述期限3日内，你单位未进行陈述和申辩，现决定给予你单位罚款人民币十万元的行政处罚。

　　限你单位在收到处罚决定书后，十五日内到某市文化局缴纳罚款。地址：某市某路×号。账号（中国工商银行）××××××，逾期不履行行政处罚决定的，将每日按罚款数额的3%加处罚款，并有权申请人民法院强制执行。

　　如不服本决定，可在接到处罚决定书之日起60天内向某市人民政府或某市文化局申请行政复议，或90天内直接向某市人民法院提起行政诉讼。行政复议和行政诉讼期间，本处罚决定不停止执行。

　　　　　　　　　　　　　　　　　　　　　某市文化局（章）

　　　　　　　　　　　　　　　　　　　　　2006年2月25日

送达回证

送达机关	某市文化局（章）		
送达人	张某某　李某某	签发人	任某某
送达文书	行政处罚决定书		
受送达人	陈某某		
送达地点	某市某房地产开发有限公司		
收件人	收件人：陈某某 2006 年 2 月 25 日 16 时 15 分		

注：

　　1. 受送达人不在时，由其成年家属及有关人员签收。

　　2. 发生拒收情况时，应记明拒收事由和时间，由送达人和见证人签名或者盖章，将送达文件留在受送达人的住所，即视为送达。

行政案件结案审查表

<table>
<tr><td rowspan="4">当事人</td><td rowspan="2">单位</td><td>名称</td><td colspan="3">某市某房地产开发有限公司</td><td>地址</td><td colspan="2">某市开发区某镇</td></tr>
<tr><td colspan="2">法定代表人</td><td>丁某某</td><td>电话</td><td>××××</td><td>邮编</td><td>××××</td></tr>
<tr><td rowspan="2">公民</td><td>姓名</td><td colspan="2"></td><td>性别</td><td></td><td>电话</td><td></td></tr>
<tr><td>地址</td><td colspan="3"></td><td>证件号码</td><td colspan="2"></td></tr>
<tr><td>案情摘要</td><td colspan="8">2005 年 12 月 20 日，某市电视台新闻举报，由于该单位在地下文物埋葬区以外占地面积 5 万平方米以上的区域进行施工建设，没有向省文物行政管理部门申请考古调查、勘探，导致公司在位于开发区某镇某村西北侧施工建设工地有古墓葬被毁。我局文物科立即赴现场，经现场勘验确认被毁古墓葬有 16 座，当场拍摄了现场的照片，同时开出了现场检查笔录。于 2005 年 12 月 25 日给该公司下达了停工通知书，在停工的同时，该公司按要求拿出 20 万元用于对施工现场的考古、勘探、发掘。主要证据如下：1. 现场检查记录 1 份；2. 询问笔录（当事人陈述）1 份；3. 证人言笔录 1 份；4. 现场照片；5. 鉴定意见。</td></tr>
<tr><td>案件处罚</td><td colspan="8">某市某房地产开发有限公司施工被毁汉代古墓葬遗址一案，经过对现场勘探和专家的鉴定，确认该公司违法事实存在。在对当事人的询问调查后，当事人也承认了自己的违法行为。该公司的行为已违反了《某省文物保护条例》第二十条之规定，某市文化局于 2006 年 2 月 17 日下发了听证告知书，当事人在规定的时间内没有向本部门提出陈述、申辩材料或者组织听证，根据《某省文物保护条例》第四十一条规定，对“某市某房地产开发有限公司”罚款十万元。
经办人：张某某　李某某　　　　2006 年 2 月 22 日</td></tr>
<tr><td>复议案情</td><td colspan="8"></td></tr>
</table>

诉讼情况	
执行情况	该公司已在规定时间内主动将罚款交至指定账户
部门领导意见	同意结案 张某某 2006 年 5 月 26 日
主管领导批示	同意结案 任某某 2006 年 5 月 26 日

机关名称：某市文化局

承办人：张某某　李某某　　　　　结案时间：2006 年 5 月 26 日

备注：附该案全部卷宗

某市公安局
某市文化局
关于追缴某施工现场散失文物的通知

位于开发区某镇某村的古墓葬密集区域的考古、勘探、发掘和清理工作已经开始，依据《中华人民共和国文物保护法》第五条之规定，凡在某市某房屋开发有限公司在此区域施工期间流失的文物一律予以追缴。自通告发布之日起，在此区域获得的文物持有人应积极、主动将文物送交文物行政管理部门或公安部门，对积极主动送交文物、提供文物线索的举报行为将予以奖励。对隐匿不交者，一经查实，将追究其法律责任。

某市公安局（章）

某市文化局（章）

2006 年 1 月 6 日

　　【案例评析】该案是一件事实十分清楚的破坏历史文物的案件，某市某房地产开发有限公司在施工过程中，挖掘到古墓，没有停止施工，没有向文物管理部门报告，造成16座汉代古墓受到破坏，文物流失的案件。2005年12月20日，某电视台新闻播报该案发现此案。经专家鉴定，为汉代古墓，非皇族、非平民墓葬，属于中产阶级墓葬，具有一定的考古价值。这个案件调查的违法事实清楚，程序合法，给予的处罚适当。

　　然而，这个案件也存在一些合法性和规范性问题，应当引起注意。

　　一、关于行政处罚决定书存在的问题

　　《中华人民共和国行政处罚法》第三十九条规定，"行政机关依照本法第三十八条规定给予行政处罚，应当制作行政处罚决定书。行政处罚决定书应当载明下列事项：（一）当事人的姓名或者名称、地址；（二）违反法律、法规或者规章的事实和证据；（三）行政处罚的种类和依据；（四）行政处罚的履行方式和期限；（五）不服行政处罚决定，申请行政复议或者提起行政诉讼的途径和期限；（六）作出行政处罚决定的行政机关名称和做出决定的日期。行政处罚决定书必须盖有做出行政处罚决定的行政机关的印章。"《中华人民共和国行政处罚法》对行政处罚决定书的形式、内容等做了明确的规定，可见行政处罚决定书在行政处罚案卷中的地位和作用，处罚决定书中存在的问题很容易导致案件存在合法性的隐患。

　　（一）叙述的违法事实缺少基本要素

　　1. 案件认定的违法事实，应当是法律规定应当给予行政处罚的事实。《中华人民共和国文物保护法》第三十二条规定，"在进行建设工程或者在农业生产中，任何单位或者个人发现文物，应当保护现场，立即报告当地文物行政部门，……"决定书中叙述的违法事实应当是"某市某房地产开发有限公司在施工过程中，发现古墓，没有立即停止施工，没有向当地文物行政部门报告"等类似的叙述进行认定、描述，或者是按照该省文物保护条例规定的应当给予行政处罚的事实进行认定、描述。2. 我们所说的违法事实是客观存在的、已经发生的事实，这是违法事实的客观实在性。既然这样，就应当用时间、地点、人物、行为来描述，如发现违法行为的时间、地点，时间是2005年12月20日，某电视台新闻播报发现毁坏古墓案件。根据询问笔录记载，该公司是在开发区某镇某村西北侧施工，2005年7月发现古墓的，至12月已经有五个月的时间才停止施工。3. 违法事实性质、情节、程度、后果。经专家鉴定，古墓的鉴定为东汉时期墓，共毁坏古墓16座，非皇族、非平民墓葬，具有一定的考古价值，造成文物流失。从数量上看，16座古墓，具有一个量化的指标；从年代看，东汉时期的墓葬具有较高的考古价值；从墓葬主人的身份看，目前发现古代中产阶级墓葬较少，因此其具有一定的考古价值；从文物流失的角度看，由于该片墓地没有得到妥善保护，造成文物流失，损失程度目前无从考量。4. 用法律条款进行认定，证明其行为的违法性，本行政处罚决定书引用"违反了《某省文物保护条例》第二十条之规定"，认定其违法，没有引用到款项。如果以上四点内容能够充分地加以叙述，认定的事实不仅十分充分，而且令其能够充分认识到性质是违法的，情节是恶劣的，后果是严重的。

（二）法律依据存在的问题

按照《中华人民共和国行政处罚法》第三十九条第三项规定，行政处罚决定书中应当载明"行政处罚的种类和依据"。该案中给予的处罚种类是罚款十万元，但是，在行政处罚决定书中，没有载明给予行政处罚的法律依据，显然这是一个十分严重的问题。我们要求引用法律要引用法律文件的全称和具体条、款、项、目。引用了法律文件的全称，才能判断是否引用了准确的法律文件；是否具体到条、款、项、目，才能判断给予处罚的种类、幅度是否准确。

（三）《中华人民共和国行政处罚法》第三十九条没有规定在行政处罚决定书中应当叙述有关告知听证的内容，因此在决定书中叙述相关内容是多余的，这是规范性问题。

二、程序存在的问题

重大案件进行集体讨论的记载问题。罚款十万元，并告知听证权，证明是重大案件，在案件调查终结报告中如果有关意见是"建议上会讨论"更为合适。如果本案中"行政案件讨论记录"就是重大案件集体讨论记录，建议将其改为重大案件集体讨论记录，否则没有集体讨论记录的记载。本案中重大案件集体讨论记录和案件呈批表可以取其一，该案中可以不要案件呈批表。

在实际送达程序环节中，行政机关不仅送达了行政处罚决定书，而且同时送达了缴款书。如果送达文书中注明送达的文书除行政处罚决定书及文号外，还有缴款书及编号更为完整。该案中法律文书是直接送达的，但送达文书设置没有送达方式，应当改进送达文书。

三、法律文书形式要件存在的问题

最高人民法院《关于行政诉讼证据若干问题的规定》对行政诉讼证据从形式和内容做出了明确的规定，我们在调查取证中应当引起注意，从证据的形式上，应当注意注明调取人或者提供人，签署时间，这是对证据的形式要件的要求。从证据的内容上，应当注意对传来证据注明"经核对，与原件一致"，这是必要的说明。如果不做出这样的说明，不符合行政诉讼证据的要求，这体现了证据的法定形式和内容的要求。

该案中营业执照的复印件和照片，属于传来证据；鉴定结论、勘验、询问笔录属于直接证据；其证明的效力是不一样的。因此对传来证据的形式要件就应当十分严格。如本案中的营业执照复印件，是应当注明"经核对，与原件一致"，加盖提供者印章，以及提供的日期。照片是行政机关的执法人员拍照的，应当注明拍摄人、拍摄地点、拍摄时间，以符合行政诉讼证据规则的要求。

四、告知诉讼权时限问题

该案在行政处罚决定书中告知诉讼权 90 日是不规范的。《中华人民共和国行政诉讼法》第三十九条规定，"公民、法人或者其他组织直接向人民法院提起诉讼的，应当在知道做出具体行政行为之日起三个月内提出。法律另有规定的除外。"所以应当告知诉讼权时限为三个月。

某拆迁工程有限公司擅自拆除不可移动文物案

2006 年 6 月 8 日，某市文物行政执法人员在例行检查时发现，位于某市某镇的不可移动文物某楠木厅被拆除，执法人员对现场进行了拍照并制作了现场检查笔录。2006 年 6 月 12 日，某市文化局对此事进行立案调查。经查，该楠木厅 1988 年就被某县人民政府列入文物保护点，并对社会进行了公布。某发展（集团）公司准备在某市某镇建立出口加工区，需要拆除占地区域内的所有建筑，在拆除之前，某发展（集团）公司通过调查摸底，了解到位于拆除区域内的某楠木厅是受保护的不可移动文物，于是某发展（集团）公司积极联系市、区两级相关部门，商量某楠木厅的保护事宜，并将此情况明确告知给承担拆除工作的某拆迁工程有限公司。某拆迁工程有限公司却于 2006 年 6 月 4 日组织人员对该楠木厅进行拆除，至 6 月 8 日执法人员发现时，该楠木厅已被夷为平地。

在调查取证过程中，执法人员收集了某拆迁工程有限公司的营业执照、房屋委托拆迁协议书、拆房协议书、授权委托书、某县人民政府公布此某楠木厅为文物保护点的相关文件等相关证据，对该某拆迁工程有限公司的法人代表、授权委托、房主及知情人分别进行询问，制作了 5 份询问笔录，证实了违法事实。根据调查取证情况，某市文化局认定某拆迁工程有限公司擅自拆除某楠木厅的行为违反了《中华人民共和国文物保护法》第二十条第三款的规定，且后果严重，经过集体讨论，依据《中华人民共和国文物保护法》第六十六条第一款第三项的规定，决定给予某拆迁工程有限公司罚款人民币二十万元的行政处罚。2006 年 8 月 24 日，某市文化局制发了《行政处罚告知书》，当事人在《行政处罚告知书》回执上签署了不要求听证的意见。8 月 27 日，某市文化局制发了《行政处罚决定书》。某拆迁工程有限公司按期履行了行政处罚决定，于 2006 年 8 月 29 日将二十万元罚款缴至当地行政区处罚代收机构。

卷内主要文书目录

序号	文号	题名	日期	备注
1		立案呈批表	2006.6.13	
2		某市文化局现场检查笔录	2006.6.8	
3		调查（询问）笔录	2006.6.8	
4		调查（询问）笔录	2006.6.12	
5		调查（询问）笔录	2006.6.15	
6		调查（询问）笔录	2006.7.3	
7		法人委托书	2006.6.22	
8		调查（询问）笔录	2006.7.21	
9		调查终结报告	2006.8.22	
10		行政处罚集体讨论记录	2006.8.23	
11	（某）文物听字[2006]第××号	文物行政处罚听证告知书	2006.8.24	
12		送达回证	2006.8.24	
13	（某）文物审字[2006]第××号	文物行政执法案件审批表	2006.8.25	
14	（某）文物罚字[2006]第××号	行政处罚决定书	2006.8.27	
15		送达回证	2006.8.27	
16		结案报告	2006.8.30	

立案呈批表

<table>
<tr><td rowspan="4">当事人</td><td rowspan="3">单位</td><td>名称</td><td colspan="7">某房屋拆迁工程有限公司</td></tr>
<tr><td>地址</td><td colspan="7">某市某路××号</td></tr>
<tr><td>法定代表人</td><td colspan="2">王某某</td><td>职务</td><td>董事长</td><td>电话</td><td>××××</td></tr>
<tr><td rowspan="1">公民</td><td>姓名</td><td colspan="2">性别</td><td colspan="2">出生
年月</td><td>电话</td><td></td></tr>
<tr><td colspan="2">案件来源</td><td colspan="8">现场检查时发现。</td></tr>
<tr><td colspan="2">主要
案情</td><td colspan="8">　　2006 年 6 月 8 日某市文物行政执法人员现场检查时发现不可移动文物某楠木厅被某房屋拆迁工程有限公司擅自拆除，楠木厅已被该公司拆房人员彻底拆除，夷为一片平地，所拆下的木构件已被运回该公司仓库内，情节严重。</td></tr>
<tr><td colspan="2">办案人
意见</td><td colspan="8">　　该公司行为涉嫌违反《中华人民共和国文物保护法》第二十条第三款规定，建议立案调查。
　　办案人：李某某　　张某某

　　　　　　　　　　　　　　　　　　　　　　　　2006 年 6 月 12 日</td></tr>
<tr><td colspan="2">需证据
先行登
记保存、
抽样取
证意见</td><td colspan="8">

办案人：　　　　　　　　　　　　　　　　　2006 年　　月　　日</td></tr>
<tr><td colspan="2" rowspan="1">承办部
门意见</td><td colspan="4">同意立案，请局长审批
负责人：丁某某

　　　　　　　2006 年 6 月 12 日</td><td colspan="1">领导审
批意见</td><td colspan="3">同意立案
审批人：赵某某

　　　2006 年 6 月 13 日</td></tr>
</table>

某市文化局
行政执法现场检查笔录

<table>
<tr><td rowspan="5">当事人</td><td rowspan="3">单位</td><td>名称</td><td colspan="7">某房屋拆迁工程有限公司</td></tr>
<tr><td>地址</td><td colspan="7">某市某路××号</td></tr>
<tr><td colspan="2">法定代表人（负责人）</td><td colspan="2">潘某某</td><td>职务</td><td>董事长</td><td>电话</td><td>×××××</td></tr>
<tr><td rowspan="2">公民</td><td>姓名</td><td></td><td>性别</td><td></td><td>出生年月</td><td></td><td>电话</td><td></td></tr>
<tr><td>住址</td><td colspan="3"></td><td>身份证号码</td><td colspan="3"></td></tr>
<tr><td colspan="2">检查机构</td><td colspan="4">某市文化局</td><td>检查时间</td><td colspan="3">2006年6月8日11时10分</td></tr>
<tr><td colspan="2">执法人员(执法证号)</td><td colspan="4">李某某××××
张某某××××</td><td>记录人</td><td colspan="3">张某某</td></tr>
<tr><td colspan="10">现场检查情况记录：</td></tr>
<tr><td colspan="10">某市文化行政执法人员对该场所进行检查，并出示了执法证件。</td></tr>
<tr><td colspan="10">经检查发现：</td></tr>
<tr><td colspan="10">1. 经现场检查，不可移动文物楠木厅已经被擅自拆除。</td></tr>
<tr><td colspan="10">2. 具体拆迁人为某拆房工程有限公司。</td></tr>
<tr><td colspan="10">3. 王某某为某房屋拆迁工程有限公司董事长，他雇用吴某某实施了具体的</td></tr>
<tr><td colspan="10">拆迁行为。</td></tr>
<tr><td colspan="10">责令潘某某于2006年6月12日上午9时30分至某市文管办接受调查。</td></tr>
<tr><td colspan="10">4. 附现场照片5张。</td></tr>
<tr><td colspan="10">联系电话：　　　　地址：某街××号</td></tr>
</table>

当事人签名：王某某　　　　检查人员签名：李某某　张某某

某市文化局（章）

调查（询问）笔录

时间：2006 年　6　月　8　日　11　时　31　分至　8　月　11　日　11　时　40　分

地点：某市某镇拆迁现场

询问人：李某某　张某某　　　　　　　　工作单位：　某市文化局

记录人：张某某　　　　　　　　　　　　工作单位：　某市文化局

被询问人：姓名：金某某　性别：×　出生年月：19××年×月　电话：××××

工作单位：某房屋拆迁工程有限公司　　　与案件关系：拆房公司现场指挥人

现住在址：某市某镇某地　　　　　　　　证件号码：×××××

户籍所地：某省某县某乡某村

问：我们是某市文化局行政执法人员（出示行政执法证），现依法向你询问有关问题，请你如实回答，陈述事实。诬告或者作伪证要负法律责任，对与本案无关的问题，你有权拒绝回答，你听清楚没有？

答：清楚了。

问：是谁拆除此楠木厅的？

答：是我带领拆房工人拆除的。

问：什么时候拆除楠木厅？

答：2006 年 6 月 4 日下午 1 点开始拆除，6 月 5 日上午 10 点拆除完毕。

问：谁让你拆除此房的？

答：以前是属于我们公司（某房屋拆迁有限公司）拆迁的，2006 年 6 月 4 日上午 9 点住户把钥匙交给我们后才开始拆除的。

问：你还有什么情况需要补充的？

答：我们没有文物拆迁资质，也不知道这个是文物，住户交给我们钥匙后就开始拆除房子了。

问：你看一下笔录，有没有需要修改和补充的？

答：我看过了，没有需要修改和补充的。

被询问人签名：金某某　　　　　　　　　询问人签名：张某某　李某某

调查（询问）笔录

时间：2006 年 __6__ 月 __12__ 日 __9__ 时 __30__ 分至 __6__ 月 __12__ 日 __9__ 时 __59__ 分

地点：某市文物管理委员会办公室二楼会议室

询问人：李某某　张某某　　　　　　工作单位：某市文化局

记录人：张某某　　　　　　　　　　工作单位：某市文化局

被询问人：姓名：王某某　性别：×出生年月：19××年×月　电话：×××××××

工作单位：某房屋拆迁工程有限公司　　　　与案件关系：法人代表

现住址：某市某路××号　　　　　　　　　证件号码：××××××

户籍所在地　某市某乡某村

问：我们是某市文化局行政执法人员（出示行政执法证），现依法向你询问有关问题，请你如实回答，陈述事实。诬告或者作伪证要负法律责任，对与本案无关的问题，你有权拒绝回答，你听清楚没有？

答：听清楚了。

问：某楠木厅是什么时候被拆除的？由谁来拆除的？

答：是 2006 年 6 月 4 日被拆除的，由金某某负责拆除的。

问：金某某和你有什么关系？

答：是我公司的员工。

问：谁授权你公司拆除某楠木厅的？

答：是房主交给我公司钥匙后我们才按惯例开始拆的。

问：谁和你公司签订拆房合同的？

答：是某某房屋拆迁有限公司。

问：某某房屋拆迁有限公司有没有告知你们某楠木厅是不可移动文物？

答：没有。

问：你知不知道某楠木厅是不可移动文物？

答：不知道。

问：某某房屋拆迁有限公司和你公司签订的拆房协议书约定 2003 年 9 月 8 日前房屋全部拆除，是什么原因导致某楠木厅在 2006 年 6 月 4 日才被拆除？

答：主要是房主不肯签字。

问：不肯签字的原因是什么？

答：因为房主要求加钱，钱补偿不到位房主是不会让我们拆房的。

问：房屋拆迁以后所有房屋的材料得到妥善保管了吗？

答：是的。2006 年 6 月 10 日已被市文管办全部托运到了仓库。

问：还有什么情况需要补充说明的吗?

答：房主把可以拆卸的房子构件已卖掉了一部分。在我们拆这楠木厅之前，已经拆掉好多这样的房子了。

问：你看一下记录，有没有需要修改和补充的?

答：我看过了，没有需要修改和补充的。

（以下是空白）

被询问人签名：王某某　　　　　　　　　询问人签名：李某某　张某某

调查（询问）笔录

时间：2006 年 <u>6</u> 月 <u>15</u> 日 <u>9</u> 时 <u>57</u> 分至 <u>6</u> 月 <u>15</u> 日 <u>10</u> 时 <u>30</u> 分

地点：<u>某市文物管理委员会办公室</u>

询问人：<u>李某某　张某某</u>　　工作单位：<u>某市文化局</u>

记录人：<u>张某某</u>　　　　　　工作单位：<u>某市文化局</u>

被询问人：姓名：<u>朱某某</u>　性别：<u>×</u>　出生年月：<u>19××年×月</u>　电话：<u>××××</u>

工作单位：<u>退休</u>　　　　　　　　与案件关系：<u>房主</u>

现住址：<u>某镇某村</u>　　　　　　证件号码：<u>× × × × × ×</u>

户籍所在地：<u>某镇某村××号</u>

问：我们是某市文化局行政执法人员（出示行政执法证），现依法向你询问有关问题，请你如实回答，陈述事实。诬告或者作伪证要负法律责任，对与本案无关的问题，你有权拒绝回答，你听清楚没有？

答：听清楚了。

问：某楠木厅什么时候被定为不可移动文物的？

答：1988 年。

问：某楠木厅具体的保护范围你清楚吗？

答：当时某县文化局来了好多次，说这房子只能修不能拆，当时我不在家，母亲告诉这件事的。2003 年开始拆迁，我跟拆迁办的人说这是古建筑。2003 年 9 月 29 日我到市文管办咨询，市文管办帅某某接待了我们，明确告诉我某楠木厅是不可移动文物。当时定的时候就只有那两间。

问：有没有具体的门牌号码？

答：当时弄门牌号码的时候给弄错了，所以后面就一直没有门牌号码。

问：有没有你拍的某楠木厅的照片？

答：有。照片上只有两间，定文物的时候就是定这两间房子。

问：你什么时候交出房子钥匙的？

答：2006 年 6 月 2 日我签字，3 日我基本上搬家完毕，4 日早上我吃过早饭去拿零碎的东西，看到门口停了一辆白色的小车，车上面的人我认识，叫金某某，他跟我说某村大队通知我明天来拆房子，今天我晚上要派人来看，你把钥匙给我。我想房子里没什么东西了，就把钥匙给他了。我为什么要交钥匙呢？一是那些拆房的人很凶，对我们村上的人实施野蛮拆迁。二是那是礼拜天，我认为大队的人休息了，疏忽了，所以就没有去大队讲一声。三是那些拆房的人恐吓了我们三次。朝我家屋顶扔砖头，朝我家浴室的窗户扔砖头，把门给踢坏了，电话线也给拔掉了，已经逼的我们不得不交钥匙了。我去交钥匙后，大队书记说以后那帮人就不会来了，不会有这种事发生了。

问：还有什么要补充说明的？

答：2006 年 4 月大队书记在电话里跟我讲某楠木厅不是文物了。拆房前两三天妇女主任来说楠木归你，房子按普通房屋作价。

问：跟你商讨拆房的有哪些单位和人？

答：是某某房屋拆迁有限公司的任工和某大队干部。我们都有会谈纪要。谈话整个过程中他们所有人不承认是文物点。

问：跟你们接触过的人中有没有承认这是不可移动文物？

答：4 月 19 日区建设局来的人说这是文物点，要统一移建的。

问：你们签字同意拆迁在什么地方？和谁签的字？

答：在大队和大队书记签的。某某房屋拆迁有限公司的老总这个时候才到场的。

问：你们还有什么情况补充说明的吗？

答：2006 年 6 月 5 日，大队叫我们过去，房子拆完了以后，姓史的当着面跟我讲，房子不是我们拆的，我们已经通知王某某不要拆房子。王某某却跟我讲没有接到电话。

问：你看一下笔录，有没有需要修改和补充的？

答：我看过了。没有需要修改和补充的。

（以下空白）

被询问人签名：朱某某　　　　　　　　　　　　询问人签名：李某某　　张某某

调查（询问）笔录

时间：2006 年 __7__ 月 __3__ 日 __14__ 时 __10__ 分至 __7__ 月 __3__ 日 __14__ 时 __42__ 分

地点：__某市文物管理委员会办公室二楼会议室__

询问人：__李某某　张某某__　　　　　工作单位：__某市文化局__

记录人：__张某某__　　　　　　　　　工作单位：__某市文化局__

被询问人：姓名：__依某某__　性别：__×__　出生年月：__19××年×月__　电话：__××××__

工作单位：__某发展（集团）总公司__　　　与案件关系：__出口加工区出资单位__

现住址：__某市某管理委员会××楼__　　　　　证件号码：__××××××__

户籍所在地：__某省某县某镇__

问：我们是某市文化局行政执法人员（出示行政执法证），现依法向你询问有关问题，请你如实回答，陈述事实。诬告或者作伪证要负法律责任，对与本案无关的问题，你有权拒绝回答，你听清楚没有？

答：听清楚了。

问：请你简单介绍一下出口加工区的概况。

答：出口加工区是国务院审批核准的。出口加工区范围内的一切建筑物都需要拆除，出口加工区的建设出资单位为某发展（集团）公司，具体落实拆迁、建设等工作。

问：对于出口加工区的拆迁工作，你告诉委托哪个公司来执行的？

答：一是某房屋拆迁公司，二是某某房屋拆迁公司。

问：你们是否和这些拆迁公司签订了相关拆迁协议？

答：是的，我们按照有关法律规定签订了协议。

问：在拆迁之前。你们有没有告知拆迁公司某楠木厅是受保护的不可移动文物吗？

答：在拆迁之前，我们通过摸底排查，了解到某楠木厅是文物保护控制单位并明确告知拆迁公司，并积极联系市、区相关部门筹商楠木厅保护事宜。

问：具体负责某楠木厅拆迁区域的公司是哪一家？

答：是某某房屋拆迁有限公司。

问：对于某楠木厅你们准备采取什么措施？

答：通过办公会议，我们采取易地移建的保护方式。

问：对于易地移建的费用是怎样安排的？

答：一切由我公司出资。

问：2006 年 6 月 4 日某楠木厅被拆除的情况你们知道吗？

答：6 月 5 日某村委告诉我公司某楠木厅被拆除了。

问：当时，某村委是怎样描述楠木厅被拆原因的？

答：某村委反映，当时楠木厅上的许多建筑材料损毁严重，就拆掉了楠木厅。

问：你公司有没有告知当地村委对于楠木厅的保护必须按照文物保护法的规定来依法保护？

答：都已告知。我公司也落实了楠木厅易地移建地点。

问：你还有什么要补充说明的吗？

答：1. 第一次落实移建方案后，由区建设局的拆迁办负责处理楠木厅的拆迁补偿、移建等一系列工作。2. 对楠木厅被擅自拆除一事我公司十分重视，希望主管部门尽快处理此事，尽可能保护好楠木厅。

问：你看一下笔录，有没有需要修改和补充的？

答：我看过了。没有需要修改和补充的。

（以下空白）

被询问人签名：依某某　　　　　　　　　　　　询问人签名：李某某　张某某

法人委托书

某市文物管理委员会：

　　兹委托　依某某　同志作为我单位代理人，代表本单位赴市文物管理委员会解释某楠木厅拆迁情况。

　　代理人姓名：　依某某　　身份证：××××××

　　电话：＿＿＿＿＿＿＿手机：＿＿＿＿＿＿

　　委托单位地址：某市某管理委员会××楼

　　法人代表签字：代某某

　　　　　　　　　　　　　　　　某发展（集团）总公司（章）

　　　　　　　　　　　　　　　　法人代表：代某某

　　　　　　　　　　　　　　　　2006 年 6 月 22 日

调查（询问）笔录

时间：2006 年 7 月 21 日 10 时 05 分至 7 月 21 日 10 时 45 分

地点：某某房屋拆迁有限公司办公室

询问人：李某某　张某某　　　　　　工作单位：某市文化局

记录人：张某某　　　　　　　　　　工作单位：某市文化局

被询问人：姓名：鲁某某性别：×出生年月：19××年×月电话：××××××

工作单位：某某房屋拆迁有限公司　　　　　与案件关系：拆迁公司法人代表

现住址：某市某路××号　　　　　　　证件号码：××××××

户籍所在地：某市某区

问：我们是某市文化局行政执法人员（出示行政执法证），现依法向你询问有关问题，请你如实回答，陈述事实。诬告或者作伪证要负法律责任，对与本案无关的问题，你有权拒绝回答，你听清楚没有？

答：听清楚了。

问：某楠木厅当时被拆除一事你公司知道吗？

答：不知道。

问：你们是什么时候知道某楠木厅被拆除一事的？

答：是你们文物部门行政执法人员到了现场后，拆迁办公室工作人员打电话告诉我的。

问：你知道某楠木厅是我市依法公布的不可移动文物吗？

答：知道的。

问：你公司和某发展（集团）总公司是什么样的合作关系？

答：该拆迁地原来是由某区房屋拆迁安置办公室负责拆迁的，属于 2003 年遗留项目，后来某发展（集团）总公司委托我公司负责拆迁某楠木厅。

问：你公司和某房屋拆迁工程有限公司是什么样的合作关系？

答：我公司和某房屋拆迁工程有限公司签订的协议只是负责拆除某地的房子，某楠木厅的拆迁属于 2003 年遗留项目。某发展（集团）总公司委托我公司实施拆迁后，我公司委托某房屋拆迁工程有限公司具体实施某楠木厅拆迁工作的。

问：你知道某楠木厅是不可移动文物后有没有采取保护措施？

答：每次和户主接触交谈中都强调楠木厅是不可移动文物，必须依法保护。

问：你有没有告知某房屋拆迁工程有限公司某楠木厅是不可移动文物？

答：某楠木厅是不可移动文物这是当时参与人都知道的事情，某楠木厅正因为是不可移动文物，所以才成为 2003 年的遗留项目。

问：你还有什么情况需要补充的？

答：对于某楠木厅的保护事宜我是清楚的，在和住户谈判过程中，我知道了保护某楠木厅的重要性，并在工作例会中提出要依法保护某楠木厅，这也是其成为2003年遗留项目的重要原因。为了某楠木厅保护事宜我公司专程到市文管办进行了协商，并促成了之后的专门座谈会，对某楠木厅的保护提出了意见。与住户签订协议过程中告知户主某楠木厅是文物点，要由专门的古建筑单位来拆除，回收后综合利用。他们走后钥匙必须交给当地大队，由大队负责楠木厅的看护。

问：你看一下笔录，有没有需要修改和补充的？

答：我看过了。没有需要修改和补充的。

（以下空白）

被询问人签名：鲁某某　　　　　　　　　　询问人签名：李某某　张某某

调查终结报告

案由	某房屋拆迁工程有限公司擅自拆除不可移动文物某楠木厅案					
当事人	单位	名称	某房屋拆迁工程有限公司	地址	某市某路××号	
		法定代表人（负责人）	王某某	职务	董事长	电话　××××××
	公民	姓名		性别	出生年月	
		住址			身份证号码	
案件来源	现场检查时发现			立案时间	2006 年 6 月 13 日	
主要案情	2006 年 6 月 8 日市文物行政执法人员现场检查时发现不可移动文物某楠木厅被某房屋拆迁工程有限公司擅自拆除，事实清楚，证据确凿。主要证据有：现场笔录一份、现场照片五张、询问（调查）笔录五份、某房屋拆迁工程有限公司接收证明单（NO.0002450）材料一份、房屋委托拆迁协议一份、拆房协议书一份、某市某区房屋拆迁安置协议书一份，某市某区某镇某村村民委员会《关于某楠木房拆除情况说明》材料一份、某房屋拆迁工程有限公司《关于某地拆除文物一事的情况说明》材料一份、某市某区文化局和某市某区文物管理委员会办公室《某楠木厅有关情况说明》材料一份、某县人民政府（某政发（1988）××号）《关于公布某县第×批文物保护单位和文物保护点的通知》材料一份。					
办案人意见及处理依据	该公司行为违反了《中华人民共和国文物保护法》第二十条第三款规定，根据该法第六十六条第一款第三项规定，给予该公司罚款人民币二十万元整的行政处罚。 　　办案人：李某某　张某某　　　　　　　　　2006 年 8 月 21 日					
承办部门意见	同意办案人意见，请局长审批。 　　负责人：丁某某　　　　　　　　　　　　　2006 年 8 月 22 日					
领导审批意见	此为重大行政处罚案件，建议局行政集体讨论 　　审批人：赵某某　　　　　　　　　　　　　2006 年 8 月 22 日					

行政处罚集体讨论记录

案由：某房屋拆迁工程有限公司擅自拆除不可移动文物某楠木厅案

讨论时间：　2006　年　8　月　23　日　10　时　05　分至　8　月　23　日　10　时　55　分

讨论地点：某市文化局会议室

主持人：孙某某　　　　　　　　　　　记录人：荀某某

出席人员姓名及职务：孙某某（市文化局局长）、关某某（市文化局副局长）、赵某某（市文化局副局长）、吴某某（市文化局纪检书记）、荀某某（市文化局办公室主任）、丁某某（市文化局文物处处长）

列席人员姓名及职务：李某某（某市文管办稽查员）、张某某（某市文管办稽查员）

办案人员介绍案情及提出案件初步处理意见：2006 年 6 月 8 日市文物行政执法人员现场检查时发现不可移动文物某楠木厅被某房屋拆迁工程有限公司擅自拆除，事实清楚，证据确凿。该公司行为违反了《中华人民共和国文物保护法》第二十条第三款规定，根据该法第六十六条第一款第三项规定，建议给予该公司罚款人民币二十万元整的行政处罚并追究民事责任。

讨论记录：2006 年 8 月 23 日上午，孙某某局长主持召开文化局局长办公会议，其中重要一项议程是听取某房屋拆迁工程有限公司擅自拆除不可移动文物某楠木厅违法情节严重的案情，由丁某某同志汇报了市文管办现场检查、办理案情的过程，李某某、张某某同志分别作了案情补充介绍，局领导仔细询问了文化局对某房屋拆迁工程有限公司的执法过程，并详细询问了依据的法律执行情况，之后与会人员进行了热烈的讨论。

赵某某：某楠木厅是某县人民政府 1988 年公布的文物保护点，具有很高的文物研究价值，是体现我市历史文化名城价值的重要组成部分。某房屋拆迁工程有限公司未经批准，擅自拆除不可移动文物某楠木厅，其行为违反了《中华人民共和国文物保护法》，应给予行政处罚。该违法行为事实清楚，证据确凿，造成了严重后果，使文物造成了不可挽回的损失，同意给予该公司罚款人民币二十万元的行政处罚。

关某某：尽管出口加工区是国务院批准的重点建设项目，但不可移动文物某楠木厅的保护必须严格按照《中华人民共和国文物保护法》的有关规定来执行，某房屋拆迁工程有限公司未经批准，擅自拆除不可移动文物某楠木厅的行为已经违法，就应给予相应的行政处罚。同意给予该公司罚款人民币二十万元的行政处罚。

吴某某：该案件事实清楚，拆房中明知是不可移动文物，却未经批准擅自拆除，造成了严重后果，社会影响恶劣，应予以行政处罚，鉴于该公司在案后能深刻认识，并积极配合案件处理，同意给予该公司罚款人民币二十万元的行政处罚。

荀某某：<u>同意。</u>

丁某某：<u>同意。</u>

孙某某：<u>该案件事实清楚，证据确凿，社会影响恶劣，适用法律正确。同意给予该公司罚款人民币二十万元的行政处罚。</u>

集体讨论结论性意见：<u>同意给予某房屋拆迁工程有限公司罚款人民币二十万元的行政处罚。</u>

参加讨论人签名：<u>孙某某　赵某某　关某某　吴某某　荀某某　丁某某</u>

文物行政处罚听证告知书

（某）文物罚听字［2006］第××号

某房屋拆迁工程有限公司：

　　你公司于 2006 年 6 月 8 日未经许可擅自拆除不可移动文物某楠木厅，事实清楚，证据确凿，违反了《中华人民共和国文物保护法》第二十条第三款规定：无法实施原址保护，必须迁移异地保护或者拆除的，应当报省、自治区、直辖市人民政府批准。根据该法第六十六条第一款第三项规定，本机关拟对你公司作出罚款人民币二十万元整的处罚。

　　根据《中华人民共和国行政处罚法》第四十二条规定，你公司有权要求举行听证。如你公司要求听证，应当在收到本通知三日内将回执单送达某市文化局文物处。（邮编：××××，联系电话：××××××，地址：某路××号）逾期视为放弃听证。

某市文化局（章）
2006 年 8 月 24 日

（本告知书一式三份）

回　执

（某）文物罚听字［2006］第××号

当事人姓名：　　　　性别：　　　出生年月：　　　工作单位：

联系地址：　　　　　　　　　　邮政编码：

单位名称：某房屋拆迁工程有限公司　　　　邮政编码：××××

电话：××××××　　　　　　地址：某市某路××号

法定代表人（负责人）：王某某　　　职务：董事长　　　电话：

是否要求听证：否　　　　当事人签名或盖章：王某某

2006 年 8 月 24 日

送达回证

受送达单位或公民	某房屋拆迁工程有限公司		
送达地点	某市文物管理委员会办公室		
受送达单位法人（负责人）	王某某		
送达文书名称	字号	签收时间	受送达单位（人）签章
文物行政处罚听证告知书	（某）文物罚听字［2006］第××号	2006年8月24日	王某某
不能送达理由			
送达人	李某某　张某某		
签发人			
备注			

注：1. 受送达人不在时，可由其单位或同住的成年家属代收。

　　2. 受送达人拒收时，送达人应记明拒收事实，由送达人或两名以上见证人签名，将送达文书留在受送达人的住所地，即视为送达。

文物行政执法案件审批表

（某）文物审字［2006］第××号

案由		某房屋拆迁工程有限公司擅自拆除不可移动文物某楠木厅案					
当事人	单位	名称	某房屋拆迁工程有限公司				
		地址	某市某路××号单位				
		法定代表人（负责人）	王某某	职务	董事长	电话	××××
	公民	姓名		性别		出生年月	
		住址			身份证号码		
	案件事实	2006 年 6 月 8 日市文物行政执法人员现场检查时发现不可移动文物某楠木厅被某房屋拆迁工程有限公司擅自拆除，经过调查查明该公司行为违反了《中华人民共和国文物保护法》第二十条第三款规定，根据该法第六十六条第一款第三项规定，给予该公司罚款人民币二十万元整的行政处罚。					
	告知及当事人陈述申辩	2006 年 8 月 24 日行政执法人员向该公司送达了文物行政处罚听证告知书，该公司在文物行政处罚听证告知书回执上表示放弃听证权。					
	办案人意见	按行政执法程序，将于 2006 年 8 月 27 日向某房屋拆迁工程有限公司送达行政处罚决定书。 　　办案人：李某某　张某某　　　　　　　　　2006 年 8 月 24 日					
	承办部门意见	同意办案人意见，请赵局审批。 　　负责人：丁某某　　　　　　　　　　　　　2006 年 8 月 25 日					
	领导审批意见	同意 　　审批人：赵某某　　　　　　　　　　　　　2006 年 8 月 25 日					

行政处罚决定书

（某）文物罚字〔2006〕第××号

当事人：某房屋拆迁工程有限公司

法定代表人或负责人：王某某，董事长

地　　址：某市某路××号

经查你公司于 2006 年 6 月 8 日擅自拆除不可移动文物某楠木厅，被我局文物行政执法人员现场检查时发现。某楠木厅为某县人民政府 1988 年公布的文物保护点，文物价值较高，你公司擅自拆除不可移动文物某楠木厅，使珍贵历史文化遗产遭到了不可挽回的损失，在社会上造成了严重影响。

以上事实有《现场检查笔录》、《询问调查笔录》、现场照片等为证，事实清楚，证据确凿，后果严重，违反了《中华人民共和国文物保护法》第二十条第三款规定。根据《中华人民共和国文物保护法》第六十六条第一款第三项规定，决定给予你公司罚款人民币二十万元整的行政处罚。

限你（单位）自收到本处罚决定书之日起十五日内将罚款缴纳某市财政局。到期不缴纳罚款的，每日按罚款数额的 3% 加处罚款。

如不服本处罚决定，可在收到本处罚决定书之日起六十日内，向某市人民政府或某省文物局申请行政复议；或三个月内直接向某市某区人民法院提起行政诉讼。期满不申请行政复议或不提起行政诉讼也不履行行政处罚决定的，本行政机关有权申请人民法院强制执行。

申请行政复议和提起行政诉讼期间，本处罚决定不停止执行。

某市文化局（章）

2006 年 8 月 27 日

送达回证

受送达单位或公民	某房屋拆迁工程有限公司		
送达地点	某市文物管理委员会办公室		
受送达单位法人（负责人）	王某某		
送达文书名称	字号	签收时间	受送达单位（人）签章
文物行政处罚决定书	（某）文物罚字〔2006〕第××号	2006年8月27日	王某某
不能送达理由			
送达人	张某某　李某某		
签发人	赵某某		
备注			

注：1. 受送达人不在时，可由其单位或同住的成年家属代收。

2. 受送达人拒收时，送达人应记明拒收事实，由送达人或两名以上见证人签名，将送达文书留在受送达人的住所地，即视为送达。

结案报告

案由	某房屋拆迁工程有限公司擅自拆除不可移动文物某楠木厅案		
当事人	某房屋拆迁工程有限公司	法定代表人或负责人	王某某
地址	某市某路××号	电话	××××××
立案时间	2006 年 6 月 13 日	办案人	李某某　张某某

主要案情：

  2006 年 6 月 8 日市文物行政执法人员现场检查时发现不可移动文物某楠木厅被某房屋拆迁工程有限公司擅自拆除，该公司擅自拆除不可移动文物某楠木厅的行为事实清楚，证据确凿，其行为违反了《中华人民共和国文物保护法》第二十条第三款规定。

处罚决定书字号及处罚内容：

  （某）文物罚字〔2006〕第××号

  给予某房屋拆迁工程有限公司罚款人民币二十万元整。

处罚执行情况：

  被处罚人已按照行政处罚决定书履行了行政处罚。

承办部门结案意见：

  同意结案

  负责人：丁某某　　　　　　　　　　　　　　2006 年 8 月 30 日

领导审核意见：

  同意结案

  审核人：赵某某　　　　　　　　　　　　　　2006 年 8 月 30 日

诉讼情况	
执行情况	
承办部门 结案意见	负责人：　　　　　　　　　　年　　月　　日
领导审核 意见	负责人：　　　　　　　　　　年　　月　　日

机关名称：<u>某市文化局</u>

承办人：<u>李某某　张某某</u>　　　　　结案日期：<u>2006 年 8 月 30 日</u>

某市文化局（章）

【案例评析】 该案是某房屋拆迁工程有限公司拆除不可移动文物案。该案案卷记载的行政执法行为具有以下特点：认定违法事实清楚，证据确凿；适用法律准确；程序合法；给予处罚适当，是比较优秀的行政处罚案卷。

认定事实清楚，证据确凿。 坐落在某市某区某镇的某楠木厅，1988年被列为文物点，有证据证明属于不可移动文物。保护该文物的措施是整体移动、拆除重建，是有条件的。拆除、重建是需要有资质的单位才能承揽，而某房屋拆迁工程有限公司不具有翻建、拆除古建筑的资质，擅自拆除了楠木厅，使楠木厅受到破坏，有照片、县文物局文件、询问笔录为证。该案案卷准确记载了违法行为的时间、地点等要素，认定违法事实是清楚的，证据是确凿的。

适用法律准确。 该案认定违法事实、给予二十万元罚款的行政处罚，分别依据《中华人民共和国文物保护法》第二十条第三款的规定和第六十六条第一款第三项的规定。引用的法律准确到了条、款、项，作出的行政处罚决定符合法定的处罚种类和幅度。而且在行政处罚决定书、调查终结报告、集体讨论、结案报告中适用的法律及其条款保持一致。适用法律是准确的。

程序合法。 该案每一执法环节都有相应的法律文书予以记载。在多份笔录中，记载了二名执法人员执法、出示证件、亮明身份的程序；处罚决定书、听证告知书均用送达回证送达了法律文书，使法律文书发生法律效力；因为该案违法行为的情节比较严重，给予当事人较大数额的罚款，因此行政机关一是依法履行了告知听证的程序，告知当事人具有听证的权利，二是在调查终结，领导批示上会集体讨论，负责人个人未作行政处罚决定；三是履行行政机关负责人集体讨论决定的程序，有集体讨论记录，并有处以二十万元罚款的结论性意见。看到二十万元的缴款书，证明本案执行完毕，二十万元罚款已执行入库。整个案件按照立案、调查取证、审查决定、送达执行的步骤实施行政处罚，符合规定的程序和规则。

给予的处罚适当。 楠木厅在1988年确认为文物，身份发生了质的变化，依法受到保护，楠木厅具有拆毁不可再生的性质，属于不可移动文物。擅自拆除楠木厅，楠木厅再不能复原。根据《中华人民共和国文物保护法》第六十六条第一款第三项的规定，"擅自迁移、拆除不可移动文物的"，"处五万元以上五十万元以下的罚款"，文物行政管理部门没有给予低限处罚，也没有给予高限处罚，根据造成的危害后果、社会影响以及当事人事后积极配合案件处理等情节，依法给予二十万元的处罚是适当的。

主要问题。 首先，没有被处罚主体资格身份证明。该案卷中没有发现某房屋拆迁工程有限公司的法人营业执照或者其他可以证明当事人能够独立承担法律责任的证明文件。无论在行政复议还是行政诉讼中，对实施行政处罚的主体和被处罚主体的资格进行审查，都是应有之程序。而该案没有对当事人的被处罚主体资格进行调查取证，是瑕疵之一。

其次，该案的书证类文书，其中"关于某楠木房拆除情况说明"属于证人证言，其他为传来证据，均为复印件证据。作为传来证据，其证明力是有限的，和其他证据同时使用才发挥其佐证的作用，如果孤立使用，就会失去证明力。最高人民法院《关于行政诉讼证据若干问题的规定》对行政诉讼证据从形式和内容做出了明确的规定，应当注意注明调取人或者提供人，签署时间。注明"经核对，与原件一致"等必要的内容说明。否则，不符合行政诉讼证据的要求。

另外，照片类证据，也应当注明拍摄地点、拍摄时间和拍摄人，否则将影响其证明力。

某轻工机械厂擅自在县级文物保护单位
保护范围内进行挖掘案

2006 年 2 月 14 日，某县文体广电综合执法大队接到举报，称有人在某县级文物保护单位保护范围内进行挖掘，执法人员于次日赶到施工现场进行调查了解，对现场进行了拍照，制作了现场检查笔录，2 月 15 日下发了停工通知书。3 月 16 日，某县文体广电综合执法大队对此事立案调查。经查，某轻工机械厂为了方便扩建厂房，2006 年 2 月 13 日上午，用挖土机将位于该厂厂区段的县级文物保护单位某城墙东南角挖出 5 米长的梯形缺口，2 月 14 日下午在距城墙东南角墙体底部挖出一个长 12 米、宽 9 米、深 3.5 米的坑，作为扩建厂房基础。

执法人员在随后的调查取证过程中，收集了该轻工机械厂的企业法人代码证、工商营业执照、法人代表身份证明、公布某县级文物保护单位的文件及保护范围图等相关证据，并对该厂的法人代表及证人进行了询问，证实了违法事实。根据调查取证的情况，某县文化广电新闻出版局认定某轻工机械厂的行为违反了《中华人民共和国文物保护法》第十七条的规定，根据《中华人民共和国文物保护法》第六十六条第一款第一项的规定，决定给予某轻工机械厂罚款人民币六万元的行政处罚，并按照行政处罚程序于 2006 年 4 月 5 日制发了《行政处罚听证告知书》，当事人当日提出了听证申请，4 月 25 日某县文化广电新闻出版局举行了听证会，根据听证会情况，经过集体讨论，决定减少罚款五千元。2006 年 5 月 8 日，某县文化广电新闻出版局制发了《行政处罚决定书》，某轻工机械厂于 2006 年 5 月 22 日履行了行政处罚决定，将五万五千元罚款交至当地行政罚款代收机构。

卷内主要文书目录

序号	文号	题名	日期	备注
1	某文物罚字〔2006〕第××号	行政处罚决定书	2006.5.8	
2	（某）文物（罚）送〔2006〕第××号	送达回证	2006.5.8	
3		立案呈批表	2006.3.16	
4	（某）文稽字〔2006〕第××号	文化（文物）市场现场检查记录	2006.2.14	
5	（某）文物停字〔2006〕第××号	违法建设停工通知书	2006.2.15	
6	（某）文（停）送〔2006〕第××号	送达回证	2006.2.15	
7		询问笔录	2006.2.15	
8		询问笔录	2006.3.3	
9		询问笔录	2006.2.14	
10		询问笔录	2006.2.14	
11		询问笔录	2006.2.14	
12		送达回证	2006.8.24	
13		案情调查报告	2006.3.24	
14	（某）文告字〔2006〕第××号	行政处罚事先告知书	2006.4.5	
15	（某）文（告）送〔2006〕第××号	送达回证	2006.4.5	
16	（某）文听字〔2006〕第××号	行政处罚听证告知书	2006.4.5	

续表

序号	文号	题名	日期	备注
17	（某）文（告）送 [2006] 第××号	送达回证	2006.4.5	
18	（某）文听字 [2006] 第××号	回执	2006.4.5	
19	（某）文听字 [2006] 第××号	听证通知书	2006.4.18	
20	（某）文（听）送 [2006] 第××号	送达回证	2006.4.18	
21		听证授权委托书	2006.4.24	
22		听证笔录	2006.4.25	
23		关于减轻行政处罚的申请	2006.4.29	
24		文化行政处罚集体讨论笔录	2006.4.30	
25		结案报告	2006.5.25	

行政处罚决定书

某文罚字［2006］第××号

当事人：某轻工机械厂

企业住所：某县某路××号

投资人：李某某

经本局查明：当事人为了方便扩建厂房，于 2006 年 2 月 13 日上午，擅自在县级重点文物保护单位某城墙保护范围内进行挖掘作业，动用挖土机挖掉了该文保单位某城墙东面南端墙体顶部 5 米长的梯形缺口，对该文保单位的本体造成了严重的毁坏。以上事实有"文化文物市场现场检查记录、现场拍摄照片和录像、县文物部门鉴定证明、李某某、任某某询问笔录及证人证言"为证，事实清楚，证据确凿。

某城墙是在 1986 年 4 月 25 日被某县人民政府公布为县级重点文物保护单位，当事人擅自在某城墙保护范围内进行挖掘作业的行为，已违反了《中华人民共和国文物保护法》第十七条规定。根据《中华人民共和国文物保护法》第六十六条第一款第一项规定，本局对当事人作出以下处罚：

罚款人民币五万五千元。

当事人自接到本处罚决定书之日起十五日内到某县工商银行某分理处（某路×号）缴纳罚款，逾期每日按罚款数额 3% 加处罚款。行政复议或行政诉讼期间本处罚决定不停止执行。

当事人如对本处罚决定不服，可在收到本处罚决定书之日起六十日内向某市文化广电新闻出版局或某县人民政府申请行政复议，也可在收到本处罚决定书之日起三个月内向某县人民法院提起行政诉讼。逾期不申请行政复议也不向人民法院提起行政诉讼，又不履行处罚决定的，本局将依法申请人民法院强制执行。

某县文化广电新闻出版局（章）

2006 年 5 月 8 日

送达回证

（某）文（罚）送〔2006〕第××号

送达文书名称	行政处罚决定书
受送达单位（人）	某轻工机械厂李某某
送达地点	某县某路××号
受送达单位（人）签章	李某某 收到时间：2006年5月8日15时10分
代收单位（人）签章	收到时间：　　年　月　日　时　分
代收理由：	
不能送达理由：	
送达人	王某某　　吴某某
备注：	某县文化广电新闻出版局（章） 2006年5月8日

注：1. 受送达人不在时，交其同住的成年家属或所在单位负责收件的人签收。

2. 受送达人或代收人拒绝接受或拒绝签名、盖章时，送达人可请其他或其他证人到场，说明情况，在送达书上注明拒绝事由和送达日期，由送达人、见证人签名或盖章，把文书留在他的住处或收发部门，即视为送达。

立案呈批表

立案单位：某县文体广电综合行政执法大队　　　　　　2006 年 3 月 16 日

案件来源	举报		
当事人	某轻工机械厂	法定代表人 （负责人）	李某某
经营地址	某县某路××号		
违法违章 事实	据举报，经省文物监察执法总队、县文体广电行政执法大队执法人员检查发现，该当事人为了方便扩建厂房，于 2006 年 2 月 13 上午，用挖土机挖掉了该厂区段级重点文物保护单位某城墙东面南端墙体顶部 5 米长的梯形缺口，同时又在 2006 年 2 月 14 日下午至 15 日上午，未经批准擅自在离某城墙东面南端墙体底部 1.8 米处，用挖土机挖掘了 12 米长、9 米宽、3.5 米深的坑，作为扩建厂房基础。		
立案主要 依据	该当事人的行为已违反了《中华人民共和国文物保护法》第十七条规定。		
办案人意见	建议立案。 　签名：王某某　吴某某 　　　　　　　　　　　　　　　　　2006 年 3 月 16 日		
稽查机构 负责人意见	同意。 　签名：钱某某 　　　　　　　　　　　　　　　　　2006 年 3 月 17 日		
文化行政 部门意见	同意。 　签名：吕某某 　　　　　　　　　　　　　　　　　2006 年 3 月 20 日		

文化（文物）市场现场检查记录

（某）文稽〔2006〕第××号

检查场所 （许可证号）	某轻工机械厂		法定代表人 （负责人）	李某某
检查时间	2006年2月14日10时　分		经营地址	某街道某路××号
检查人员 （执法证号）	王某某　吴某某		记录人	吴某某

检查情况：

　　据省文物监察执法总队举报，经查某轻工机械厂未经批准擅自对县级文物保护单位某城墙进行挖掘作业，挖除某城墙顶部（高30厘米—40厘米，长3.7米，南面被开出5米的口子）。

　　请于2006年2月15日时到某县文体广电综合行政执法大队接受检查。随带：法人代码证；工商执照复印件；法定代表人（负责人）身份证复印件等材料；如法定代表人（负责人）委托他人代理，须随带法定代表人（负责人）授权委托书及代理人身份证复印件。

　　执法单位地址：某街道某路××号　　联系电话：××××××

受检场所 负责人或 见证人意见 （签名）	李某某 联系电话：×××××× 2006年2月14日	执法单位 （章）	某县文化广电新闻出版 局（章）

违法建设停工通知书

（某）文物停字〔2006〕第××号

当事人：某轻工机械厂

法定代表人或负责人：李某某

地　址：某县某路××号

　　你（单位）未经文物行政管理部门批准，擅自在县级文物保护单位某城墙的保护范围、建设控制地带内进行施工建设的行为，已违反《中华人民共和国文物保护法》第十七条、第十八第之规定。

　　本行政机关责令你（单位）在接到通知后，立即停止施工，并写出书面情况，报 1/2000 的标有占地位置的地形图和建设平面图各一份于 2006 年 2 月 15 日之前送某县文化广电新闻出版局，听候进一步处理。

　　特此通知。

某县文化广电新闻出版局（章）
2006 年 2 月 15 日

单位地址：某街道某路××号

联系电话：×××××

送达回证

（某）文（停）送［2006］第××号

送达文书名称	违法建设停工通知书
受送达单位（人）	某轻工机械厂　李某某
送达地点	某县某路××号
受送达单位（人）签章	收到时间：　　年　月　日　时　分
代收单位（人）签章	任某 收到时间：2006 年 2 月 15 日 10 时 35 分
代收理由：	
不能送达理由：	
送达人	王某某　　吴某某
备注：	某县文化广电新闻出版局（章） 2006 年 2 月 15 日

注：1. 受送达人不在时，交其同住的成年家属或所在单位负责收件的人签收。

　　2. 受送达人或代收人拒绝接受或拒绝签名、盖章时，送达人可请其他或其他证人到场，说明情况，在送达书上注明拒绝事由和送达日期，由送达人、见证人签名或盖章，把文书留在他的住处或收发部门，即视为送达。

询问笔录

询问时间：2006 年　2　月　15　日　14　时　30　分

询问地点：某县某路××号某轻工机械厂（厂长室）

调查人（签名）：王某某　吴某某　　　　　　记录人（签名）：吴某某

被调查人姓名：李某某　　　　性别：×　　　　出生年月：19××年×月×日

职务：厂长　　　　　单位：某轻工机械厂　　　　电话：××××××

家庭住址：某街道某路×号

问：我们是县文化广电新闻出版局文体广电综合行政执法大队执法人员（出示执法证件），现对你进行依法询问，你要如实回答提问，否则，要追究你的法律责任，同时你有陈述、申辩的权利，你知道吗？

答：我知道的。

问：2006 年 2 月 13 日上午，某城墙挖个缺口是谁决定，作为何用途？

答：建拆老厂房屋顶（二楼）水塔，为了保护旁边邻居住房，拆了一个缺口（30 厘米—40 厘米高，长度 3.7—5 米城墙），是我叫挖土机开上去挖水塔挖除的。

问：你原厂房在某城墙什么位置，建于什么时候？

答：原厂房与城墙间距大约 40cm，建于 1980 年前后。

问：某城墙缺口是用什么机械或人工拆除的？

答：是雇用挖土机挖掉。

问：某城墙是某县重点文物保护单位，你知道吗？

答：我不晓得，认为老厂房旁边搬几个石头，为了拆除水塔方便。

问：你是否委托任某某搞施工。

答：没有委托过，具体在施工过程人不在。

问：离某城墙 1.8 米处挖了 9 米宽、长 12 米、深 3.5 米大坑，情况是否事实？

答：挖了大坑是事实，为了拆除原厂房建新厂房的基础设施。

问：国家对文物保护非常重视，也要求公民遵守。

答：一是我不知道某城墙是文物，二是这地方是我原厂房地址，我只不过是在原厂房地方想建新厂房，想不到牵动这么多单位。

问：以上谈话笔录是否事实。

答：是事实。

以上笔录我已看过，与我所说的相符。

李某某

2006 年 2 月 15 日

询问笔录

询问时间：2006 年 ___3___ 月 ___3___ 日 ___9___ 时 ___54___ 分

询问地点：某县文体广电综合行政执法大队副队长室（某街道某路××号）

调查人（签名）：<u>王某某　吴某某</u>　　　　　记录人（签名）：<u>吴某某</u>

被调查人姓名：<u>李某某</u>　　　性别：<u>×</u>　　　出生年月：<u>19××年×月×日</u>

职务：<u>厂长</u>　　　单位：<u>某轻工机械厂</u>　　　电话：<u>××××××</u>

家庭住址：<u>某街道某路×号</u>

问：我们是某县文体广电综合行政执法大队执法人员（出示执法证件），现依法对你进行询问，你要如实回答，否则要追究你的法律责任，知道吗？

答：知道的。

问：你厂址是在某县什么路？几号门牌？与营业执照注册的厂址是怎么一回事？

答：厂址在某县某路××号，营业执照是老的，厂址还没有变更过。

问：根据举报，2006 年 2 月 14 日上午我们文体广电执法大队执法人员（出示执法证件）检查发现，在你厂区西侧用挖土机挖掉某城墙（经我们测量缺口为 5 米，高 30—40 厘米），情况是否属实？

答：情况是属实。

问：当时挖缺口你本人在不在？

答：当时本人在的，当时叫熊某某挖掉厂房二楼顶水塔，在挖不到水塔的情况下，推土机驾驶员熊某某在城墙上挖个缺口，作为挖土机的停车位。

问：2006 年 2 月 14 日晚上，省文物监察总队到你厂检查时发现你在某城墙脚下用挖土机正在挖掘，并出示执法证件叫你们停止挖掘，你为什么又在 2 月 15 日上午还在继续挖掘？

答：14 日晚上没有挖掘过的，2 月 15 日上午是在挖掘过的，14 日晚上没有碰到过省里检查人员，也不知道，但厂区工作人员向我汇报过，有人在厂区里拍录像。

问：2006 年 2 月 15 日上午，省文物监察执法总队和我们在你厂检查时，还在挖掘，我们出具违法建设停工通知书，你才停止挖掘。2 月 15 日下午，经我们测量你在离爵溪城墙 1.8 米处，挖掘了 12 米长、3.9 米宽、3.5 米深的土坑，情况是否事实？

答：接到通知单，我当场就停止了，这个土坑是我们挖的是事实。

问：某城墙是县级文物保护单位，具体有界碑，有规定你是否知道的？

答：有界碑是知道的，城墙是文物不知道。

问：你挖了某城墙缺口和城墙脚下土坑是否到文物行政管理部门、土地部门、规划部门去审批过？

答：没有去审批过，人家造在城墙上的房子也没有去审批过的。

问：你与挖土机老板陈某某是什么关系，陈某某是什么施工单位？推土机驾驶员熊某某是谁叫来的？

答：我不知道陈某某什么施工单位，我只认得他。熊某某是谁叫过来施工的，我不知道。

问：你与任某和任某某是何种关系？

答：任某是我老婆，任某某是我舅子，是厂里副总。

问：你在某城墙上挖掘口子，严重违反了《中华人民共和国文物保护法》。

答：我不知道的。

问：以上询问笔录是否属实？

答：是事实。以上笔录我已看过，与我所说的相符。

李某某

2006 年 3 月 3 日

询问笔录

询问时间：<u>2006</u>年<u>　2　</u>月<u>　14　</u>日<u>　10　</u>时<u>　50　</u>分

询问地点：<u>某县某路××号（某轻工机械厂经理室）</u>

调查人（签名）：<u>王某某　吴某某　　　　</u>记录人（签名）：<u>吴某某　　　　　</u>

被调查人姓名：<u>任某　　</u>性别：<u>女　　</u>出生年月：<u>19××年×月　</u>

职务：<u>　　　　　　　　　</u>单位：<u>　　　　　　　　</u>电话：<u>　　　　　　　</u>

家庭住址：<u>某县某街道某路××号　　　　　　　　　　　　　　　</u>

问：我们是县文化市场综合执法大队（出示执法证件），现对你进行依法询问，你要如实回答提问，否则要追究你的法律责任，现时你有陈述、申辩的权利，你知道吗？

答：知道。

问：你家建什么房子？

答：是建厂（某轻工机械厂）。

问：法人代表是什么人？叫什么名字？

答：叫李某某，是我丈夫。

问：某城墙挖个缺口是谁叫挖土机挖的？

答：我不知道。

问：是什么时候开始挖土机挖土的？

答：是昨天挖的（2006年2月13日）

问：你丈夫李某某到什么地方去了？什么时候回来？

答：去某市了，什么时候回来不晓得。

问：以上谈话是否事实？

答：是事实。

任某

2006 年 2 月 14 日

询问笔录

询问时间：2006 年　2　月　14　日　10　时　25　分

询问地点：某轻工机械厂（某县某路××号经理室）

调查人（签名）：王某某　吴某某　　　　记录人（签名）：吴某某

被调查人姓名：熊某某　　性别：男　　出生年月：19××年×月

职务：推土机驾驶员　　单位：　　　　　　　电话：××××××

家庭住址：某镇某村××号

问：我们是县文化市场综合执法大队（出示执法证件），现对你进行依法询问，你要如实回答提问，否则要追究你的法律责任，同时你有陈述、申辩的权利，你知道吗？

答：知道。

问：你挖土是什么人叫你到某轻工机械厂（某县某路××号）？

答：是老板，姓陈名某某（陈某某），叫我做工。

问：你是什么时候来做工的。

答：是 2006 年 2 月 13 日上午来的。

问：某城墙的缺口是谁让挖？

答：是建房的房东（任某某是某轻工机械厂经理）

问：某城墙是县级文物保护点，你知道吗？

答：我不晓得。

问：以上谈话笔录是否事实？

答：是事实。

以上笔录属实。

　　　　　　　　　　　　　　　　　　　　　　熊某某

　　　　　　　　　　　　　　　　　　　　　　2006 年 2 月 14 日上午

询问笔录

询问时间：2006 年 2 月 14 日 10 时 27 分

询问地点：某县某街道某路××号

调查人（签名）：王某某 吴某某   记录人（签名）：吴某某

被调查人姓名：马某某   性别：男   出生年月：19××年×月

职务：_____ 单位：某县某协会   电话：×××××

家庭住址：某县某街道某路××号

告知：我们某县文广局综合行政执法大队执法人员（出示证件），现依法对你进行询问，你要如实回答提问，否则将依法追究你的法律责任，现时你也享有陈述和申辩的权利，知道吗？

答：知道的。

问：你对某县某街道某路老城墙历史遗址被某轻工机械扩建厂房人为破坏一事，你知道吗？

答：知道的。

问：该企业扩建厂房是什么时间动土的？

答：是 13 号上午开始的。

问：老城墙遗址是人工还是机械挖掘？

答：是挖土机挖的。

问：挖后破坏程度怎样？损坏程度如何？

答：已造成老城墙向北侧下挖30—40 厘米，长度3.7 米，南面被开出 5 米的口子的破坏。

问：该企业在挖掘时，有没有申报有关部门同意，或社区管理人员有没有阻止过？

答：有无申报不清楚，但我和社区居民刘某某一起出面阻止过，但招到对方无理骂声或不理睬。

问：你对该企业的这种行为有什么看法？

答：这是种破坏古城遗址的现象，是不行的，该老城墙已有6—7 百年历史了，应该受到保护。

告知：以上谈话笔录，请你仔细看后签字。

以上笔录我已看过，与我所说的相符

马某某

2006 年 2 月 14 日

案情调查报告

案由	擅自挖掘县级文物保护单位某城墙		
当事人	某轻工机械厂	法定代表人或负责人	李某某
地址	某县某街道某路××号	电话	××××××
立案时间	2006 年 3 月 16 日	办案人	王某某　吴某某

案件事实及证据

　　经本局查明：当事人为了方便扩建厂房，于 2006 年 2 月 13 日上午，用挖土机挖掉了厂区段县级重点文物保护单位某城墙东面南端墙体顶部 5 米长的梯形缺口，当事人的行为已严重地毁坏了该厂区段被保护城墙的本体。以上事实有文化文物市场现场检查记录、现场拍摄照片和录像、李某某、任某询问笔录及证人熊某某、马某某询问笔录为证。事实清楚，证据确凿。

处罚依据：

　　根据《中华人民共和国文物保护法》第六十六条第一款第一项规定。

办案人意见：

　　建议责令改正并处五万元至十五万元以下的处罚。

　　签名：王某某　吴某某　　　　　　　　　　　2006 年 3 月 21 日

审核意见：

　　同意。

　　签名：钱某某　　　　　　　　　　　　　　　2006 年 3 月 22 日

审批意见：

　　经局长办公会议研究决定：责令改正并处六万元罚款。

　　签名：吕某某　　　　　　　　　　　　　　　2006 年 3 月 24 日

行政处罚事先告知书

（某）文告［2006］第××号

当事人：某轻工机械厂　　　　　　　　　法定代表人：李某某

经营地址：某县某街道某路××号

　　经本局查明：当事人为了方便扩建厂房，于2006年2月13日上午，用挖土机挖掉了厂区段县级重点文物保护单位某城墙东面南端墙体顶部5米长的梯形缺口，当事人的行为已严重地毁坏了该厂区段被保护城墙的本体。以上事实有文化文物市场现场检查记录、现场拍摄照片和录像、李某某和任某询问笔录及证人叶某某、张某某询问笔录为证。事实清楚，证据确凿。当事人上述的行为已违反了《中华人民共和国文物保护法》第十七条规定。根据《中华人民共和国文物保护法》第六十六条第一款第一项规定。我局拟作出以下处罚：

　　责令改正并处罚款人民币六万元。

　　当事人如对拟作出的处罚有异议，可以在接到告知书之日起三日内提出陈述、申辩，符合听证要求的可以要求举行听证。逾期视为放弃上述权利。

某县文化广电新闻出版局（章）
2006年4月5日

执法机关地址：某县某街道某路×号　　　　邮编：××××

联系人：王某某　吴某某　　　　　　　　　电话：××××××

当事人意见（签章）：　　　　　　　　　　　2006年4月5日

（此表一式二份，正本交当事人，副本存档）

送达回证

（某）文（告）送［2006］××号

送达文书名称	《行政处罚事先告知书》
受送达单位（人）	某轻工机械厂 李某某
送达地点	某县某街道某路××号
受送达单位（人）签章	李某某 收到时间：2006 年 4 月 5 日 11 时　分
代收单位（人）签章	收到时间：　　年　月　日　时　分
代收理由：	
不能送达理由：	
送达人	王某某　张某某
备注：	某县文化广电新闻出版局（章） 2006 年 4 月 5 日

注：1. 受送达人不在时，交其同住的成年家属或所在单位负责收件的人签收。

2. 受送达人或代收人拒绝接受或拒绝签名、盖章时，送达人可请其他或其他证人到场，说明情况，在送达书上注明拒绝事由和送达日期，由送达人、见证人签名或盖章，把文书留在他的住处或收发部门，即视为送达。

行政处罚听证告知书

（某）文听字［2006］第××号

某轻工机械厂：

你单位为了方便扩建厂房，于 2006 年 2 月 13 日上午，用挖土机挖掉了你厂区段县级重点文物保护单位某城墙东面南端墙体顶部 5 米长的梯形缺口。因上述行为严重地毁坏该厂区段县级被保护城墙的本体，已违反了《中华人民共和国文物保护法》第十七条规定。根据《中华人民共和国文物保护法》第六十六条第一款第一项规定，本机关拟对你单位作出责令改正并处罚款人民币六万元的行政处罚。

根据《中华人民共和国行政处罚法》第四十二条的规定，你单位有权要求举行听证。如你单位要求听证，应当在收到本通知后三日内将回执送（寄）到某县文化广电新闻出版局，邮政编码××××，地址：某县某街道某路×号。联系电话 ×××××，逾期视为放弃听证。

某县文化广电新闻出版局（章）
2006 年 4 月 5 日

送达回证

（某）文（告）送［2006］第××号

送达文书名称	行政处罚听证告知书
受送达单位（人）	某轻工机械厂　李某某
送达地点	某县某街道某路××号
受送达单位（人）签章	李某某 收到时间：2006 年 4 月 5 日 11 时　分
代收单位（人）签章	收到时间：　　年　月　日　时　分
代收理由：	
不能送达理由：	
送达人	王某某　吴某某
备注：	某县文化广电新闻出版局（章） 2006 年 4 月 5 日

注：1. 受送达人不在时，交其同住的成年家属或所在单位负责收件的人签收。

　　2. 受送达人或代收人拒绝接受或拒绝签名、盖章时，送达人可请其他或其他证人到场，说明情况，在送达书上注明拒绝事由和送达日期，由送达人、见证人签名或盖章，把文书留在他的住处或收发部门，即视为送达。

回　执

（某）文听字［2006］第××号

当事人：李某某　　性别：×　　出生年月：19××年×月

工作单位：某轻工机械厂　　　　联系地址：某县某街道××号

单位名称：某轻工机械厂　　　　地址：某县某街道某路××号

邮政编码：××××××　　　　电话：××××××

法定代表人（负责人）：李某某　　职务：厂长　　电话：××××××

是否要求听证：要求听证

当事人签名或盖章：李某某　　　　2006年4月5日

听证通知书

某文听字〔2006〕第××号

李某某：

　　根据你（单位）的要求，本局决定于 2006 年 4 月 25 日 14 时 0 分在县文广局会议室对某城墙被毁一案举行听证，请届时出席。申请延期举行的，应在 4 月 24 日前向本局提出，由本局决定是否延期。无正当理由不出席的，按放弃听证权处理。

　　请参加人员携带证明本人身份的证件。如委托他人（1—2 人）代为参加听证，请提交委托人签名或者盖章的授权书，委托书应载明委托事项及权限。

　　附：《听证授权委托书》

本局联系人：许某某　　　　　　　　　　电话：××××××

　　　　　　　　　　　　　　　　　　某县文化广电新闻出版局（章）

　　　　　　　　　　　　　　　　　　2006 年 4 月 18 日

送达回证

（某）文（听）送［2006］第××号

送达文书名称	某县文化广电新闻出版局听证通知书
受送达单位（人）	李某某
送达地点	某县某街道某路××号
受送达单位（人）签章	收到时间： 年 月 日 时 分
代收单位（人）签章	任某 收到时间：2006 年 4 月 18 日 16 时 23 分
代收理由： 李某某外出	
不能送达理由：	
送达人	王某某 吴某某
备注：	某县文化广电新闻出版局（章） 2006 年 4 月 18 日

注：1. 受送达人不在时，交其同住的成年家属或所在单位负责收件的人签收。

2. 受送达人或代收人拒绝接受或拒绝签名、盖章时，送达人可请其他或其他证人到场，说明情况，在送达书上注明拒绝事由和送达日期，由送达人、见证人签名或盖章，把文书留在他的住处或收发部门，即视为送达。

听证授权委托书

某县文化广电新闻出版局：

我（单位）于 2006 年 4 月 18 日收到你局（某）文（听）字（2006）年第×
×号《听证通知书》，现委托以下人员代理我（单位）参加听证：

1. 姓名：牛某某　　　性别：×　　　年龄：××

　　工作单位：某县某公司

　　职务：法定代表人　　电话：××××××

　　委托权限：全权处理听证事宜

　　委托期限：2006 年 4 月 24 日至 2006 年 4 月 25 日

2. 姓名：　　　　　性别：　　　　　年龄：

　　工作单位：

　　职务：

　　委托权限：

　　委托期限：　　年　月　日至　　年　月　日

委托人：

法定代表人：李某某

2006 年 4 月 24 日

听证笔录

文化行政部门：某县文化广电新闻出版局

案由：擅自挖掘毁坏县级文物保护单位某城墙

时间： 2006 年 4 月 25 日下午 15：00

地点：某路××号文广局五楼会议室

听证主持人：许某某（局办公室主任）

记录人：钟某某（局办公室副主任）

当事人：某轻工机械厂

代表人或负责人：李某某

地址：某县某街道某路××号

电话：×××××

委托代理人：牛某某

工作单位：某县某公司法定代表人

委托代理人：＿＿＿＿＿＿＿＿＿＿＿＿＿＿

工作单位：＿＿＿＿＿＿＿＿＿＿＿＿＿＿

案件调查人员：王某某 吴某某

案件调查人员提出当事人违法的事实、证据和行政处罚建议：根据举报，经省文物监察执法总队、县文体广电综合行政执法大队执法人员调查，当事人为了扩建厂房，于 2006 年 2 月 13 日上午，叫人用挖土机挖掉了当事人区段县级重点文物保护单位某城墙东面南端墙体顶部 5 米长的梯形缺口，当事人的行为严重地毁坏了该厂区的保护城墙的本体。以上事实有文化文物市场现场检查记录、现场拍摄照片和录像，李某某、任某询问笔录及证人熊某某、马某某询问笔录为证。当事人的上述行为违反了《中华人民共和国文物保护法》第十七条规定。根据《中华人民共和国文物保护法》第六十六条第一款第一项规定，建议处以责令改正并处罚人民币六万元的行政处罚。

当事人申辩：情况如王某某副队长所说的相符，在厂房拆建时，挖机够不着，损坏了城墙，后来执法大队执法人员予以阻止，无异议。

主持人询问：当事人委托代理人，有无补充意见？

林某某：没有。

主持人询问：下面请案件调查人和当事人委托代理人做最后陈述：

双方辩论：

调查人员（王某某、吴某某）：本案当事人法定代表人李某某叫人用挖土机挖掉了当事人厂区的县级重点文物保护单位某城墙东面南端墙体顶部 5 米长的梯形缺口，系由李某某叫人开挖土机挖掉城墙部分，建议方就是李某某。另外，城墙被损也是事实存在的。

牛某某（委托代理人）：城墙有以下几个问题：一是该厂区段不是主体；二是被毁的责任是否全为某轻工机械厂有异议，当事人没有叫开挖土机的人把城墙去挖掉，说没有责任也是不现实的。

调查人（王某某）：建议方是某轻工机械厂，责任就在于建议方。

调查人（吴某某）：县文物部门鉴定结果是损坏了城墙主体，另外，在谈话笔录中有明确的表述，是某轻工机械厂所为，责任所在。

牛某某：某城墙 60% 是被毁坏的，现在也正在毁坏，如果要处理，那么他们怎么处理？我认为，此案李某某不能完全负担责任。

证据附后：1. 文化文物市场现场检查记录；2. 现场拍摄照片和录像；3. 李某某、任某询问笔录及证人熊某某、马某某询问笔录。

当事人签章：

委托代理人签名：牛某某

案件调查人员签名：王某某　吴某某

主持人签名：许某某

记录人签名：钟某某

关于减轻行政处罚的申请

某县文化广电新闻出版局：

鉴于 2006 年 2 月 13 号某城墙城垛被挖土机挖出了一个缺口，因老百姓不知是县文物，过失造成。现根据贵局教育宣传督促已把缺口修复，因条件有限，请求减轻行政处罚。

特此申请。

申请人：某轻工机械厂

李某某

2006 年 4 月 29 日

经请示局长同意减免五千元整

钱某某

2006 年 4 月 29 日

文化行政处罚集体讨论笔录

案由：擅自挖掘毁坏县级重点文物保护单位某城墙

参加人：胡某某、江某某、吕某某、许某某、钟某某、钱某某、王某某、吴某某

时间：__2006__ 年 __4__ 月 __30__ 日

主持人：胡某某

地点：局小型会议室

记录人：吴某某

  一、案件调查人员提出当事人违法的事实，证据和行政处罚建议：根据举报，经省文物监察执法总队和县文体广电综合行政执法大队执法人员查明，当事人为了方便扩建厂房，于2006年2月13日上午，擅自在县级重点文物保护单位某城墙保护范围内进行挖掘作业，动用挖土机挖掉了该文保单位某城墙东至南端墙体顶部5米长的梯形缺口，对该文保单位的本体造成了严重的毁坏。以上事实有文物市场现场记录、现场拍摄照片和录像、县文物部门鉴定证明，李某某、任某询问笔录及证人证言为证。当事人擅自在某城墙保护范围内进行挖掘作业的行为，已违反了《中华人民共和国文物保护法》第十七条规定，根据《中华人民共和国文物保护法》第六十六条第一款第一项规定予以处罚。

  二、听证会情况：案件调查人员提出当事人违法的事实清楚，证据确凿，适用法律法规准确，程序合法。当事人委托代理人无异议，只是心理不平衡，指的是过去其他单位和人也有毁坏某城墙的事。

  三、当事人请求：2006年2月13日某城墙用挖土机挖了一个缺口，是自己过失造成的，经局领导和执法大队工作人员宣传教育，已提高了文物保护意识，现已按县文物部门要求回填好墙脚下的大坑和修复被毁坏城墙的缺口。请考虑当事人事后的实际行为，在罚款数额上给予适当减轻。

  四、集体讨论结论性意见：1. 此案违法事实清楚，证据确凿；2. 依据《中华人民共和国文物保护法》第六十六条第一款第一项规定处罚，根据当事人的陈述、请求，本局对当事人作出五万五千元的罚款；3. S处理此案必须把好有关政策法律，做到程序合法，经得起行政复议和行政诉讼。

参加讨论人签名：胡某某、江某某、吕某某、许某某、钟某某、钱某某、王某某、
   吴某某

结案报告

行政处罚决定书编号		（某）文罚字［2006］××号	
当事人	某轻工机械厂	法定代表人（负责人）	李某某
经营地址	某县某街道某路××号		

结案情况：经查明，当事人于 2006 年 2 月 13 日上午，擅自在县级重点文物保护单位某城墙保护范围内进行挖掘作业，动用挖土机挖掉了该文保单位某城墙东面南端墙体顶部 5 米长的梯形缺口，对该文保单位的本体造成了严重的毁坏。以上事实有"文化文物市场现场检查记录、现场拍摄照片和录像、县文物部门鉴定证明、李某某、任某询问笔录及证人证言"为证。当事人擅自在某城墙保护范围内进行挖掘作业的行为，已违反了《中华人民共和国文物保护法》第十七条规定。

本案经过：3 月 16 日立案。4 月 5 日送达行政处罚告知书和行政处罚听证告知书，告知当事人依法享有陈述、申辩、听证的权利，当事人当天提出听证要求。4 月 18 日本局送达听证通知书和听证授权委托书。4 月 25 下午本局举行听证会，当事人委托代理人参加。根据听证情况和当事人请求，5 月 8 日本局根据《中华人民共和国文物保护法》第六十六第一款第一项规定，对当事人作出五万五千元的行政处罚，并于当日送达。当事人已于 5 月 22 日缴清罚款。

现申请结案。

经办人：（签名）王某某　吴某某　　　　　　　2006 年 5 月 25 日

文化行政部门意见	同意结案
	某县文化广电新闻出版局（章）
	吕某某
	2006 年 5 月 25 日

　　【案例评析】该案是某轻工机械厂擅自挖掘毁坏文物案。该案认定事实清楚，证据确凿，适用法律准确，程序合法，给予的处罚适当。

　　认定事实清楚，证据确凿。某城墙是抗击倭寇的历史遗址，1986 年已经确认为县级重点保护文物。某轻工机械厂未经批准擅自挖掘，有现场勘验、照片、询问笔录为证。违法事实是清楚的，证据是确凿的。该案案卷准确记载了违法行为的时间、地点、情节、程度和后果，卷内证据能够证明违法行为的性质、情节、程度和危害后果。但其中有一个细节值得工作中思考，在听证中，当事人强调不知道某城墙是文物，又说曾经有单位挖过城墙，显然这些理由是不成立的，不能逃避法律对其的惩罚，但假设当事人如果知道了是违法行为而就不去做的话，那会避免很多国家财产的损失，这提醒我们日常的宣传和管理工作的重要性，事后的行政处罚只是手段，教育是目的。

　　适用法律准确。该案案卷中涉及法律适用的文书主要有：立案审批、责令停止施工通知书、听证告知书、集体讨论记录、行政处罚决定书、审批表、结案报告等 7 份文书，其中认定违法行为适用《中华人民共和国文物保护法》第十七条的规定，给予行政处罚适用第六十六条第一款第一项的规定，统一准确。作出的行政处罚决定符合法定的处罚种类和幅度。

　　程序合法。调查取证中二名执法人员，出示证件，亮明身份；停工通知，现场勘验，制作笔录；听证告知，举行听证；集体讨论；作出决定；送达执行，这是该案中履行的主要程序，应当履行的程序全部履行，比较严谨，符合规定的程序和规则，并且每一执法环节都有相应的法律文书予以记载。程序合法说明行政机关按照法律制度办案，制度是实体的保障，这些法律制度有效地规范了行政机关和执法人员的执法行为。

　　给予的处罚适当。某城墙在当地应该是比较重要的县级保护文物了，擅自挖掘、毁坏文物，开始拟作出罚款六万元的处罚，后经过听证程序，根据当事人的违法情节和修复城墙缺口等补救、改正行为，尽力消除违法行为的影响，最终作出罚款五万五千元的决定，是适当的。

　　主要问题。关于作出和减免罚款的程序，该案作出行政处罚的罚款决定最终是经过集体讨论决定的，程序合法，但中间过程有的文书记载有瑕疵，如调查报告中审批意见的表述以及在当事人减轻处罚申请书上关于减免决定的表述都容易造成程序上的误解。当事人申请减免五千元，局长个人同意减免是不合程序的，应当经过集体讨论决定，并且根据法定的情节、理由，比如本案中及时停止施工、填埋修复、恢复原状，这些都可以作为减轻的因素考虑。关于处罚决定书的落款时间，作为法律文书，其时间关系到程序的合法性问题，落款时间不是随意由打字人员决定的，应当和作出处罚决定的时间保持一致，建议该案中处罚决定书时间和集体讨论决定时间一致。关于传来证据的形式要件问题。本案中法定代表人身份证的复印件、该公司营业执照的复印件、某县政府的有关文件复印件等证据，均属于传来证据。对此，最高人民法院《关于行政诉讼证据若干问题的规定》对证据的形式要件有明确要求，形式要件问题有可能导致证据无效。应当对传来证据注明"经核对，与原件一致"等内容，做必要的说明。行政机关送达行政处罚决定书时，同时送达了缴款书，建议送达文书上注明送达缴款书、行政处罚决定书及文号。询问笔录应当记载起止时间，本卷中只有开始时间而没有停止询问的时间，要素不完整。

某学校擅自在全国重点文物保护单位
建设控制地带内进行建设工程案

　　2005 年 12 月 2 日，某市文物管理局接群众举报称某学校在某全国重点文物保护单位附近进行工程建设，执法人员随即到现场进行调查了解，发现某学校在校区东部开挖了一个 36 米×36 米，深 1.3 米的方坑，准备建设学校的图书馆，建筑主体位于某全国重点文物保护单位建设控制地带内，执法人员对施工现场进行了拍照，制作了《现场检查笔录》。当日某市文物管理局对此事进行立案，12 月 5 日给某学校下发了《停工通知书》。

　　执法人员在随后的调查取证过程中，收集了该学校的法人代码证、法人代表身份证明、受委托人身份证明、公布全国重点文物保护单位的文件及保护范围、建设控制地带图等相关证据，并对该厂授权委托人进行了询问，证实了违法事实。根据调查取证情况，某市文物管理局认定某学校的行为违反了《中华人民共和国文物保护法》第十八条的规定，经过集体讨论，依据《中华人民共和国文物保护法》第六十六条第一款第二项的规定，决定给予某学校罚款人民币五万元的行政处罚，并于 2005 年 12 月 12 日制发了《行政处罚事先告知书》，某学校在法定期限内未提出听证。2006 年 1 月 6 日，某市文物管理局制发了《行政处罚决定书》，某学校在法定期限内履行了行政处罚决定，于 2006 年 1 月 13 日将五万元罚款交至当地行政罚款代收机构。

卷内主要文书目录

序号	文号	题名	日期	备注
1		某市文物管理局 行政执法现场检查笔录	2005.12.2	
2		某市文物管理局 行政执法询问（调查）笔录	2005.12.2	
3		某市文物管理局 行政执法立案呈批表	2005.12.5	
4	文物停通字 ［05］第××号	某市文物管理局 行政执法停止违法施工通知书	2005.12.5	
5		某市文物管理局 行政执法送达回证	2005.12.5	
6		某市文物管理局 行政执法案件处理审批表	2005.12.7	
7		文物行政执法案件讨论记录	2005.12.9	
8	编号××××	某市文物管理局 行政执法行政处罚事先告知书	2005.12.12	
9		某市文物管理局 行政执法送达回证	2005.12.12	
10	文物（罚）字 ［06］第××号	某市文物管理局 行政执法行政处罚决定书	2006.1.6	
11		某市文物管理局 行政执法送达回证	2006.1.6	
12		某市文物管理局 行政执法处罚案件结案报告	2006.1.17	

某市文物管理局
行政执法现场检查笔录

<table>
<tr><td rowspan="4">当事人</td><td rowspan="2">单位</td><td>名称</td><td>某学校</td><td>地址</td><td colspan="2">某市某路××号</td></tr>
<tr><td>法定代表人</td><td>王某某</td><td>电话</td><td colspan="2">××××××</td></tr>
<tr><td rowspan="2">个人</td><td>姓名</td><td></td><td>性别</td><td></td><td>电话</td><td></td></tr>
<tr><td>住址</td><td></td><td>证件号码</td><td></td><td></td><td></td></tr>
</table>

检查机构	某市文物管理局文物监察大队	记录人	张某某
检查人	李某某　张某某	检查时间	2005 年 12 月 2 日

现场检查情况记录：

　　接到群众举报后，执法队人员赶到某市某路××号某学校院内，发现在校区东部已开挖了一个面积为 36 米×36 米，深度为 1.3 米方坑，后经了解。该项目为某学校图书馆工程，建设单位计划桩基施工，该项目位于全国重点文物保护单位——某遗址建设控制地带内，未经文物行政部门同意。

被检查人（单位）签章：陈某某　　　　　　　　检查人签名：张某某　李某某

某市文物管理局
行政执法询问（调查）笔录

时间：2005 年　12　月　2　日　15　时　40　分至　15　时　55　分

地点：某市文物监察大队办公室

询问人：李某某　张某某　　　　　　职务：　　　　　记录人：张某某

被询问人；陈某某　　　　性别：×　年龄：××　　　与案件关系：

工作单位：某学校　　　　职务：总务科长　　　　电话：××××××

地址：某路××号　　　　　邮编：××××××

问：我们是文物监察大队的执法人员李某某，张某某，现就你单位在某路××号院内建设图书馆一事进行调查，你要如实回答，我们的执法编号分别为：××××、××××，你看一下，看清楚了吗？

答：看清楚了。

问：你单位建设的图书馆项目何时动工？现在工程进度到什么程度？

答：2005 年 11 月初，现在基础已经处理完了。

问：你知道不知道你单位施工的地方在全国重点文物保护单位——某遗址的建设控制地带内？

答：知道。

问：你单位有无某省文物行政部门同意的相关手续？

答：没有。

问：当时为什么不办文物手续？

答：当时因为市里催得紧，再一个这是拆过重建的。

问：你对这件事有什么认识？下一步打算怎么样？

答：以前对文物法的认识不够，下一步尽量配合文物部门补办文物手续。

以上所写是否属实，请签字确认。

被询问人签章：陈某某　　　　　　　　　　　　　询问人签字；李某某　张某某

某市文物管理局
行政法立案呈批表

案件来源	接举报		
违法单位（个人）	某学校	法人代表	王某某
单位（个人）地址	某市某路××号		
主要违法事实	接到群众举报后，执法人员赶到某市某路××号某学校院内，发现在校区东部已开挖了一个面积为 36 米×66 米，深度为 1.3 米的方坑，后经了解该项目为某学校图书馆工程，建设单位计划桩基施工，该项目位于全国重点文物保护单位——某遗址的建设控制地带，未经文物行政部门同意。		
办案人意见	当事单位的上述行为涉嫌违反《中华人民共和国文物保护法》第十八条之规定，建议立案查处。 　　　　　　　　办案人：张某某　李某某 　　　　　　　　2005 年 12 月 5 日		
部门负责人意见	拟同意立案。 　负责人：金某某 　　　　　　　　2005 年 12 月 5 日		
主管局长意见	同意 　局长：杨某某 　　　　　　　　2005 年 12 月 5 日		

某市文物管理局
行政执法停止违法施工通知书

文物停通字 ［05］ 第××号

某学校：

你单位在某市某路××号建设的某学校图书馆工程，地处全国重点文物保护单位——某遗址建设控制地带，项目未经文物行政部门同意。该行为违反了《中华人民共和国文物保护法》第十八条的规定，属违法施工。依据《中华人民共和国文物保护法》第六十六条第一款第（二）项的规定，你单位须于收到本通知书之日起当日内停止违法施工，听候处理。

特此通知。

某市文物管理局（章）

2005 年 12 月 5 日

地址：某路××号　　　　　　　邮编：×××××

联系人：金某某　　　　　　　　电话：×××××

某市文物管理局
行政执法送达回证

受送达单位（人）名称	某学校		
受送达单位（人）地址	某路××号		
送达文件名称	文件字号	收到时间	受送达单位（人）名称
停止违法施工通知书	文物停通字〔05〕第××号	2005 年 12 月 5 日	梁某某　2005 年 12 月 5 日
		年　月　日	
		年　月　日	
		年　月　日	
		年　月　日	
		年　月　日	
不送达理由			
签发人	金某某	送达人	张某某　李某某

注：1. 受送达人不在时，由其家属签收。

2. 发生拒收情况时，应记明拒收事件和日期，由送达人、见证人签名或者盖章，将送达文件留在受送达人的住处，即视为送达。

某市文物管理局
行政执法案件处理审批表

违法单位（个人）：某学校

立案时间：2005 年 12 月 5 日

承办人意见：接到群众举报后，执法人员赶到某市某路××号某学校院内，发现学校校区东部已开挖了一个面积为 36 米 ×66 米，深度为 1.3 米的方坑，后经了解，该项目为某学校图书馆工程，建设单位计划桩基施工，该项目位于全国重点文物保护单位——某遗址的建设控制地带内，建设单位——某学校未能提供经文物行政部门同意的相关手续，这一行为违反了《中华人民共和国文物保护法》第十八条之规定，依据《中华人民共和国文物保护法》第六十六条第一款第（二）项规定，建议给予单位罚款人民币五万元（50000）的行政处罚。

　　附：1. 现场检查笔录；2. 询问笔录；3. 取证照片 4. 文物平面图

签字：张某某　李某某	2005 年 12 月 7 日
拟同意承办人意见　金某某	2005 年 12 月 7 日
提交办公会研究　杨某某	2005 年 12 月 7 日

文物行政案件讨论记录

案由：某学校违法建设图书馆项目

讨论时间：2005 年　12　月　9　日　9：15—10：15

讨论地点：某市文物管理局会议室

主持人；杨某某　　　　　　　　　　　　记录人：张某某

出席人员姓名及职务：叶某某（文物局局长）　杨某某（副局长）　金某某（文物监察大队大队长）　李某某（文物监察大队办案人员）　张某某（文物监察大队办案人员）

办案人员介绍案情及提出案件初步处理建议：李某某：接到群众举报后，我们赶到某市某路××号某学校院内，发现学校校区东部已开挖了一个面积为 36 米×66 米，深度为 1.3 米的方坑，后经了解该项目为某学校图书馆工程，建设单位桩基施工，该工程地处全国重点文物保护单位——某遗址的建设控制地带，未经文物行政部门同意，当事人这一行为违反了《中华人民共和国文物保护法》第十八条的规定，依据《中华人民共和国文物保护法》第六十六条第一项第（二）项规定，建议给予罚款人民币五万元（50000）的行政处罚。

讨论记录：张某某：以上李某某所说，我们有当事方提供的钻探资料，《现场检查笔录》、《询问笔录》等证据，另外，在我们执法过程中，某学校一直非常配合，积极地提供一些资料，要求其停工时，也能马上停止违法施工，因此办案人员建议对其从轻处罚，罚款人民币五万元（50000）。

金某某：从办案人员介绍的情况来看，其单位——某学校虽违反了文物法，但认识态度较好，积极配合文物部门的工作，且其建设的图书馆项目经过了钻探，只是当本人并不知情对方是非法的钻探队伍，在了解内情后，就立即停止违法施工配合文物部门接受处罚，因此，我同意办案人员意见，对其从轻处罚；罚款人民币五万元（50000）。

杨某某：隋唐东都城遗址是全国重点文物保护单位，从办案人员介绍来看，本人虽违反了文物法，但认识态度较好，并表示愿意积极配合文物部门采取保护措施，我原则上也同意大家的意见，但罚款是我们执法办案人员的一种手段，而不是目的，通过此次处罚，应当达到教育本人遵守文物法律法规的目的，同时也是对文物法律、法规最有效的宣传

叶某某：经济要发展，城市要建设，文物要保护。文物保护与基层建设始终是对矛盾，如何解决？还是那句话，要坚持"两有利"方针，另一方面对那些不履行文物程序，擅自施工建设，不配合文物部门进行保护措施的违法单位要从严打击，根据

上述所说的本单位的综合情况来看，我同意办案人员的意见，对其从轻处以罚款人民币五万元（50000）。

案件处理意见：对在某遗址建设控制地带内违法建设图书馆工程的某学校给予人民币五万元（50000）的行政处罚。

出席人员签字：叶某某　杨某某　金某某　张某某　李某某

领导意见：根据集体讨论意见，对在某遗址建设控制地带违法建设图书馆工程的某学校给予罚款人民币五万元（50000）的行政处罚，并按程序向其下达法律文书。

某市文物管理局
行政执法行政处罚事先告知书

编号××××

被告知单位（人）：某学校

地址：某市某路××号

　　经查，你单位在某市某路××号建设的某学校图书馆工程，地处全国重点文物保护单位——某遗址的建设控制地带，未经文物行政部门同意。这一行为违反了《中华人民共和国文物保护法》第十八条之规定，依据《中华人民共和国文物保护法》第六十六条第一款第（二）项之规定，我局拟对你单位作出罚款人民币五万元整（50000 元）的行政处罚。

　　如你单位对此有异议，根据《中华人民共和国行政处罚法》第三十一条、第三十二条、第四十二条之规定，可在 2005 年 12 月 16 日前到我局进行陈述和申辩；并可在收到本告知书后三天内向我局提出听证。逾期视为放弃陈述、申辩或听证。

地址：某路××号

联系电话：××××

联系人：金某某

某市文物管理局

2005 年 12 月 12 日

某市文物管理局
行政执法送达回证

受送达单位（人）名称	某学校		
受送达单位（人）地址	某路××号		
送达文件名称	文件字号	收到时间	受送达单位（人）名称
行政处罚事先告知书	××××	2005 年 12 月 12 日	梁某某 2005 年 12 月 12 日
		年　月　日	
		年　月　日	
		年　月　日	
		年　月　日	
		年　月　日	
不送达理由			
签发人	杨某某	送达人	李某某　张某某

注：1. 受送达人不在时，由其家属签收。

　　2. 发生拒收情况时，应记明拒收事件和日期，由送达人、见证人签名或者盖章，将送达文件留在受送达人的住处，即视为送达。

某市文物管理局
行政执法行政处罚决定书

文物（罚）字［06］第××号

当事单位（人）：某学校

地址：某市某路××号

法定代表人：王某某

你单位在某市某路××号院建设的某学校图书馆工程，地处全国重点文物保护单位——某遗址的建设控制地带，施工前未经文物行政部门同意。该行为违反了《中华人民共和国文物保护法》第十八条之规定，属违法施工。依据《中华人民共和国》第六十六条第一款第（二）项规定，我局决定对你单位作出罚款人民币五万元整（50000 元）的行政处罚。

你单位应当自收到本处罚决定之日起 15 日内将罚款交至某市非税收财政专户（全称：某市财政局，开户行：某市商业银行某支行，账号：××××××），逾期不缴纳罚款的，每日按罚款数额的 3% 加处罚款。

如不服本决定，可在接到处罚决定书之日起 60 日内向某省文物管理局或某市人民政府提请行政复议，或者在 3 个月内直接向人民法院起诉。

逾期不申请行政复议，不起诉也不履行本处罚决定的，本机关将申请人民法院强制执行。

某市文物管理局

2006 年 1 月 6 日

某市文物管理局
行政执法送达回证

受送达单位（人）名称	某学校		
受送达单位（人）地址	某路××号		
送达文件名称	文件字号	收到时间	受送达单位（人）名称
《行政处罚决定书》	文物（罚）字〔06〕第××号	2006 年 1 月 6 日	梁某某2006 年 1 月 6 日
		年　月　日	
		年　月　日	
		年　月　日	
		年　月　日	
		年　月　日	
不送达理由			
签发人	杨某某	送达人	张某某　李某某

注：1. 受送达人不在时，由其家属签收。

　　2. 发生拒收情况时，应记明拒收事件和日期，由送达人、见证人签名或者盖章，将送达文件留在受送达人的住处，即视为送达。

某市文物管理局
行政执法处罚案件结案报告

结案时间自　2005 年10 月 2 日至2006 年 1 月 17 日

办案机关：某市文物监察大队　　　　办案人；李某某　张某某

　　简要案情及调查经过：2005 年 12 月 2 日执法人员接到举报，位于某路××号院某学校院内正在违法施工，后经调查，该工程为某学校图书馆工程，地处全国重点文物保护单位——某遗址建设控制地带，未经文物行政部门同意。

　　处理情况：该单位的违法行为违反了《中华人民共和国文物保护法》第十七条规定，依据《中华人民共和国文物保护法》第六十六条第一款第（一）项之规定，对其实施罚款人民币五万元（50000 元）的行政处罚。

　　执行情况；某学校已将罚款转至某市非税财政专户，金额为人民币五万元（50000）元。

　　结案建议；鉴于某学校较积极配合文物部门交纳罚款，另外对之违法也有新的认识，态度较好，建议结案。

　　办案人；张某某　李某某

　　某市文物管理局（章）

　　　　　　　　　　　　　　　　　　　　同意结案归档
　　　　　　　　　　　　　　　　　　　　　　金某某
　　　　　　　　　　　　　　　　　　　　2006 年 1 月 17 日

【案例评析】 该案是某学校在全国文物保护单位某遗址建控制地带内违法建设案。该案认定事实清楚，证据确凿，适用法律准确，程序合法，给予处罚适当。

认定事实清楚，证据确凿。 某学校开槽兴建的图书馆，位于某遗址保护范围建设规划控制地带，有规划图纸为证。同时现场勘验有照片为证。询问笔录证明，施工单位强调的是工期紧，没来得及办手续。而钻探四面图，证明考古人员曾经在图书馆选址的位置上，进行过考古工作。本卷中如对二者的关系有足够的论证说明更能说明问题。挖槽开工，36米乘66米，深1.3米的坑，调查认定的违法事实清楚，取得的证据合法、有效。

适用法律准确。 该案认定违法事实适用《中华人民共和国文物保护法》第十八条的规定，给予五万元行政处罚适用第六十六条第一款第（二）项的规定，引用的法律准确到了条款项，作出的行政处罚决定符合法定的处罚种类和幅度。适用法律准确还表现在该案卷文书中适用法律的一致性，如立案、停工、审批、讨论、告知决定书、处罚决定书等文书中适用法律条款一致。

程序合法。 该案履行了行政处罚法规定的有关程序，按照立案、调查取证、审查决定、送达执行的步骤实施行政处罚，符合规定的程序和规则，执法环节有相应的法律文书记载。比如二名执法人员调查取证、出示证件、亮明身份；现场勘验、询问调查；告知权利；集体讨论决定；送达执行等。

给予的处罚适当。 该全国重点文物保护单位划定了一大片建设控制地带，作为建设甲方不知道是不可能的，应当严格依法予以处理。幸亏文物没有遭到破坏和流失，当事人也能够配合执法机关，立即停止违法行为，罚款五万元是适当的。

主要问题。 1. 在告知书中，告知陈述申辩权和告知听证权使用了同一份文书欠妥。一般程序的行政处罚案件告知陈述申辩权；而告知听证是一般程序中需要构成条件的或者达到条件的案件，和陈述申辩权相比，条件限制得比较严格，如停产停业、吊销许可证或执照、较大数额的罚款。时限也有规定，听证要求3日内递交申请书，超过3日不递交申请书，视为放弃听证权。而陈述申辩权没有时限限制，一般认为做出决定前的任何一个时段都可以进行陈述申辩。该案处罚五万元，是否属于较大数额的罚款，没有交代，告知权利通知书因共用一份文书，告知陈述申辩权或告知听证权不得而知。建议告知陈述申辩权时候，将告知听证内容删去，告知听证时，将告知陈述申辩权内容删去。2. 关于传来证据的形式要件问题。该案中执法证复印件、图纸复印件、照片等证据，均属于传来证据，对这些传来证据没有确认说明。复印件证据与勘验、询问笔录等直接证据相比，其证明力较低，形式要件比较严格。对此，最高人民法院《关于行政诉讼证据若干问题的规定》对证据的形式要件有明确要求，形式要件问题有可能导致证据无效。应当对传来证据注明"经核对，与原件一致"，做必要的说明。3. 案卷中多数文书适用法律都适用《中华人民共和国文物保护法》第十八条的规定，而只有结案报告适用的是《中华人民共和国文物保护法》第十七条的规定，可能是笔误，应当尽量避免细节导致的错误。

第四部分

文物行政处罚示范案卷

某钢材料有限公司未取得文物保护工程资质证书擅自修缮省级文物保护单位案

2006 年 12 月 7 日，某市某文物行政机关所属的市文物监察机构接到群众来电举报，反映位于某市某区的省级文物保护单位——某路近代建筑群之某饭店西楼内正在进行施工，要求查处。接报后执法人员即赴现场调查。经现场检查，发现该文物保护单位西楼内部有结构性加固施工的行为，施工单位是某钢材料有限公司，检查时该施工行为已经结束。根据文物法律、法规的规定，对省级文物保护单位的修缮施工应当报省文物行政部门批准，且施工单位必须具有文物保护工程资质证书，但检查中某钢材料有限公司无法提供文物保护工程资质证书，针对该钢材料有限公司的上述行为市某文物行政机关决定立案调查，案由为“某有限公司涉嫌未取得文物保护工程资质证书擅自从事省级文物保护单位的修缮案”，承办机构为市文物监察机构。（同期另案调查的还有修缮单位对该文物保护单位进行修缮的行为是否经过批准）。

调查过程中执法人员制作了施工现场的检查（勘验）笔录，拍摄了现场照片，询问了涉案当事人某钢材料有限公司的法定代表人及其他的相关知情人，收集了该公司的企业法人营业执照、施工协议书等书面材料，以及国家文物局文件《关于发布保护工程勘查设计、施工单位资质的通知》和《某省文物局关于发布我省首批文物保护工程勘查设计、施工单位资质的通知》等相关证据，查清了主要事实，随后有关部门就当事人的行为是否已造成严重后果予以了认定。因当事人的行为涉嫌违反《中华人民共和国文物保护法》第二十一条第三款的规定，2007 年 1 月 3 日市文物行政机关向当事人送达了《行政处罚听证告知书》，拟对当事人处以罚款计人民币六万元整，应当事人的要求，市某文物行政机关于 2007 年 2 月 2 日举行了听证会，当事人在听证会上对本案事实没有异议也未提出新的证据，但提出其完全按修缮方的要求进行施工，双方签有工程协议，不应承担违法责任，希望免于行政处罚。市文物行政机关在充分听取后认为当事人的意见不能成立。

根据调查结果，市某文物行政机关认定某钢材料有限公司的行为违反了《中华人民共和国文物保护法》第二十一条第三款的规定，属未取得文物保护工程资质证书擅自从事省级文物保护单位的修缮行为。经过集体讨论决定根据《中华人民共和国文物保护法》第六十六条第一款第（六）项的规定，对当事人某钢材料有限公司作出罚款计人民币六万元整的行政处罚，并于 2007 年 2 月 16 日向当事人送达了行政处罚决定书。当事人未提起行政复议及诉讼，并于 2007 年 3 月 2 日将人民币六万元整的罚款缴至指定银行，履行了行政处罚决定。根据办案流程案件于 2007 年 3 月 6 日结案归档。

卷内文书目录

序号	文号	题名	日期	备注
1	某文物罚决字〔2007〕第（2）号	行政处罚决定书	2007.2.13	
2	某文物罚回证字〔2007〕第（5）号	送达回证	2007.2.16	
3		投诉举报受理（登记）表	2006.12.7	
4		立案审批表	2006.12.7	
5		协助调查函	2006.12.7	
6	某文物罚责改通字〔2006〕第（11）号	责令改正通知书	2006.12.7	
7	某文物罚回证字〔2006〕第（31）号	送达回证	2006.12.7	
8		现场检查（勘验）笔录	2006.12.7	
9		照片证据	2006.12.7	
10		调查（询问）笔录	2006.12.7	
11		调查（询问）笔录	2006.12.8	
12		施工协议书	2006.12.7	
13		房屋租赁合同	2006.12.8	
14	文物保发〔2004〕5号	国家文物局文件《关于发布保护工程勘查设计、施工单位资质的通知》	2006.12.7	
15	某文物发〔2006〕283号	《某省文物局关于发布我省首批文物保护工程勘查设计、施工单位资质的通知》	2006.12.7	
20		证人身份证	2006.12.8	
16	某政发〔2005〕18号	《某省人民政府关于公布第五批省级文物单位和与现有省级文物保护单位合并项目的通知》	2006.12.7	

序号	文号	题名	日期	备注
17		省级文物保护单位——某路近代建筑群之某饭店中、西楼保护规划图	2006. 12. 7	
18		企业法人营业执照	2006. 12. 7	
19		当事人法定代表人身份证	2006. 12. 7	
21		执法人员执法证	2006. 12. 7	
22	某文物征联函〔2006〕第 8 号	文物行政执法征求意见联系函	2006. 12. 21	
23		案件调查报告	2006. 12. 23	
24		听证告知审批表	2006. 12. 26	
25	某文物罚听告字〔2007〕第（2）号	行政处罚听证告知书	2007. 1. 3	
26	某文物罚回证字〔2007〕第（3）号	送达回证	2007. 1. 8	
27		要求听证书	2007. 1. 12	
28	某文物罚听通字〔2007〕第（1）号	听证通知书	2007. 1. 16	
29	某文物罚回证字〔2007〕第（4）号	送达回证	2007. 1. 22	
30		听证笔录	2007. 2. 2	
31		听证报告	2007. 2. 2	
32		案件集体讨论笔录	2007. 2. 5	
33		案件处理审批表	2007. 2. 13	
34		某省代收罚没款专用票据	2007. 3. 2	
35		行政处罚案件结案审批报告	2007. 3. 6	

行政处罚决定书

某文物罚决字［2007］第（2）号

当事人：某有限公司

法定代表人：陈某某

电话：×××××××

住址：某市某镇某街××号

邮编：×××××

　　本机关现已查明，当事人未取得文物保护工程资质证书，于 2006 年 10 月中旬开始，对位于某市某区某路××号的省级文物保护单位——某路近代建筑群之某饭店西楼进行加固修缮工程，工程内容具体如下：1. 用钢条加固一层至二层的木质横梁 57 根，新增钢结构横梁 30 根；2. 在一层至三层的中间内墙上（原壁炉处）新增钢结构固定支架。已造成一定的严重后果。

　　本机关认为当事人的上述行为违反了《中华人民共和国文物保护法》第二十一条第三款的规定，已构成违法。具体有现场检查（勘验）笔录、调查（询问）笔录、现场照片等证据为凭。现依据《中华人民共和国文物保护法》第六十六条第一款第（六）项的规定，对当事人作出如下行政处罚：处以罚款计人民币六万元整。

　　当事人自收到本决定书之日起十五日内到某银行（账户：×××××××××××，账号：×××××××××××）缴纳罚款。逾期不缴纳，每日按罚款数额的百分之三加处罚款。

　　当事人如不服本处罚决定，可在接到本处罚决定书之日起六十日内向某市人民政府或者某省文物局申请行政复议，也可以在接到本处罚决定书之日起三个月内直接向某市某区人民法院起诉。申请行政复议或者提起行政诉讼期间，行政处罚不停止执行。

　　逾期不申请行政复议，也不提起行政诉讼，又不履行行政处罚决定的，本机关将依法申请人民法院强制执行。

某市某局（公章）

2007 年 2 月 13 日

行政处罚决定书

　　《行政处罚决定书》应当载明下列内容：（一）文号；（二）当事人的基本情况；（三）案件的基本情况（违法事实及依据）；（四）行政处罚决定的结论（处罚意见及依据）；（五）行政处罚的履行方式及期限等；（六）行政处罚的效力；（七）告知当事人救济的途径；（八）行政执法机关印章及日期。

　　1. 文号。文号由地区简称＋"文物"＋文书简称＋年份号＋文书顺序号组成。

　　2. 当事人的基本情况。当事人是公民的，要记载其姓名、性别、出生年月日、身份证件号、工作单位、电话、住址、邮编等；当事人是法人或其他组织的，要记载其名称、法定代表人、电话、住址、邮编等。

　　3. 案件的基本情况。载明当事人未取得文物保护工程资质证书擅自从事文物修缮的时间、地点、修缮的内容、证据及违反的法律、法规、规章，并准确引用到条、款、项、目。

　　4. 行政处罚决定的结论。载明实施行政处罚的法律、法规、规章依据，并准确引用到条、款、项、目；以及行政处罚的种类、数额，其中罚款处罚的数额应按照法律条款字样书写。

　　5. 行政处罚的履行方式及期限等。如：限你（单位）自收到本处罚决定书之日起十五日内，将罚款缴至某银行（这里的某银行为行政机关指定的银行），账号××××××××××。逾期不缴纳罚款，依据《中华人民共和国行政处罚法》第五十一条第一项规定每日按罚款数额的3%加处罚款。

　　6. 行政处罚的效力。应写明行政处罚决定自送达当事人时生效。

　　7. 告知当事人救济的途径。告知当事人申请行政复议、行政诉讼的权利，应分别注明行政复议的机关及复议期限、诉讼机关及诉讼期限，以及逾期不申请行政复议也不提起行政诉讼，又不履行行政处罚决定的法律责任。复议机关应为同级人民政府或者上一级行政机关。

　　8. 行政执法机关印章及日期。文书尾部应载明作出行政处罚决定的行政处罚实施机关名称并加盖印章；载明作出行政处罚决定的日期。

　　说明：根据《中华人民共和国行政处罚法》第二十三条的规定："行政机关实施行政处罚时，应当责令当事人改正或者限期改正违法行为。"但是就本案而言，文物保护工程资质证书代表的是一种资质，并不是简单地履行审批手续就可以取得的，且当事人的违法行为也已经结束，由于当事人没有文物施工资质，所以具体的改正措施不应由当事人来实施，且行政机关已向当事人单独发出了《责令改正通知书》，故本案的行政处罚决定书中不再体现"责令改正"的内容。

送达回证

某文物罚回证字［2007］第（5）号

案由	某有限公司未取得文物保护工程资质证书擅自从事省级文物保护单位的修缮案
送达文书名称、文号	《行政处罚决定书》某文物罚决字［2007］第（2）号
被送达人	某有限公司
送达地点	某市某镇某街××号
送达方式	邮寄送达
被送达人签字（或盖章）及收件日期	年　　月　　日
送达人（签字）	刘某某　　沈某 2007 年 2 月 16 日
代收人签名或盖章及代收理由	/
受送达人拒收事由和日期	受送达人不配合执法拒绝签收《行政处罚决定书》，故采用邮寄送达。 刘某某　　沈某 2007 年 2 月 16 日
见证人签名或盖章	/
备注	邮寄过程由某市公证处出具公证书。附国内特快专递邮件详情单、公证书。

送达回证

送达回证是供行政机关送达各种行政文书时填用的。行政处罚法律文书的送达方式和期限参照民事诉讼法有关规定执行。

1. 案由。由违法主体名称＋具体违法行为（对应法条中所规定的违法行为，如未取得文物保护工程资质证书擅自从事文物修缮）＋案组成。

2. 文号。送达回证的文号由地区简称＋"文物"＋"罚回证字"＋年份号＋文书顺序号组成。

3. 送达文书名称、文号。要求写明送达文书名称以及所送达文书的文号。

4. 被送达人。要求写明被送达人的姓名或名称。

5. 送达地点。要求写明送达的详细地址。明确到具体门牌号码。

6. 送达人、送达时间。要求写明行政机关送达文书的具体时间，并由负责送达的两名以上行政执法人员签名或盖章。

7. 送达方式。应在送达回证上写明采用什么方式送达，根据《中华人民共和国民事诉讼法》可以使用的是直接送达、留置送达、邮寄送达、公告送达。书写送达方式时一定要按法律规定名称书写，不存在当场送达、公证送达、旁证送达等。应当在具体环节中注意下列情况：

（1）采用直接送达方式的，应当将执法文书直接送交受送达人。受送达人是公民的，本人不在时交他的同住成年家属签收；受送达人是法人或其他组织的，应当由法人的法定代表人、其他组织的主要负责人或该法人、组织负责收件的人如收发室、办公室签收；受送达人有委托代理人的，可送交其代理人签收；受送达人已指定代收人的，送交代收人签收。

（2）采用留置送达时，送达人应当邀请有关基层组织如居委会、村委会、派出所或受送达人所在单位的代表到场，说明情况，在送达回证上记明拒收事由和日期，由送达人、见证人签名或盖章，并把执法文书留在受送达人的住所，但不能留置送达给当事人的邻居和房东等。

（3）采用邮寄送达方式时，必须采用挂号信或特快专递寄送，挂号信或特快专递投邮收据必须附在案件中（在邮局给的函件收据中写明邮寄文书的名称以及文号。）同时应制作送达回证，注明送达情况。

（4）采用公告送达的，应使用在受送达人下落不明，或者用前述方式无法送达时。登报公告应注意将刊登该公告的报纸存入案卷。

（5）公证处协同送达，是邮寄送达和留置送达的一种特例，即公证处作为见证人，见证留置送达与邮寄送达过程。在书写时，应根据具体情况写留置送达或邮寄送达，在备注中注明公证处公证送达过程，贴上挂号信回执或其他邮寄凭证、公证书。

说明：文书送达方式的适用顺序应为直接送达、留置送达、邮寄送达和公告送达，通常在前一送达方式无法施行的情况下才适用后一种。本案当事人拒不签收《行政处罚决定书》，处罚机关在采用直接送达和留置送达均无法送达的情况下，采用邮寄送达并请公证处协同，见证邮寄送达过程，同时制作送达回证注明送达情况，并附贴上《国内特快专递邮件详情单》、《公证书》及《国内特快专递邮件递查查单》。

8. 被送达人签字（或盖章）及收件日期。受送达人是公民的，本人不在时交他的同住成年家属签收；受送达人是法人或其他组织的，应当由法人的法定代表人、其他组织的主要负责人或该法人、组织负责收件的人如收发室、办公室签收；受送达人有委托代理人的，可送交其代理人签收；受送达人已指定代收人的，送交代收人签收。收件人签字必须签署时间，该时间为文书的送达时间。

9. 见证人签章。当受送达人拒绝签收时，执法队员应当邀请有关基层组织如居委会、村委会、派出所或受送达人所在单位的代表到场，由他们作为见证人见证送达过程，见证人在该栏内签字并署时间。

10. 备注。送达过程中出现其他情况，需要备注说明的，可在此栏说明，如收件人与受送达人之间的关系，送达过程有照片、录音、录像资料等。

一份送达回证只适用于送达一份文书。

投诉举报受理（登记）表

案由	涉嫌违法施工				案件来源	公民电话举报
（案件来源）反映人	姓名	匿名	性别	男	出生年月	保密
	工作单位	保密			电话	保密
	住址	保密			邮编	保密
（涉案）当事人	名称/姓名	待查	法定代表人	待查	出生年月	待查
	工作单位	待查			电话	待查
	住址	待查			邮编	待查
记录人	邓某某		记录时间		2006 年 12 月 7 日 13 时 45 分	
案件简要情况记录	投诉人反映位于某市某路××号的省级文物保护单位某饭店西楼内正在进行施工，要求查处。					
执法机构负责人受理意见	请某派员赴现场调查。 　　　　　　　　　　某某某　2006 年 12 月 7 日					

_____（案件）受理（登记）表

1. 案由：案由应写明案件反映的主要问题。

2. 案件来源：案件来源应注明检查发现、投诉举报、群众来信来访、新闻媒体披露、上级交办、有关部门移送等。

3. 案件来源人：该栏应填写举报、信访人的基本情况，包括填写举报、信访人的姓名、性别、出生年月、工作单位、电话、住址、邮编等。

4. 涉案当事人：该栏应填写被举报人的基本情况，包括填写单位名称（或者个人姓名）、法定代表人、出生年月、工作单位、电话、住址、邮编等。

5. 案件受理人。写明记录人姓名、记录时间。

6. 案件简要情况。应写明投诉举报所反映的主要违法事实，主要包括案发的时间、地点及造成的危害、后果及影响。

7. 执法机构负责人受理意见。该栏应有执法机构负责人的意见、签名及日期。

立案审批表

<table>
<tr><td rowspan="5">当事人</td><td rowspan="4">个人</td><td>姓名</td><td>/</td><td>性别</td><td>/</td><td>出生年月日</td><td>/</td></tr>
<tr><td>身份证件号</td><td>/</td><td>电话</td><td>/</td><td colspan="2"></td></tr>
<tr><td>住址</td><td>/</td><td>邮编</td><td>/</td><td colspan="2"></td></tr>
<tr><td>工作单位</td><td>/</td><td>邮编</td><td>/</td><td colspan="2"></td></tr>
<tr><td rowspan="2">单位</td><td>名称</td><td>某有限公司</td><td>法定代表人</td><td>陈某某</td><td>电话</td><td>×××× ××××</td></tr>
<tr><td>住址</td><td colspan="3">某市某镇某街××号</td><td>邮编</td><td>×××××</td></tr>
<tr><td>案由</td><td colspan="4">某有限公司涉嫌未取得文物保护工程资质证书擅自从事省级文物保护单位的修缮案</td><td>案件来源</td><td>公民（匿名）电话举报</td></tr>
<tr><td>案情</td><td colspan="7">   2006年12月7日，接群众来电举报反映省级文物保护单位某饭店的西楼内在进行施工，要求查处。某市某局执法人员即赴现场调查。经查：位于某市某区某路××号的某饭店中、西楼是省级文物保护单位——某路近代建筑群之一，其中的西楼内部正在进行修缮施工，修缮单位是某集团有限公司，施工单位为某有限公司。经初步调查，施工单位某有限公司未能提供文物保护工程资质证书。</td></tr>
<tr><td>承办人意见</td><td colspan="7">   当事人的行为涉嫌违反了《中华人民共和国文物保护法》第二十一条第三款之规定，符合《中华人民共和国行政处罚法》第三十六条、《文物行政处罚程序暂行规定》第十二条的规定，建议立案。（修缮单位对该文物保护单位进行修缮的行为是否经过批准，建议另案调查。）刘某某　沈某

    拟同意立案。　沈某　　　　　　　　　　　2006年12月7日
　　　　　　　　　　　　　　　　　　　　　　2006年12月7日</td></tr>
<tr><td>承办机构审核意见</td><td colspan="7">拟同意立案。杨某某　　　　　　　　　　　2006年12月7日
同意立案。余某某　　　　　　　　　　　　2006年12月7日</td></tr>
</table>

行政机关负责人审批意见	同意立案。　　指定刘某某　沈某　为本案调查人员 （行政机关负责人签字章）　　　　　　　2006 年 12 月 7 日

立案审批表

1. 当事人基本情况。当事人是个人的，要求写明姓名、出生年月日、工作单位、联系电话、住址、邮编等情况。如当事人身份证、户口簿上的住址与实际住址不一的，应当分别写明身份证或者户口簿上的住址以及实际住址（如现住址）。

当事人是单位的，要求写明名称、法定代表人或负责人姓名、联系电话、住址、邮编。其中，名称应按照法定登记注册文书上的全称填写。说明：本案当事人是企业法人，名称应按照营业执照、事业机构法人登记证上的全称填写；如营业执照、事业机构法人登记证上的住址与该单位主要办事机构所在地的实际地址不一的，应当分别写明营业执照、事业机构法人登记证上的住址以及实际联系地址。

2. 案由。由违法主体名称＋涉嫌＋具体违法行为（对应法条中所规定的违法行为如未取得文物保护工程资质证书擅自从事文物修缮）＋案组成。

关于"涉嫌"：除了作出行政处罚决定后的审批事项中不能再出现"涉嫌"的表述，其他审批表中应加"涉嫌"。

3. 案件来源。案件来源应注明检查发现、投诉举报、群众来信来访、新闻媒体披露、上级交办、有关部门移送等；

4. 案情。应写明违法行为发生的时间、地点及基本情况。在检查中发现的案件应写明检查的时间、地点和检查结果。说明：本案中应写明从事文物修缮行为发生或发现的具体时间、地点，从事文物修缮的行为主体是谁，修缮的是什么文物，当事人有无提供文物保护工程资质证书等内容。

5. 承办人意见。该栏内注明承办人对违法事实、情节的判断，写明当事人涉嫌违反的法律、法规、规章的名称及条款（要具体到条、款、项、目）和《中华人民共和国行政处罚法》、《文物行政处罚程序暂行规定》关于同意立案的相关规定。填写承办人是否建议立案，同时由两名以上承办人员签上姓名及日期；并由该承办行政执法机关的负责人填写是否同意立案的意见，并加盖行政执法机关公章。

6. 承办机构审核意见。该栏应有承办机构负责人同意或不同意立案的意见、签名及日期、并加盖承办机构公章。

7. 行政负责人审批意见。该栏应有行政执法机关负责人同意或不同意立案的意见、签名（或盖有关印章）及日期。

8. 立案时间。根据《文物行政处罚程序暂行规定》第十二条的规定，文物行政部门发现违法行为具有下列情形的，应当在5日内立案：（一）有明确的违法嫌疑人；（二）有客观的违法事实；（三）属于文物行政处罚的范围；（四）属于本部门管辖。

9. 说明：除施工单位对文物保护单位进行修缮应取得文物保护工程资质证书外，根据《中华人民共和国文物保护法》第二十一条第二、四款的规定："对文物保护单位进行修缮，应当根据文物保护单位的级别报相应的文物行政部门批准；对未核定为文物保护单位的不可移动文物进行修缮，应当报登记的县级人民政府文物行政部门批准。对不可移动文物进行修缮、保养、迁移，必须遵守不改变文物原状的原则。"若经调查后发现对文物保护单位进行修缮的修缮单位未经审批擅自修缮，明显改变文物原状的，也应查处。因本案修缮单位与施工单位是不同的主体，且违反的条款不同，故需分别立案，另案调查的情况应在《立案审批表》中有所体现。

协助调查函

某有限公司：

根据《中华人民共和国行政处罚法》第三十七条第一款的规定，请你（单位）于2006年 12 月 7 日 15 时，到某市某路××号（某市某支队某大队），接受你单位涉嫌未取得文物保护工程资质证书擅自从事省级文物保护单位的修缮案的询问调查。特此通知。

□（1）协助调查人为个人，应携带身份证等有效证件，如委托律师或其他代理人的，代理人应携带授权委托书、被代理人的身份证、代理人本人的身份证等有效证件。

☑（2）协助调查人为单位，其法定代表人（负责人）前来的，应携带单位身份证明、法定代表人（负责人）身份证明等有关证明文件，如委托单位工作人员或律师等其他代理人前来的，代理人应携带单位开具的授权委托书、单位身份证明、代理人本人身份证等有效证件。

☑（3）协助调查人应携带其他与本次调查有关的证明材料：

1. 文物保护工程资质证书；
2. 施工协议。

被送达人（签章）：陈某某　2006年12月7日　联系电话：×××××××
　　　　　　　　　14时35分

送达人：刘某某　沈某　　　　　　　联系电话：×××××××

　　　　　　　　　　　　　　　　　　某市某局（盖章）
　　　　　　　　　　　　　　　　　　2006年12月7日

说明：本文书一式二份，一份送达协助调查人，一份由承办机关存档。

协助调查函

1. 协助调查人。在该文书的第一栏，要求写明接受调查人的姓名或名称。

2. 协助调查事由。写明要求协助调查人是什么时间，由于什么具体事由前来协助调查询问的。

3. 询问时间、地点。写明要求协助调查人前来协助调查的具体时间、具体地点，该地点可以是行政机关办公所在地、被询问人办公所在地或其他办公地点，应注明协助调查地点的具体门牌号码。

4. 通知事项。根据协助调查人是单位还是个人，选择相应的栏目，在前面的方框里打"√"。

5. 被送达人签名及联系电话。要求被送达人签名，并写明送达时间和联系电话，如协助调查人是本案当事人且拒绝签收的，送达的行政执法人员应当制作送达回证。

6. 送达人及联系电话。要求写明行政机关负责该文书送达的两名行政执法人员的姓名，并写明行政机关的联系电话，以方便被询问人与行政机关及时沟通。

7. 印章。文书落款处应加盖行政机关的印章。

8. 其他。该文书一式两份，一份由承办机关存档放入案卷，另一份交被送达人。可根据案件调查情况选择使用，如在协助调查人住所进行询问的，可不制作协助调查函；要求协助调查人来其他地点接受处理的，应当向协助调查人送达协助调查函。

责令改正通知书

某文物责改通字［2006］第（11）号

某有限公司：

根据《中华人民共和国行政处罚法》第三十六条的有关规定，本机关于2006年12月7日对你单位进行了调查，发现存在以下问题：

你（单位）未取得文物保护工程资质证书，于2006年10月中旬开始，对位于某市某区某路58号的省级文物保护单位——某路近代建筑群之某饭店西楼进行加固修缮工程，工程内容具体如下：1、用钢条加固一层至二层的木质横梁57根，新增钢结构横梁30根；2、在一层至三层的中间内墙上（原壁炉处）新增钢结构固定支架。上述行为涉嫌违反了《中华人民共和国文物保护法》第二十一条第三款的规定。

依据《中华人民共和国行政处罚法》第二十三条和《中华人民共和国文物保护法》第六十六条第一款第（六）项、《文物行政处罚程序暂行规定》第十三条第一款第（一）项的规定，现责令你（单位）立即停止违法（规）行为，立即停止对省级文物保护单位——某路近代建筑群之某饭店西楼进行的修缮施工，并接受我局进一步调查处理。

联系人：刘某某　沈某

电　话：×××××××

地　址：某市某路××号

某市某局（公章）

2006年12月7日

责令改正通知书

　　行政处罚实施机关实施行政处罚时，应当责令当事人改正或限期改正违法行为。《责令改正通知书》应当载明下列内容：（一）被责令改正单位的名称；（二）案件存在的问题；（三）责令立即（限期）改正违法行为的要求；（四）责令改正的期限；（五）作出责令改正的联系人、电话及地址；（六）行政执法机关的盖章及日期。

　　1. 文号。文号由地区简称＋"文物"＋文书简称＋年份号＋文书顺序号组成。

　　2. 被责令改正单位的名称。写明当事人的姓名或名称。

　　3. 案件存在的问题。载明违法行为的时间、地点、内容、违反的法律法规条款。

　　4. 责令限期改正的内容、期限。载明依据的法律法规条款，并在"现责令你（单位）立即停止违法（规）行为"后面的空格处写明责令限期改正的内容和期限。说明：因本案当事人没有文物保护工程资质，不具备采取其他改正措施的资格，故在责令限期改正的内容处应注明："停止对该文物建筑的修缮施工"；期限是："立即"。

　　5. 作出责令改正的联系人、电话及地址。载明作出责令改正的联系人的姓名、行政机关的联系电话及地址，以方便被责令改正单位与行政机关及时沟通。

　　6. 执法机关的盖章及日期。文书尾部应当加盖行政机关的印章；载明作出责令改正通知的日期。

送达回证

某文物罚回证字 [2006] 第 (31) 号

案由	某有限公司涉嫌未取得文物保护工程资质证书擅自从事省级文物保护单位的修缮案
送达文书名称、文号	《责令改正通知书》某文物责改通字 [2006] 第 (11) 号
被送达人	某有限公司
送达地点	某市某镇某街××号
送达方式	直接送达
被送达人签字（或盖章）及收件日期	陈某某　　　　　　　　　　　　2006 年 12 月 7 日 16 时 10 分
送达人（签字）	刘某某　沈某　　　　　　　　　2006 年 12 月 7 日
代收人签名或盖章及代收理由	/
受送达人拒收事由和日期	/
见证人签名或盖章	/
备注	陈某某系某有限公司法定代表人。

现场检查（勘验）笔录

检查时间：__2006__ 年 __12__ 月 __7__ 日 __14__ 时 __03__ 分至 __14__ 时 __30__ 分

检查地点：__某市某区某路××号__

被检查人：__某某有限公司__ 法定代表人：__陈某某__ 性别：__/__ 出生年月日：__/__

工作单位：_____/_____ 电话：__×××××××__

住址：__某市某镇某街××号__ 邮编：__××××××__

与本案关系：__本案当事人__ 见证人：_____/_____

检查人及执法证号码：__刘某某   ×××   沈某   ×××__

记 录 人：__刘某某__

工作单位：__某市某支队__

现场情况：2006 年 12 月 7 日 13 时 45 分，接群众来电举报反映省级文物保护单位某饭店的西楼内在进行施工，要求查处。某市某局执法人员即赴现场调查。经现场检查，位于某市某区某路××号的某饭店中、西楼是省级文物保护单位——某路近代建筑群之一，其中的西楼为施工现场。施工单位是某有限公司。至执法人员现场检查时，施工单位已完成对某饭店西楼的加固修缮工程。工程内容具体如下：1. 用钢条加固一层至二层的木质横梁 57 根，新增钢结构横梁 30 根；2. 在一楼至三楼的中间内墙上（原壁炉处）新增钢结构固定支架（详见现场检查情况明细表，附后页）。执法人员出示证件，表明身份并告知公务后，施工单位未能提供文物保护工程资质证书。执法人员刘某某、沈某现场拍照取证并绘制勘查简图（见后页）。（本页记录到此）

"检查（勘验）笔录上述内容，记录属实。"

被检查人签章：__陈某某__ 2006 年 12 月 7 日

拒绝签章的理由：_____/_____

见证人签字：_____/_____ __年 月 日__

检查人签字：__刘某某 沈某__ 2006 年 12 月 7 日

记录人签字：__刘某某__ 2006 年 12 月 7 日

现场检查（勘验）笔录

勘查简图：

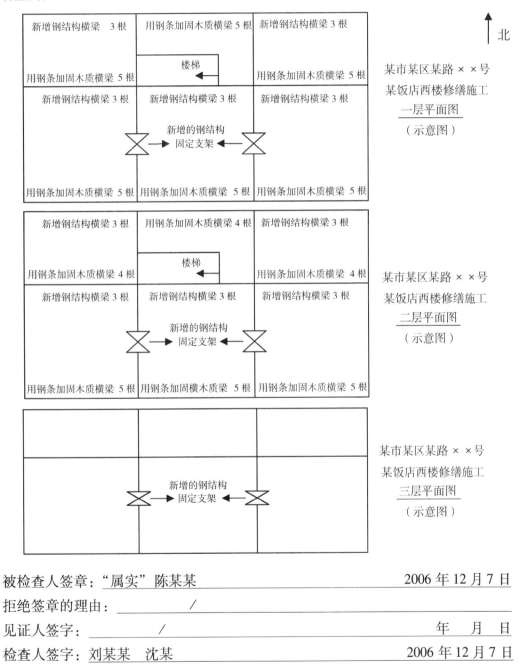

被检查人签章："属实"陈某某　　　　　　　　　　2006 年 12 月 7 日

拒绝签章的理由：＿＿＿＿＿＿＿／＿＿＿＿＿＿

见证人签字：＿＿＿＿＿＿＿／＿＿＿＿＿＿　　　年　　月　　日

检查人签字：刘某某　沈某　　　　　　　　　　　2006 年 12 月 7 日

记录人签字：刘某某　　　　　　　　　　　　　　2006 年 12 月 7 日

现场检查情况明细表

检查时间：<u>2006 年 12 月 7 日</u>　检查场所：<u>某市某区某路××号的某饭店西楼</u>

检查单位：<u>某市某局</u>　　　　　被邀请人（单位及职务）：　　<u>/</u>

检查内容：<u>省级文物保护单位——某路近代建筑群之某饭店西楼内部修缮施工情况</u>

序号	楼层	构件名称	原状	现状	程度
1	一层	横梁	无	新增钢结构横梁	15 根
2	一层	横梁	木质	用钢条加固	30 根
3	一层	内墙墙体	砖体	新增钢结构固定支架	2 组
4	二层	横梁	无	新增钢结构横梁	15 根
5	二层	横梁	木质	用钢条加固	27 根
6	二层	内墙墙体	砖体	新增钢结构固定支架	2 组
7	三层	内墙墙体	砖体	新增钢结构固定支架	2 组
		（以下空白）			

被检查人签章：<u>"属实"陈某某</u>　　　　　　　　　　<u>2006 年 12 月 7 日</u>

拒绝签章的理由：　　<u>/</u>

见证人签字：　　<u>/</u>　　　　　　　　　　　　　　　年　　月　　日

检查人签字：<u>刘某某　沈某</u>　　　　　　　　　　　<u>2006 年 12 月 7 日</u>

记录人签字：<u>刘某某</u>　　　　　　　　　　　　　　<u>2006 年 12 月 7 日</u>

现场检查（勘验）笔录

1. 检查（勘验）时间。要求写明执法人员实施现场检查的起止时间。书写起止时间一律使用 24 小时制。

2. 检查（勘验）地点。要求写明执法人员实施现场检查的具体地点，注明具体门牌。如涉及范围较大，应尽量明确具体位置。

3. 被检查人的基本情况。应记载被检查单位名称（或者个人姓名）、法定代表人、性别、出生年月、工作单位、电话、住址、邮编等，并写明与本案的关系。

4. 见证人。见证人在场的要求写明见证人姓名、身份证号码、单位或住所等情况。

5. 检查（勘验）人和记录人基本情况。实施现场检查时，应当由两名以上行政执法人员负责进行。因此，检查人和记录人这一栏目要求写明参加检查和记录的全体行政执法人员的姓名、执法证号码及其工作单位。

6. 现场情况。写明检查的过程；检查的内容、范围和方式；执法人员检查过程包括亮证、告知、取证，被检查人或被检查单位的有关人员是否到场。具体制作要点是：

（1）记录的内容要紧紧围绕违法事实。记录的顺序应当前后一致；应准确、客观地记载现场情况，包括有关的数据、位置、状态、程度等，不需进行展开分析，更不应当推测定性或告知违法事实。

（2）与被查处行为有关的情况，要详细记载；与案件无关的内容，不需记入笔录；如涉嫌违法标的物为建筑必须按比例制作勘查图并标明参照物，其他案件应制作方位示意简图；制作示意图时应标注指北方向、画出参照物、注明违法行为地点，能用阴影表示违法标的物的（如建筑）应用阴影表示，并注明尺寸大小。并应根据案件情况，制作剖面图、立面图等附图。

（3）叙述的语言应当繁简得当，不得使用模糊性的语言，如"大约 100 平方米"，或"100 平方米"左右等。如实施现场检查时实在难以准确计数的，也应尽可能估算一个相对精确的数字（注意，以后证据材料均按此数字制作）。违法建设等面积保留到小数点后一位即可。关键内容和违法标的物尽可能使用专门的术语或是法律用语。

（4）记录内容完成后如文书留有空白部分，应在空白部分处记明"本页记录到此"。

说明：本案现场检查笔录的现场情况栏内应记录发现文物修缮行为的具体时间；从事文物修缮的行为主体是谁；修缮的是什么文物；从事文物修缮行为的方

位；具体从事了哪些修缮行为；修缮的程度如何；当事人有无提供文物保护工程资质证书等内容。

7. 被检查人对笔录的意见。被检查人对检查结果表示同意的，应由被检查人注明"检查（勘验）笔录上述内容，记录属实"的字样，由被检查人逐页签字并在末页注明日期；表示不同意的，要请被检查人说明理由并作记录（可附页记录）。如非当事人本人签字，谈话笔录中未说明与当事人的关系，又无委托书的，应当注明该签字者与当事人的关系。如被检查人拒绝签章或者不能签章的，应由两名以上行政执法人员在笔录中注明拒绝的理由；有其他人在现场的，可由其他人签字。法律、法规和规章对现场笔录的制作形式另有规定的，从其规定。

8. 见证人签字。见证人应当在现场笔录上签字并署时间证明情况。

9. 检查（勘验）人、记录人员签名及日期。执法人员的人数应当两人以上，并分别签名并注明日期；记录人也应当签名并注明日期。

10. 如一案有多处违法现场的应就不同的违法现场分别制作检查（勘查）笔录，如发现涉嫌违法标的物在调查过程中发生变化的（如违法建筑在建过程中），应重新检查（勘查）并制作笔录。

11. 检查（勘验）笔录的记录有修改的，应由被检查人在修改处盖章、签名或压指印。

<table>
<tr><td colspan="2" style="height:700px;text-align:center;vertical-align:middle">贴照片处</td></tr>
<tr><td>拍摄内容</td><td>照片所示为省级文物保护单位——某路近代建筑群之某饭店西楼一层内部新增的钢结构横梁，原木质横梁用钢条加固以及在内墙（原壁炉处）新增有钢结构固定支架的现场情况。</td></tr>
</table>

拍摄内容	照片所示为省级文物保护单位——某路近代建筑群之某饭店西楼一层内部新增的钢结构横梁，原木质横梁用钢条加固以及在内墙（原壁炉处）新增有钢结构固定支架的现场情况。	
拍摄地点	某市某区某路××号省级文物保护单位——某路近代建筑群之某饭店西楼一层内	
拍摄时间	2006 年 12 月 7 日	贴底片处
拍摄方向	由西向东	
拍摄人	刘某某	

说明：

使用数码照片应注意以下事项：（一）作为案卷材料的数码照片必须同时附上相关说明。注明该数码照片的制作方法、制作时间、制作人和证明（内容）对象；（二）最好保持储存数码照片的原始载体，即用于拍摄该数码相片的数码相机的原始数据条的初始性；如有诉讼应连同数码照片作为证据一起提交法庭。

实际办案过程中也可请行政相对人在打印有数码照片内容的 A4 纸上签署其本人姓名和日期予以确认。

调查（询问）笔录

询问时间：2006 年 <u>12</u> 月 <u>7</u> 日 <u>15</u> 时 <u>30</u> 分至 <u>16</u> 时 <u>05</u> 分

询问地点：<u>某市某支队某大队（某市某路××号）</u>

被询问人：<u>陈某某</u> 性别：<u>男</u> 出生年月日：<u>××××年×月×日</u>

身份证件号：<u>×××××××××××××××××</u> 与本案关系：<u>当事人法定代表人</u>

工作单位：<u>某有限公司</u> 电话：<u>××××××××</u>

住址：<u>某市某路××号某室</u> 邮编：<u>××××××</u>

询问人及执法证号码：<u>刘某某 ×××× 沈某 ××××</u>

记录人：<u>刘某某</u> 工作单位：<u>某市某支队</u>

执法人员表明身份、出示证件及让被调查（询问）人确认的记录：<u>我们是某市某局的行政执法人员，这是我们的执法证件（记录持证人员姓名和证件号），请你过目确认。</u>

被调查（询问）人对执法人员出示证件、表明身份的确认记录：<u>你们的执法证件我看清楚了，对你们的执法人员身份没有意见。</u>

执法人员告知陈述（申辩）和申请回避的权利：现在根据《中华人民共和国行政处罚法》第三十六、三十七条的规定进行案件调查，如执法人员少于两人或执法证件与身份不符，你有权拒绝调查。在接受询问（调查）前，你有权申请我们回避；在接受询问（调查）过程中，你有陈述、申辩的权利；同时你应承担以下义务：如实提供有关资料、回答询问。

答：知道了，不需要回避。

问：今天请你来想就位于某市某区某路××号的省级文物保护单位——某路近代建筑群之某饭店西楼内部进行的修缮施工情况向你作询问了解，请配合我们的工作，如实回答我们提出的问题。

答：好的。

问：你能代表某有限公司处理关于对省级文物保护单位——某路近代建筑群之某饭店西楼从事修缮施工之事吗？（本页记录到此）

被询问人签字：<u>陈某某</u> 2006 年 12 月 7 日 拒绝签字的理由： <u>/</u>

询问人签字：<u>刘某某 沈某</u> 2006 年 12 月 7 日

记录人签字：<u>刘某某</u> 2006 年 12 月 7 日

调查（询问）笔录

答：我能代表。因为我是某有限公司的法定代表人。

问：请提供你公司的企业法人营业执照以及你本人的身份证明材料？

答：好的（当事人提供企业法人营业执照及身份证明材料原件）。

问：你是否清楚位于某市某区某路××号的省级文物保护单位——某路近代建筑群之某饭店西楼内部存在修缮施工的情况？

答：清楚的，是我公司根据合同规定按甲方的要求施工的。

问：合同甲方是谁？

答：甲方是某集团有限公司。

问：能否提供该合同或施工协议？

答：可以提供（当事人提供合同原件）。

问：你公司所从事的该施工项目是什么工程？

答：是建筑整体的结构性加固工程。

问：实际施工是从什么时候开始的？

答：从2006年10月中旬开始施工。

问：施工进度如何？

答：已于2006年11月上旬完成了所有的加固施工。

问：你公司在实际施工中对省级文物保护单位——某路近代建筑群之某饭店西楼建筑有哪些具体的动工行为？

答：具体在位于某市某区某路××号的某饭店西楼内部，对一层至二层的57根原木质横梁用钢条予以加固；一层至二层新增钢结构横梁30根；在一层至三层的中间内墙上（原壁炉处）各新增2组钢结构固定支架。

问：该项目施工收入共计为多少？

答：合同约定的价款为377840元，工程进场之日甲方支付合同总价的20%，待整个加固工程竣工结算并经甲方审定后，甲方支付结算款的95%，留5%的余款作为工程保修金，保修期满后支付。（本页记录到此）

被询问人签字：陈某某　　　　2006年12月7日　拒绝签字的理由：　　／

询问人签字：刘某某　沈某　　2006年12月7日

记录人签字：刘某某　　　　　2006年12月7日

调查（询问）笔录

问：你公司具备何种建筑施工方面的资质？

答：我公司具备钢结构制作、安装等资质。

问：你公司是否有取得文物保护工程资质证书？

答：没有取得文物保护工程资质证书。

问：根据《中华人民共和国文物保护法》等有关法律法规，你公司的行为属未取得文物保护工程资质证书擅自从事文物修缮的行为。

答：知道了。

问：对你公司未取得文物保护工程资质证书擅自从事文物修缮的行为，行政执法机关将依法作出处理。

答：这一次对我公司来说是一次教育，没有问清楚该建筑是否属于文物，只是按照甲方的要求，根据合同办事，希望能根据我公司的实际情况，从轻给予处罚。

问：执法机关将依法作出处理。以上三页笔录请你看一遍，是否与你所述一致，如无异议，请签名。（此页是询问笔录尾页）

"询问笔录上述内容我看过了，记录属实。"

被询问人签字：陈某某 　　　2006 年 12 月 7 日　拒绝签字的理由：＿＿/＿＿

询问人签字：刘某某　沈某 　　2006 年 12 月 7 日

记录人签字：刘某某 　　　　　2006 年 12 月 7 日

调查（询问）笔录

询问时间：2006 年 __12__ 月 __8__ 日 __8__ 时 __50__ 分至 __9__ 时 __30__ 分

询问地点：某市某支队某大队（某市某路××号）

被询问人：梁某某 __ 性别：__女__ 出生年月日：×××年×月×日

身份证件号：×××××××××××××××××××× 与本案关系：证人

工作单位：某集团有限公司 __ 电话：××××××××

住址：某市某花园某幢某单元某室 __ 邮编：×××××

询问人及执法证号码：刘某 ×××× __ 沈某 ××××

记录人：刘某某 __ 工作单位：某市某支队

执法人员表明身份、出示证件及让被调查（询问）人确认的记录：我们是某市某局的行政执法人员，这是我们的执法证件（记录持证人员姓名和证件号），请你过目确认。

被调查（询问）人对执法人员出示证件、表明身份的确认记录：你们的执法证件我看清楚了，对你们的执法人员身份没有意见。

执法人员告知陈述（申辩）和申请回避的权利：现在根据《中华人民共和国行政处罚法》第三十六、三十七条的规定进行案件调查，如执法人员少于两人或执法证件与身份不符，你有权拒绝调查。在接受询问（调查）前，你有权申请我们回避；在接受询问（调查）过程中，你有陈述、申辩的权利；同时你应承担以下义务：如实提供有关资料、回答询问。

问：请问你的身份？

答：我叫梁某某，是某集团有限公司的总裁助理。

问：请提供你本人的身份证明材料？

答：好的（当事人提供身份证明材料原件）。

问：今天我们请你来想就位于某市某区某路××号的省级文物保护单位——某路近代建筑群之某饭店西楼（以下简称某饭店西楼）内部存在动工现象一事向你了解有关情况，请配合我们的工作，如实回答我们提出的问题。（本页记录到此）

被询问人签字：梁某某 __ 2006 年 12 月 8 日 __ 拒绝签字的理由： __/__

询问人签字：刘某某 沈某 __ 2006 年 12 月 8 日

记录人签字：沈某 __ 2006 年 12 月 8 日

调查（询问）笔录

答：好的，我会如实回答你们的问题。

问：请问你本人对省级文物保护单位——某路近代建筑群之某饭店西楼内部进行的动工事件清楚吗？能否介绍一下你所知道的情况？

答：我清楚的，2006 年 9 月，我公司向某饭店租赁了位于某市某区某路××号的某饭店西楼，准备用做会所，并打算进行一些装修，在装修进行之前，我公司先行将该建筑的一些后装饰拆下，同时看看建筑的内部情况，在将建筑内部的后装饰拆下后我们发现建筑一层至三层中间房间的内墙墙体部分砖块已发生残损，同时一层与二层，二层与三层之间的木结构横梁被白蚁蛀蚀，有的已非常严重，为了建筑的使用安全，我公司不得不在该建筑内部进行了修缮工程，整个事件都是我在具体负责的。

问：你所说的内墙墙体部分砖块已发生残损及木质横梁被白蚁蛀蚀是否请专业部门做过鉴定？

答：对于该建筑遭白蚁危害的情况我公司曾请某省白蚁防治所做过调查，并由其出具了调查报告。（当事人提供调查报告原件）

问：你公司在租赁某市某区某路××号某饭店西楼前是否清楚该建筑是省级文物保护单位？

答：清楚的。

问：整个工程的修缮方是谁？

答：是我某集团有限公司。

问：对省级文物保护单位——某路近代建筑群之某饭店西楼进行修缮工程的施工单位是谁？

答：是某有限公司。

问：负责修缮工程的施工单位与你公司签订了协议吗？

答：签过协议的。

问：能否提供该协议？（本页记录到此）

被询问人签字：梁某某　　　　2006 年 12 月 8 日　　拒绝签字的理由：　　／

询问人签字：刘某某　沈某　　2006 年 12 月 8 日

记录人签字：沈某　　　　　　2006 年 12 月 8 日

调查（询问）笔录

答：可以提供，但今天没有带。

问：请问是否是这份协议（执法人员出示 2007 年 12 月 7 日由某有限公司提供的施工协议）？

答：是同一份。

问：此次修缮的对象及目的是什么？

答：对象是某饭店西楼（三层外加阁楼）的主体建筑，目的是对文物建筑主体进行结构性加固，也是从安全使用的角度出发对该建筑进行保护，保证我们能够安心使用该文物建筑。

问：请问施工单位是何时开始修缮工程的施工的？

答：是从 2006 年 10 月中旬开始的。

问：整个修缮工程是否已经结束？

答：已经结束，具体结束的时间我不太记得了，约是 2006 年 11 月 10 日左右。

问：请问某有限公司具体是如何施工的？

答：在文物建筑一层至三层内墙墙体上新增了钢结构的承重固定支架；在文物建筑内部一层及二层增设了钢结构的横梁；同时将原有存在安全隐患的木质横梁用钢条进行了加固。

问：该文物建筑在修缮前后有什么变化？

答：该文物建筑在动工前，一层、二层靠东侧及西侧的两处卫生间有部分钢质横梁，其余地方没有任何的钢结构构件，此次动工在一层、二层新增设了钢结构的横梁，同时将原有部分木质横梁用钢条进行了加固，另外就是在内墙墙体上新增了钢结构的承重固定支架。

问：请问你公司对某饭店西楼进行修缮工程总共向施工单位某有限公司支付了多少费用？

答：最后的决算还没有出来，估计要四十多万元。

问：请问对省级文物保护单位——某路近代建筑群之某饭店西楼（本页记录到此）

被询问人签字：梁某某　　　　2006 年 12 月 8 日　　拒绝签字的理由：　　／

询问人签字：刘某某　沈某　　2006 年 12 月 8 日

记录人签字：沈某　　　　　　2006 年 12 月 8 日

调查（询问）笔录

内部进行修缮工程的施工单位某有限公司是否具有文物保护工程资质证书？

答：据我所知是没有的。

问：根据《中华人民共和国文物保护法》的规定对文物保护单位的修缮应由取得文物保护工程资质证书的单位承担，这点希望你以及你公司能够清楚。

答：原来不清楚，现在知道了，以后不会再犯同样的错误了。

问：谢谢你配合我们的调查。

答：没关系。

问：以上三页笔录请你看一遍，是否与你所述一致，如无异议，请签名。（此页是询问笔录尾页）

"询问笔录上述内容我看过了，记录属实。"

被询问人签字：梁某某   2006 年 12 月 8 日   拒绝签字的理由：＿＿／＿＿

询问人签字：刘某某　沈某   2006 年 12 月 8 日

记录人签字：沈某   2006 年 12 月 8 日

询问（调查）笔录

1. 询问时间。写明进行询问的起止时间。

2. 询问地点。写明承办人员进行询问的具体地点，应具体到门牌号码。

3. 被询问人的基本情况。应记载被询问人的姓名、性别、出生年月、身份证件号、工作单位、电话、住址、邮编等，同时写明被询问人与本案的关系。如被询问人系当事人的委托代理人，应出具委托书等相关证明和身份证。

4. 询问人、记录人基本情况。应写明姓名、执法证号码及其工作单位。询问时，应当有两名以上行政执法人员在场，一般是一名提问，另一名负责记录。记录时，根据具体分工情况，分别填写。记录人应当是询问人员中的一员。

5. 告知。一般要求写明行政执法人员向被询问人表明执法身份，告知其相应的权利、义务。

6. 提问和记录。询问人的提问要求围绕查清涉嫌违法行为的事实过程进行，重点是违法行为的时间、地点、行为、情节、后果等等方面。笔录既要全面，又要突出重点。对询问的重点过程应当记录完整。记录时应围绕需调查的行为事实的相关情况，对重点内容详细记录；可按照以下顺序展开询问：（1）询问主体情况，确定当事人，（2）如被询问人并非当事人本人或当事人是单位的，询问被询问人与当事人的关系，（3）违法行为与当事人之间的关系，（4）违法行为的具体情况，（5）有无审批，（6）根据法规规定，对当事人的违法行为进行必要的法律宣传（在此处不应对违法行为定性，注意用词），（7）听取当事人的陈述、申辩。对与案情无关的内容，不要记录。记录中，要尽量记录被询问人的原话。如无法记录被询问人原话的，要保证所记载的内容确系被询问人的原意。记录时应使用书面语，尽量避免使用俗语、俚语、口语。对于涉及案件事实部分的问题，被询问人应当明确做出肯定或者否定的回答，在笔录中应尽量避免出现如"大概"、"也许"、"左右"等字眼。

7. 在记录询问人和被询问人之间的对话时，对于询问人，可以用"问"字起头，表示是其提出的问题；对于被询问人，可以用"答"字，表示系其所作的叙述。

8. 询问人提出一个问题后，应当有被询问人的回答。如被询问人不回答或拒绝回答的，应当写明被询问人的态度，如"不回答"或者"沉默"等。为真实反映询问时场景，可将被询问人的动作、表情记录在案。

9. 询问结束后，应当要求被询问人审阅笔录，被询问人发现记录有误，可以要求修改笔录。在每一处修改的地方，要让被询问人一一按右手食指印，予以确认。

修改时不能遮盖原来记录的内容。被询问人要求作较大修改的，修改的内容将与记录的原文存在重大出入的，可以要求被询问人在笔录后另外书写，并签名确认。在制作笔录时，由于书写错误，需要涂改，应将需修改处划"－"，在旁边空隙处书写正确的文字，并必须由被询问人摁手印确认，而不能使用校正章。

10. 被询问人对笔录的意见。在文书末尾，由询问人问：以上某页笔录请你看一遍，如与你所述一致、无异议，请签字。被询问人应在该问第二行注明"询问笔录上述内容，记录属实"的字样。

11. 被询问人签名。询问笔录制作完成后，由被询问人逐页签名并在末页注明日期。如被询问人拒绝签字的，应由两名行政执法人员在笔录中注明拒绝的理由。

12. 询问人、记录人签名。询问人、记录人应当在文书签名栏处逐页签上姓名及日期。

13. 每份《询问笔录》只能对应一个被询问人。

说明：本案共制作了两份询问调查笔录，其中第一份是向当事人进行询问，着重询问调查从事该文物修缮工程的施工单位是谁（违法主体）；施工行为的性质（行为性质）；施工开始的时间（违法时间）；施工中实施了哪些行为（违法行为内容、情节、程度）；盈利情况（经营获利）以及是否取得文物保护工程资质证书。第二份询问笔录是向本案的知情人进行询问，除与当事人笔录的内容互相印证，形成证据链外，更针对该施工是否属于修缮行为，事件前因后果以及文物修缮前后的变化等做进一步地取证。

目录 12—21 页取证材料（略）

目录 12——

施工协议书

目录 13——

房屋租赁合同

目录 14——

国家文物局文件《关于发布保护工程勘查设计、施工单位资质的通知》

目录 15——

《某省文物局关于发布我省首批文物保护工程勘查设计、施工单位资质的通知》

目录 16——

《某省人民政府关于公布第五批省级文物单位和与现有省级文物保护单位合并项目的通知》

目录 17——

省级文物保护单位——某路近代建筑群之某饭店中、西楼保护规划图

目录 18——

企业法人营业执照

目录 19——

当事人法定代表人身份证

目录 20——

证人身份证

目录 21——

执法人员执法证

文物行政执法征求意见联系函

某文物征联函〔2006〕第 8 号

某单位：

我队于<u>2006</u> 年<u>12</u> 月<u>7</u> 日，查处下列违法案件一起。现根据<u>《中华人民共和国文物保护法》</u>第六十六条之规定，就<u>当事人的行为是否已造成严重后果</u>征求你单位意见，请予以确认，并反馈我队。

某市某支队（公章）

联系人：____<u>何某某</u>____

联系电话：×××××××   2006 年 12 月 14 日

当 事 人	某有限公司	联 系 人	／
案由	涉嫌未取得文物保护工程资质证书擅自从事文物修缮案	联系电话	／
案发地	某市某区某路××号		
违法行为具体情况「详见案卷」	经查：当事人某有限公司未取得文物保护工程资质证书，于 2006 年 10 月中旬开始，对位于某市某区某路××号的省级文物保护单位——某路近代建筑群之某饭店某西楼进行加固修缮工程，并已完工。工程内容具体如下：1. 用钢条加固一层至二层的木质横梁 57 根，新增钢结构横梁 30 根；2. 在一层至三层的中间内墙上（原壁炉处）新增钢结构固定支架。当事人的行为已涉嫌违反了《中华人民共和国文物保护法》第二十一条第三款之规定。		
反馈意见	我部门已请专家对文物修缮情况进行了踏勘，确定当事人未取得文物保护工程资质证书擅自对省级文物保护单位—某路近代建筑群之某饭店西楼进行修缮的行为已造成一定的严重后果（可附具体说明）。 某单位（公章） 2006 年 12 月 21 日		

说明：对于《中华人民共和国文物保护法》第六十六条涉及的违法行为，不同程度的后果和情节则适用不同的处理方法，鉴于文物的专业问题，需要请有关部门明确。该函为内部文书，专门用于承办机构就需要明确的问题征求有关部门意见。

案件调查报告

当事人：某有限公司

案由：某有限公司涉嫌未取得文物保护工程资质证书擅自从事省级文物保护单位的修缮案

调查经过：2006年12月7日，接群众来电举报反映省级文物保护单位某饭店的西楼内在进行施工，要求查处。位于某市某路××号的某饭店中、西楼（以下简称某饭店），是省级文物保护单位——某路近代建筑群之一，其中的西楼为施工现场，施工单位是某有限公司。某市局于2006年12月7日批准立案，刘沈某为案件调查人员，本案已经过了现场检查、询问调查、征求意见等调查取证环节，调查人员认为案件事实已查清。

违法事实及相关证据：当事人未取得文物保护工程资质证书，于2006年10月中旬开始，对位于某市某区某路××号的省级文物保护单位——某路近代建筑群之某饭店西楼进行加固修缮工程，并已完工。工程内容具体如下：1. 用钢条加固一层至二层的木质横梁57根，新增钢结构横梁30根；2. 在一层至三层的中间内墙上（原壁炉处）新增钢结构固定支架。已造成一定的严重后果。本案证据有现场检查（勘验）笔录、调查（询问）笔录、现场照片、有关部门认定意见等。

案件的性质：当事人行为已涉嫌违反了《中华人民共和国文物保护法》第二十一条第三款之规定。属未取得文物保护工程资质证书，擅自从事文物修缮的行为。

是否有依法从重、从轻、减轻或不予行政处罚的情节及相关证据：无。

调查人员提出行政处罚的建议及相关的法律依据：根据《中华人民共和国文物保护法》第六十六条第一款第（六）项的规定："施工单位未取得文物保护工程资质证书，擅自从事文物修缮、迁移、重建的，由县级以上人民政府文物主管部门责令改正，造成严重后果的，处以五万元以上五十万元以下的罚款"。建议对当事人未取得文物保护工程资质证书擅自从事文物修缮的行为处以罚款计人民币六万元整。

（此行无正文）

调查人员签名：刘某某　沈某　　　　　　　　2006年12月23日

案件调查报告

　　案件调查人员经过全面、客观、公正地检查及询问调查，收集有关证据后填写《案件调查报告》，并根据调查的情况及结果提出拟作出行政处罚的建议。

　　1. 当事人和案由。由违法主体名称＋涉嫌＋具体违法行为（对应法条中所规定的违法行为如未取得文物保护工程资质证书擅自从事文物修缮）＋案组成。

　　2. 调查经过。要求写明案件的由来和调查经过。包括发案经过，立案时间和批准立案的机关，承办人员的组成，调查时间、范围、方法和步骤等。

　　3. 违法事实及相关证据。要求写明当事人的具体违法事实和执法人员就证明该违法行为所取得的相关证据。主要写明当事人实施违法行为的具体过程，包括违法行为发生时间、地点、原因、目的、经过、手段、情节、违法行为造成的危害后果等。

　　4. 案件的性质。要求写明该违法行为具体违反了何种法律法规以及属于何种违法行为（定性）。主要通过对当事人所实施的违法事实和证据的综合分析，指出当事人的违法行为违反了某个具体法律、法规、规章的规定，确定其违法性质。

　　5. 是否有依法从重、从轻、减轻或不予行政处罚的情节及相关证据。如当事人有依法从重、从轻、减轻或不予行政处罚的情节及相关证据证明的，按照实际情况填写；如没有的，则直接填"无"。

　　6. 案件调查人员对该案处理、适用的依据和给予行政处罚的建议及理由。如有意见分歧，也应叙述，以供行政处罚实施机关负责人审批案件时参考。

　　8. 签名。案件调查人员签名，并注明日期。

听证告知审批表

<table>
<tr><td rowspan="1">案由</td><td colspan="7">某有限公司涉嫌未取得文物保护工程资质证书擅自从事省级文物保护单位的修缮案</td></tr>
<tr><td rowspan="6">当事人</td><td rowspan="4">个人</td><td>姓名</td><td>/</td><td>性别</td><td>/</td><td>出生年月</td><td>/</td></tr>
<tr><td>身份证件号</td><td>/</td><td colspan="2"></td><td>电话</td><td>/</td></tr>
<tr><td>住址</td><td>/</td><td colspan="2"></td><td>邮编</td><td>/</td></tr>
<tr><td>工作单位</td><td>/</td><td colspan="2"></td><td>邮编</td><td>/</td></tr>
<tr><td rowspan="2">单位</td><td>名称</td><td>某有限公司</td><td>法定代表人</td><td>陈某某</td><td>电话</td><td>××××
××××</td></tr>
<tr><td>住址</td><td colspan="3">某市某镇某街××号</td><td>邮编</td><td>×××××</td></tr>
<tr><td>理由</td><td colspan="7">　　2006 年 12 月 7 日，接群众来电举报反映省级文物保护单位某饭店的西楼内在进行施工，要求查处。某市某局执法人员即赴现场调查。经查，当事人某有限公司未取得文物保护工程资质证书，于 2006 年 10 月中旬开始，对位于某市某区某路××号的省级文物保护单位——某路近代建筑群之某饭店西楼进行加固修缮工程，并已完工。工程内容具体如下：1、用钢条加固一层至二层的木质横梁 57 根，新增钢结构横梁 30 根；2、在一层至三层的中间内墙上（原壁炉处）新增钢结构固定支架。已造成一定的严重后果。当事人的行为已涉嫌违反了《中华人民共和国文物保护法》第二十一条第三款的规定。根据《中华人民共和国文物保护法》第六十六条第一款第（六）项的规定："施工单位未取得文物保护工程资质证书，擅自从事文物修缮、迁移、重建的，由县级以上人民政府文物主管部门责令改正，造成严重后果的，处以五万元以上五十万元以下的罚款。"</td></tr>
<tr><td>依据</td><td colspan="7">　　《中华人民共和国行政处罚法》第四十二条的规定："行政机关作出责令停产停业、吊销许可证或者执照、较大数额罚款等行政处罚决定之前，应当告知当事人有要求举行听证的权利；当事人要求听证的，行政机关应当组织听证。"</td></tr>
<tr><td>承办人意见</td><td colspan="7">　　建议发《行政处罚听证告知书》，拟对当事人处以罚款计人民币六万元整。
　　　　　　　　刘某某　沈某　　　　　2006 年 12 月 23 日
拟同意。　　　　沈某　　　　　　　　2006 年 12 月 23 日</td></tr>
</table>

承办机构审核意见	拟同意承办人意见。 同意承办人意见。	杨某某 余某某	2006 年 12 月 24 日 2006 年 12 月 24 日
法制机构负责人审核意见	同意承办机构意见。	李某某	2006 年 12 月 25 日
行政机关负责人审批意见	同意承办机构意见。（行政机关负责人签字章） 　　　　　　　　　　　　　　　　　2006 年 12 月 26 日		

各类事项审批表

　　该文书为行政处罚机关内部审批文书，适用于办案过程中的各个事项的审批，如：不予立案审批、行政处罚事先告知审批、听证告知审批，案件延期处理审批、减免加处罚款审批、分期（延期）交纳罚款审批、提请案件集体讨论等审批事项。（说明：此处用作听证告知事项的审批，由案件调查人员根据拟作出行政处罚的种类或罚款的数额，提出采取听证告知的具体措施，并逐级审批。）

　　1. 案由。由违法主体名称＋涉嫌＋具体违法行为（对应法条中所规定的违法行为如未取得文物保护工程资质证书擅自从事文物修缮）＋案组成。

　　2. 当事人基本情况。参照立案审批表。

　　3. 理由。要求写明案件的违法事实以及该行为的违法依据。

　　4. 依据。要求写明采取具体措施的法律依据。

　　5. 承办人意见。要求写明承办人的具体处理意见，由两名以上承办人员签上姓名及日期，并由该承办行政执法机构的负责人填写是否同意的意见，并加行政执法机构机关公章。

　　6. 承办机构审核意见。该栏应有承办机构负责人同意或不同意的意见、签名及日期、并加盖承办机构公章。

　　7. 法制机构负责人审核意见。该栏应有法制机构负责人同意或不同意的意见、签名及日期。

　　8. 行政负责人审批意见。该栏应有行政执法机关负责人同意或不同意的意见、签名（或盖有关印章）及日期。

　　说明：根据《某市行政处罚听证程序实施规定》第二条第二款的规定："较大数额罚款，是指对非经营活动中的违法行为处以 1000 元以上、对经营活动中的违法行为处以 30000 元以上的罚款。"本案中拟对当事人经营活动中的违法行为作出罚款人民币六万元整的罚款，当事人有权要求听证，故需听证告知审批。如不符合行政处罚听证条件，则应当制作《处罚告知审批表》提请处罚告知审批。

行政处罚听证告知书

某文物罚听告字〔2007〕第（2）号

某有限公司：

你（单位）于 2006 年 10 月开始，在某市某区某路××号从事未取得文物保护工程资质证书，对位于某市某区某路××号的省级文物保护单位——某路近代建筑群之某饭店西楼进行加固修缮工程，并已完工。工程内容具体如下：1、用钢条加固一层至二层的木质横梁 57 根，新增钢结构横梁 30 根；2、在一层至三层的中间内墙上（原壁炉处）新增钢结构固定支架。已造成一定的严重后果。上述行为违反了《中华人民共和国文物保护法》第二十一条第三款的规定，本机关依据《中华人民共和国文物保护法》第六十六条第一款第（六）项的规定，拟对你（单位）作出罚款人民币六万元整的行政处罚。根据《中华人民共和国行政处罚法》第四十二条的规定，你（单位）有权要求听证。

如你（单位）要求听证，应当在收到本告知书之日起三日内向本机关提出听证要求。逾期视为放弃听证权利。

如你（单位）对本机关上述认定的违法事实、处罚依据及处罚内容等持有异议，但不要求听证的，可在收到本听证告知书之日起三日内向本机关提出书面陈述、申辩材料，逾期不陈述、申辩的，视为你（单位）放弃上述权利。

联系人：何某某　　杨某某

电话：×××××××

地址：某市某路××号（某市某支队）

某市某局（公章）

2007 年 1 月 3 日

行政处罚听证告知书

1. 文号。文号由地区简称 + "文物" + 文书简称 + 年份号 + 文书顺序号组成。

2. 当事人栏。应当写明被告知有权要求听证人单位名称（或者个人姓名）。

3. 违法事实。载明违法事实具体内容。

4. 行政处罚的理由。载明违法事实违反的法律、法规、规章。

5. 行政处罚的依据。载明行政处罚所依据的法律、法规、规章的名称及相应的条、款、项、目。

6. 作出行政处罚的内容。写明拟作出行政处罚的种类、数额或者期限。

7. 告知。告知当事人依法享有要求举行听证的权利及法定期限。

8. 联系方式。载明行政执法机关的联系人、电话、地址。

9. 当事人签名。由当事人（单位的法定代表人）或其授权委托人签名或盖章并写明日期。

10. 行政执法机关的印章及日期。文书尾部应当加盖行政机关的印章并载明作出听证告知的日期。

11. 本材料一式二份，一份由行政执法机关交当事人，一份由行政执法机关存档保留。

说明：1. 本案中行政机关拟对当事人经营活动中的违法行为作出罚款人民币六万元整的罚款，符合行政处罚听证条件，应向当事人送达行政处罚听证告知书。如不满足听证条件的，则应当向当事人送达行政处罚告知书，告知当事人陈述（申辩）权利及陈述（申辩）的时间、地点。

2. 根据《文物行政处罚程序暂行规定》第三十二条的规定，当事人要求陈述、申辩的，应当在收到告知书后 3 日内提出。

送达回证

某文物罚回证字〔2007〕第（3）号

案由	某有限公司涉嫌未取得文物保护工程资质证书擅自从事省级文物保护单位的修缮案
送达文书名称、文号	《行政处罚听证告知书》某文物罚听告字〔2007〕第（2）号
被送达人	某有限公司
送达地点	某市某镇某街××号
送达方式	邮寄送达
被送达人签字（或盖章）及收件日期	/　　　　　　　　　　　　年　月　日
送达人（签字）	刘某某　沈某　　　　　　　2007年1月8日
代收人签名或盖章及代收理由	/
受送达人拒收事由和日期	受送达人不配合执法拒绝签收《行政处罚听证告知书》，故采用邮寄送达。邮寄过程由某市公证处出具公证书。 刘某某　沈某　　　　　　2007年1月8日
见证人签名或盖章	/
备注	邮寄过程由某市公证处出具公证书。附国内特快专递邮件详情单、公证书

要求听证书

当事人：<u>某有限公司</u>　　　住址：<u>某市某镇某街××号</u>

邮编：<u>×××××</u>电话：<u>×××××××</u>身份证：<u>　　　　　　　　</u>

法定代表人：<u>陈某某</u>性别：<u>男</u>　出生年月日：<u>××××年×月×日</u>

身份证：<u>××××××××××</u>

委托代理人：<u>　　　</u>性别：<u>　　</u>出生年月日：<u>××××年×月×日</u>

身份证：<u>××××××××××</u>

拟实施行政处罚机关：<u>某市某局</u>

拟行政处罚内容：<u>罚款计人民币六万元整。</u>

要求听证的目的：<u>希望免于行政处罚。</u>

要求听证的事实和理由：<u>我单位于 2006 年 10 月中旬开始对位于某市某区某路××号的某饭店进行加固修缮施工，该修缮工程的修缮方为某集团有限公司，我单位与修缮方某某某集团有限公司签订有工程协议，我单位完全按修缮方的要求进行施工。2007 年 1 月 10 日某市某局向我单位送达行政处罚听证告知书，告知将对我单位作出行政处罚。我单位认为该责任不应由我单位承担，特要求听证，望免于处罚。</u>

此致

　　某市某局

某有限公司（盖章）

委托代理人：<u>　　／　　</u>

2007 年 1 月 12 日

说明：供有听证要求的当事人参考。

听证通知书

某文物罚听通字〔2007〕第（1）号

某有限公司：

　　根据你（单位）<u>2007</u> 年 <u>1</u> 月<u>12</u> 日提出的听证要求，本机关定于 <u>2007</u> 年 <u>2</u> 月 <u>2</u> 日 <u>9</u> 时<u>30</u> 分 在<u>某市某路××号某市某局某会议室</u>举行公开听证，请你（单位）准时参加。

听证主持人：李某某　　　任职部门：某市某局法制办　职务：主任

听证员：程某某　　　　　任职部门：某市某局法制办　职务：科员

记录人：王某某　　　　　任职部门：某市某局法制办　职务：科员

　　你（单位）如申请主持人或者听证员回避，可在听证举行前向我局提出申请并说明理由。你（单位）可以委托 1—2 名代理人参加听证；无特殊原因，不按时参加听证，又不事先说明理由，视为放弃听证权利。

　　联系人：王某某

　　电话：×××××××

　　地址：某市某路××号

某市某局（公章）
2007 年 1 月 16 日

听证通知书

根据《某省行政处罚听证程序实施办法》、《某市行政处罚听证程序实施规定》的规定，行政机关决定予以听证的，应当及时确定举行听证的时间、地点和方式，并在听证举行 7 日前书面通知当事人举行听证的时间、地点等有关事项。《听证通知书》应当载明下列内容：

1. 文号。文号由地区简称 +"文物"+文书简称 + 年份号 + 文书顺序号组成。

2. 当事人姓名或者名称。应当写明当事人单位名称（或者个人姓名）。

3. 听证时间。应当写明举行听证的具体时间。

4. 听证地点。应当写明举行听证的具体地点。

5. 听证方式。应当写明举行听证的方式。

6. 听证主持人。应当写明主持人的姓名、部门、职务。

7. 书记员。应当写明书记员的姓名、部门、职务。

8. 告知当事人听证的权利和义务，以及听证的注意事项。应写明当事人可以委托代理人参加听证，有要求听证主持人、听证员、记录人回避等权利，告知当事人提供证据、通知证人。

9. 行政处罚机关联系人、电话、地址。载明行政机关的联系人姓名、行政机关的联系电话及地址，以方便当事人与行政机关及时沟通。

10. 当事人签名或盖章及日期。由当事人签名或盖章并写明日期。

11. 行政执法机关印章及日期。文书尾部应当加盖行政机关的印章并载明日期。

12. 本材料一式二份，一份由行政执法机关交当事人，一份由行政执法机关存档保留。

送达回证

某文物罚回证字〔2007〕第（4）号

案由	某有限公司涉嫌未取得文物保护工程资质证书擅自从事省级文物保护单位的修缮案
送达文书名称、文号	《听证通知书》某文物罚听通字〔2007〕第（1）号
被送达人	某有限公司
送达地点	某市某镇某街××号
送达方式	直接送达
被送达人签字（或盖章）及收件日期	陈某某 2007年1月22日10时10分
送达人（签字）	刘某某　沈某 2007年1月22日
代收人签名或盖章及代收理由	/
受送达人拒收事由和日期	/
见证人签名或盖章	/
备注	陈某某系某有限公司法定代表人。

听证笔录

听证时间：2007 年　2　月　2　日　9　时　30　分至　10　时　30　分

听证地点：某市某路××号某市某局某会议室

听证方式：公开听证

当事人：某有限公司　　　　　　　　住址：某市某镇某街××号

邮编：×××××　　电话：×××××××　　　　性别：

出生年月日：　　　　　　　　　身份证：

法定代表人：陈某某　　　性别：男　　　出生年月日：××××年×月×日

身份证：×××××××××××××

委托代理人：　　　　　性别：　　　出生年月日：　　　　　身 份 证：

工作单位：　　　　　　　　　　　　　　电话：

利害关系人：　　　　　住址：　　　　　邮编：　　　　　电话：

性别：　　　出生年月：　　　　　　　身份证：

法定代表人：　　　　　　　性别：　　　　出生年月日：

身份证：

委托代理人：　　　　　性别：　　　出生年月日：　　　　　身份证：

工作单位：　　　　　　　　　　　　　　电话：

案件承办人：刘某某　　　性别：男　出生年月日：××××年×月×日 职务：队员

工作单位：某市某支队　　　　电话：×××××××

案件承办人：沈某　　　性别：女　出生年月日：××××年×月×日职务：大队长

工作单位：某市某支队　　　　电话：×××××××

听证主持人、听证员：李某某　程某某　　　　　　记录人：王某某

当事人：陈某某　　　　　　　　　　　　　　2007 年 2 月 2 日

委托代理人：　　　　　　　　　　　　　　　年　　月　　日

利害关系人：　　　　　　　　　　　　　　　年　　月　　日

委托代理人：　　　　　　　　　　　　　　　年　　月　　日

案件承办人：刘某某　沈某　　　　　　　　2007 年 2 月 2 日

听证主持人、听证员：李某某　程某某　　　　2007 年 2 月 2 日

记录人：王某某　　　　　　　　　　　　　2007 年 2 月 2 日

听证笔录

听证的目的：<u>希望免于行政处罚。</u>

告知权利：宣布当事人在听证中的权利和义务：一、经听证主持人同意，对案件涉及的事实、运用法律及有关情况进行陈述和申辩；二、经听证主持人的同意，对案件承办人提出的证据进行质证并提出新的证据；三、如实陈述案件事实和回答听证主持人的提问；四、遵守听证会纪律、服从听证主持人指挥；五、回避权利，如果认为听证主持人、听证员、书记员系下列人员之一，可以申请回避：本案调查人员，当事人或本案调查人员的近亲属；与本案处理结果有其他利害关系的人员。

（听证内容）听证主持人：<u>根据《中华人民共和国行政处罚法》第四十二条之规定和《某市行政处罚听证程序实施规定》对责令停产停业、吊销许可证或者执照、较大数额罚款等的行政处罚案件当事人可以要求听证。应当事人某有限公司的申请，某市局今天在这里公开举行对某有限公司未取得文物保护工程资质证书擅自从事省级文物保护单位——某路近代建筑群之某饭店西楼的修缮案的听证会。现在听证会开始。下面请书记员宣布听证会纪律。</u>

听证书记员：<u>听证会纪律：一、服从听证主持人的指挥，未经听证主持人允许不得发言、提问；二、未经听证主持人的允许不得录音、录像和摄像；三、听证参加人未经听证主持人允许不得退场；四、听证参加人及旁听人员要肃静，不准大声喧哗、起哄，随意走动；手机、传呼机关机或放置振动状态；禁止吸烟。以上纪律，望到会全体人员遵守。</u>

听证主持人：<u>下面请书记员核对听证参加人员的身份。</u>

听证书记员：<u>参加本次听证的案件承办人：某市某支队刘某某、沈某。</u>

（本页记录到此）

当事人：<u>陈某某</u>	2007 年 2 月 2 日
委托代理人：＿＿＿＿＿＿	年　月　日
利害关系人：＿＿＿＿＿＿	年　月　日
委托代理人：＿＿＿＿＿＿	年　月　日
案件承办人：<u>刘某某　沈某</u>	2007 年 2 月 2 日
听证主持人、听证员：<u>李某某　程某某</u>	2007 年 2 月 2 日
记录人：<u>王某某</u>	2007 年 2 月 2 日

听证笔录

参加本次听证的当事人：某有限公司，法定代表人陈某某。

本次听证的双方人员均已到场，身份符合法律规定；可以参加本案听证。

听证主持人：本次听证会由某市某局法制办李某某担任听证主持人，程某某担任听证员，王某某担任书记员，当事人是否申请听证人员回避。

当事人：不申请回避。

听证主持人：现在请案件承办人陈述本案违法的事实、证据以及行政处罚的依据、建议，请发言。

案件承办人：当事人某有限公司未取得文物保护工程资质证书，于 2006 年 10 月中旬开始，对位于某市某区某路××号的省级文物保护单位——某路近代建筑群之某饭店西楼进行加固修缮工程，并已完工。工程内容具体如下：1. 用钢条加固一层至二层的木质横梁 57 根，新增钢结构横梁 30 根；2. 在一层至三层的中间内墙上（原壁炉处）新增钢结构固定支架。当事人的上述行为涉嫌违反了《中华人民共和国文物保护法》第二十一条第三款的规定。本案证据有现场检查（勘验）笔录、现场照片、调查（询问）笔录、证人证言、有关部门认定意见、协议书、国家文物局《关于发布文物保护工程勘查设计、施工单位资质的通知》、《某省文物局关于发布我省首批文物保护工程勘查设计、施工单位资质的通知》、《某省人民政府关于公布第五批省级文物单位和与现有省级文物保护单位合并项目的通知》等。根据《中华人民共和国文物保护法》第六十六条第一款第（六）项的规定，拟对当事人未取得文物保护工程资质证书擅自从事文物修缮的行为处以罚款计人民币六万元整。

听证主持人：刚才案件承办人已就当事人涉嫌未取得文物保护工程资质证书擅自从

（本页记录到此）

当事人：陈某某	2007 年 2 月 2 日
委托代理人：	年　月　日
利害关系人：	年　月　日
委托代理人：	年　月　日
案件承办人：刘某某　沈某	2007 年 2 月 2 日
听证主持人、听证员：李某某　程某某	2007 年 2 月 2 日
记录人：王某某	2007 年 2 月 2 日

听证笔录

事省级文物保护单位——某路近代建筑群之某饭店西楼修缮的违法事实、证据以及行政处罚的依据、建议作了发言。现在请当事人进行陈述和申辩。请发言。

当事人：我单位是根据修缮方某某某集团有限公司的要求对位于某市某区某路××号的某饭店进行加固修缮施工，双方签有工程协议，我单位完全按修缮方的要求进行施工，该责任不应由我单位承担。

听证主持人：请案件承办人就当事人提出的陈述与申辩内容发表意见。

案件承办人：即使当事人与修缮方签有施工协议，替修缮方施工，但根据《中华人民共和国文物保护法》第二十一条第三款的规定：对文物保护单位的修缮应由取得文物保护工程资质证书的单位承担。当事人不具有文物保护工程资质证书却接下该工程，当事人存在过失，且当事人未取得文物保护工程资质证书对省级文物保护单位——某路近代建筑群之某饭店西楼进行加固修缮施工已造成一定的严重后果。当事人应对此承担法律责任。

听证主持人：刚才案件承办人和当事人双方都陈述了自己的意见和观点。现在当事人可对案件承办人提出的证据进行质证并提供新的证据。请当事人发言。

当事人：我单位对案件的事实没有什么要说的。对案件承办人提出的证据没有异议，不提供新的证据。

听证主持人：请案件承办人发言。

案件承办人：没有意见。

听证主持人：如果双方没有新的意见和观点的话，本案事实的陈述、辩解和质证到此结束。请案件承办人与当事人作最后补充意见。

（本页记录到此）

当事人：陈某某	2007 年 2 月 2 日
委托代理人：	年　月　日
利害关系人：	年　月　日
委托代理人：	年　月　日
案件承办人：刘某某　沈某	2007 年 2 月 2 日
听证主持人、听证员：李某某　程某某	2007 年 2 月 2 日
记录人：王某某	2007 年 2 月 2 日

听证笔录

案件承办人：本案事实清楚，证据确凿，当事人对违法事实没有异议，我们认为考虑到上述情节，对当事人处以人民币六万元整的罚款是恰当的。

听证主持人：请当事人发言。

当事人：我公司确有疏忽，但并不出于故意，希望执法部门酌情处理。

听证主持人：本次听证会已按《中华人民共和国行政处罚法》、《某省行政处罚听证程序实施办法》及《某市行政处罚听证程序实施规定》所规定的程序和步骤进行，通过听证，双方陈述与申辩，我们认为当事人对行政执法机关认定的违法事实、调查取得的证据、处罚适用的法律、处罚裁定的依据均未提出新的意见与疑义。

听证主持人：现在请双方核对听证笔录，核对无误后签字或盖章。请案件承办人先核对笔录。

听证书记员：请当事人核对笔录。

听证主持人：听证会笔录核对完毕，听证会到此结束。

（此页是听证笔录尾页）

"听证笔录上述内容，记录属实。"

当事人：陈某某	2007 年 2 月 2 日
委托代理人：	年　月　日
利害关系人：	年　月　日
委托代理人：	年　月　日
案件承办人：刘某某　沈某	2007 年 2 月 2 日
听证主持人、听证员：李某某　程某某	2007 年 2 月 2 日
记录人：王某某	2007 年 2 月 2 日

听证笔录

听证的举行程序及听证笔录的制作应符合《某省行政处罚听证程序实施办法》的规定。

1. 举行听证的起止时间、地点。写明听证的起止时间、听证地点。

2. 举行听证的方式。写明听证举行的方式。根据《某省行政处罚听证程序实施办法》的规定，除涉及国家秘密、商业秘密或者个人隐私外，听证应当以公开的方式举行。

3. 听证参加人。写明当事人、利害关系人、委托代理人、案件承办人等听证参加人的单位名称（或者个人姓名）、法定代表人、性别、出生年月、身份证件号、职务、工作单位、电话、住址、邮编等基本情况。

4. 听证主持人、听证员、记录人的姓名、工作单位。

5. 举行听证的目的。写明当事人的主要要求。

6. 告知申请人、利害关系人等享有的权利。应记载当事人依法享有的申请回避权利、陈述（申辩）权利。

7. 听证会内容。写明举行听证会的法律依据、会场纪律；承办人提供的审查意见的依据、理由；申请人对案件涉及的事实、依据等陈述（申辩）内容。

8. 听证会的程序。行政处罚听证会应当按照以下程序和要求进行：（一）宣布听证会场纪律、当事人的权利和义务；（二）听证主持人介绍主持人、书记员，并询问是否有回避申请，询问、核对听证参加人的身份；（三）案件承办人员提出当事人违法的事实、证据、行政处罚的理由、依据及行政处罚建议等；（四）当事人对案件的事实进行陈述和申辩，提出有关证据，对案件承办人提出的证据进行质证；（五）申请人的最后陈述。

9. 当事人、利害关系人、委托代理人等对笔录的意见。听证笔录应交案件承办人、当事人、第三人和证人审核无误后注明"听证笔录上述内容，记录属实"的字样，由当事人、利害关系人、委托代理人、调查人员等逐页签名并在页末注明日期。当事人、第三人和证人拒绝在听证笔录上签名的，由书记员在听证笔录上记明。

10. 听证主持人、听证员、记录人签名及日期。由听证主持人、听证员、记录人签名或盖章并写明日期。

11. 听证笔录的记录有修改的，应由当事人、利害关系人、委托代理人等在各自修改处压指印。

12. 有下列情形之一的，听证书记员应当如实予以记录：（一）当事人有正当理由要求延期，行政处罚实施机关准许延期的；（二）当事人未按时参加听证并事先未说明事由或者未经听证主持人许可中途退出听证会场，视为放弃听证权利的；（三）有法定情形中止或者终结听证的。

听证报告

案由：某有限公司涉嫌未取得文物保护工程资质证书擅自从事省级文物保护单位的修缮案

听证时间：<u>2007</u>年<u>　2　</u>月<u>　2　</u>日<u>　9　</u>时<u>　30　</u>分至<u>　10　</u>时<u>　30　</u>分

听证地点：<u>某市某路××号某市某局某会议室　　　</u>听证方式：<u>公开听证</u>

听证主持人：<u>李某某　　　</u>听证员：<u>程某某　　</u>记录人：<u>王某某　　　</u>

当事人：<u>某有限公司　　　　　　　</u>委托代理人：<u>　　　　　　　　　</u>

利害关系人：<u>　　　　　　　　　　</u>委托代理人：<u>　　　　　　　　　</u>

案件承办人：<u>刘某某　　沈某　　　</u>工作单位：<u>某市某支队　　　　</u>

听证会基本情况：2007年2月2日上午，某市某局举行了听证会。听证按法定程序进行：听证主持人核对了听证参加人、介绍了听证主持人、听证员和听证记录员，宣布了听证纪律，宣读了案由，并告知当事人在听证中的权利和义务。当事人表示对听证人员和记录员不提出回避申请。案件承办人提出当事人违法的事实、证据、依据以及行政处罚建议；当事人进行陈述和申辩；相互辩论、质证；听证主持人按照案件承办人、当事人的先后顺序征询各方最后意见。

陈述与申辩：案件承办人提出当事人某有限公司未取得文物保护工程资质证书，于2006年10月中旬开始，对位于某市某区某路××号的省级文物保护单位——某路近代建筑群之某饭店西楼进行加固修缮工程，并已完工。工程内容具体如下：1. 用钢条加固一层至二层的木质横梁57根，新增钢结构横梁30根；2. 在一层至三层的中间内墙上（原壁炉处）新增钢结构固定支架。已造成一定的严重后果。当事人的上述行为涉嫌违反了《中华人民共和国文物保护法》第二十一条第三款的规定。有现场检查（勘验）笔录、现场照片、调查（询问）笔录、证人证言、有关部门认定意见、协议书、国家文物局《关于发布文物保护工程勘查设计、施工单位资质的通知》、《某省文物局关于发布我省首批文物保护工程勘查设计、施工单位资质的通知》、《某省人民政府关于公布第五批省级文物单位和与现有省级文物保护单位合并项目的通知》等证据为证。当事人不具有文物保护工程资质证书却接下该工程，当事人存在过失，且当事人未取得文物保护工程资质证书对省级文物保护单位——某路近代建筑群之某饭店西楼进行加固修缮施工已造成一定的严重后果，当事人应对此承担法律责任。建议根据《中华人民共和国文物保护法》第六十六条第一款第

听证报告

（六）项的规定，拟对当事人未取得文物保护工程资质证书擅自从事文物修缮的行为处以罚款计人民币六万元整。当事人对此提出陈述申辩，认为其完全按修缮方的要求进行施工，双方签有工程协议，不应承担违法责任，希望免于处罚。

意见及建议：该案违法事实清楚，证据充分、程序合法，适用法律恰当。听证主持人综合听证双方意见认为当事人提出其完全按修缮方的要求进行施工，双方签有工程协议，不应承担违法责任的意见不能成立。鉴于当事人违法事实清楚、确凿，法律适用正确，程序合法，建议：维持拟处罚意见。（以下无正文）

听证主持人：李某某　　　　　　　听证员：程某某

2007 年 2 月 2 日

听证报告

1. 案由。由违法主体名称 + 涉嫌 + 具体违法行为（对应法条中所规定的违法行为如未取得文物保护工程资质证书擅自从事文物修缮）＋案组成。

2. 举行听证的起止时间、地点、方式。写明听证的起止时间、听证地点和听证的方式。

3. 听证主持人、听证员、记录人、当事人及其委托代理人、利害关系人及其委托代理人的姓名。

4. 案件承办人的姓名及其工作单位。

5. 听证会基本情况。应当简明揣扼要、客观公正介绍听证会基本情况。

6. 陈述申辩。写明案件承办人对案件事实认定、相关证据、理由以及处理意见，当事人陈述申辩的理由和要求。

7. 处理意见及建议。听证主持人综合听证双方意见，确认案件事实是否清楚、证据是否确凿、程序是否合法，适用法律是否正确，并明确提出处理意见。

8. 听证主持人、听证员签名及日期。由听证主持人、听证员签名或盖章并写明日期。

9. 将《听证笔录》附在《听证报告》后备查。

案件集体讨论记录

时间：__2007__ 年 __2__ 月 __13__ 日 __9__ 时 __35__ 分至 __10__ 时 __50__ 分

地点：某市某局会议室

集体讨论案由：某有限公司涉嫌未取得文物保护工程资质证书擅自从事省级文物保护单位的修缮案

主持人：__王某某__　职务：__某市某局长__　记录人：__程某某__　职务：__局法制办科员__

参加人：赵某（副局长）、张（副局长）、李（法制办主任）、余（支队长）、沈某

列席人：_____

案件承办人汇报案件情况：

　　沈某：当事人某有限公司未取得文物保护工程资质证书，于 2006 年 10 月中旬开始，对位于某市某区某路××号的省级文物保护单位——某路近代建筑群之某饭店西楼进行加固修缮工程，并已完工。工程内容具体如下：1. 用钢条加固一层至二层的木质横梁 57 根，新增钢结构横梁 30 根；2. 在一层至三层的中间内墙上（原壁炉处）新增钢结构固定支架。以上事实有现场检查（勘验）笔录、调查（询问）笔录、现场照片等证据为证，本案经现场检查、询问调查、征求意见、听证，已于 2007 年 2 月 5 日调查终结。当事人的行为涉嫌违反了《中华人民共和国文物保护法》第二十一条第三款之规定。根据《中华人民共和国文物保护法》第六十六条第一款第（六）项的规定，拟对当事人未取得文物保护工程资质证书擅自从事文物修缮的行为处以罚款计人民币六万元整。

听证主持人汇报听证情况：

　　李某某：2007 年 2 月 2 日根据当事人要求，某市某局在某市某路××号某市某局某会议室举行了听证会，听证会按规定的程序和要求进行，听证双方争议的问题为当事人提出其完全按修缮方的要求进行施工，双方签有工程协议，不应承担违法责任，希望免于行政处罚。案件承办人认为即使当事人与修缮方签有施工协议，替修缮方施工，但根据《中华人民共和国文物保护法》第二十一条第三款的规定：对文物保护单位的修缮应由取得文物保护工程资质证书的单位承担。当事人不具有文

主持人：王某某	2007 年 2 月 13 日
记录人：程某某	2007 年 2 月 13 日
参加人：赵某、张某某、李某某、余某某、沈某	2007 年 2 月 13 日

案件集体讨论记录

物保护工程资质证书却接下该工程，当事人存在过失，且当事人未取得文物保护工程资质证书对省级文物保护单位——某路近代建筑群之某饭店西楼进行加固修缮施工已造成一定的严重后果。当事人应对此承担法律责任。

听证主持人综合听证双方意见认为当事人提出其完全按修缮方的要求进行施工，双方签有工程协议，不应承担违法责任的意见不能成立。鉴于当事人违法事实清楚、确凿，法律适用正确，程序合法，建议：维持拟处罚意见。

参加讨论人员意见和理由：

　　余某某：根据《中华人民共和国文物保护法》第六十六条第一款第（六）项的规定，应对当事人的违法行为处以五万元以上五十万元以下的罚款，案件承办人提出对当事人实施罚款人民币六万元整的建议已考虑到当事人的违法情节、性质及造成的危害后果，是比较适当的，因此同意对当事人未取得文物保护工程资质证书擅自从事文物修缮的行为处以罚款，计人民币六万元整。

　　张某某：通过承办人员的调查，该案的现有证据能够证明违法事实的发生，在法律的适用上准确，最后，本案也充分听取了当事人的陈述与申辩，自由裁量恰当。同意案件承办人的意见。

　　赵某某：根据当事人的违法情节，性质及造成的危害后果，对当事人的违法行为处以人民币六万元整的罚款是比较恰当的，同意案件承办人的意见。

　　王某某：经全面审查，本案的证据充分，能够证明违法事实的发生，在法律的适用上准确，程序上没有出现违法现象，鉴于当事人的违法情节和造成的危害后果，同意对当事人未取得文物保护工程资质证书擅自从事文物修缮的行为处以罚款计人民币六万元整。与会人员有无其他意见？

赵某、张某某、李某某、余某某、沈某：没有其他意见，同意上述决定。

结论性意见：

同意对当事人未取得文物保护工程资质证书擅自从事文物修缮的行为处以罚款，计人民币六万元整。（以下无正文）

主持人：王某某　　　　　　　　　　　　　　　　2007 年 2 月 13 日

记录人：程某某　　　　　　　　　　　　　　　　2007 年 2 月 13 日

参加人：赵某、张某某、李某某、余某某、沈某　　2007 年 2 月 13 日

案件集体讨论记录

根据《中华人民共和国行政处罚法》和《文物行政处罚程序暂行规定》的规定，对情节复杂或者重大违法行为给予较重行政处罚的，文物行政部门的负责人应当集体讨论决定。对给予较重行政处罚的案件进行集体讨论，时间应在案件调查终结并由承办人员提出处罚建议之后以及文物行政部门负责人作出最终处理意见之前。集体讨论的案件应当如实予以记录。《案件集体讨论记录》，应当载明下列内容：

1. 集体讨论的时间、地点。

2. 集体讨论的主持人、记录人、出席人、列席人的姓名及职务。

3. 承办人员汇报案情。应汇报违法行为发生的时间、地点、情节、后果等；案件涉及的法律、法规、规章等；承办人阐述的意见和理由。

4. 听证主持人汇报听证情况。应汇报听证情况、听证各方的意见和理由，及听证主持人的意见和理由。

5. 参加讨论人员的主要意见和理由。写明参加讨论人员提出的各种观点及意见。

6. 结论意见。经过案件集体讨论后决定的意见。

7. 签名及日期。主持人、记录人、参加人签名及日期。

说明：本案拟对当事人的违法行为处以人民币六万元的罚款，属给予较重的行政处罚，故应当集体讨论决定处罚意见。

案件处理审批表

案由	某有限公司涉嫌未取得文物保护工程资质证书擅自从事省级文物保护单位的修缮案				案件来源	公民（匿名）电话举报
当事人	个人	姓名	/	性别	/	出生年月日	/

当事人	个人	姓名	/	性别	/	出生年月日	/
		身份证件号	/			电话	
		住址	/			邮编	/
		工作单位				邮编	/
	单位	名称	某有限公司	法定代表人	陈某某	电话	××××
							××××
		住址	某市某镇某街××号			邮编	×××××

案件调查处理基本情况	经立案调查，当事人某有限公司未取得文物保护工程资质证书，于2006年10月中旬开始，对位于某市某区某路××号的省级文物保护单位——某路近代建筑群之某饭店西楼进行加固修缮工程，并已完工。工程内容具体如下：1. 用钢条加固一层至二层的木质横梁57根，新增钢结构横梁30根；2. 在一层至三层的中间内墙上（原壁炉处）新增钢结构固定支架。已造成一定的严重后果。经现场检查、询问调查、征求意见等调查取证环节，依法向当事人发出了《责令改正通知书》，2007年1月3日我机关向当事人送达《行政处罚听证告知书》拟对当事人处以罚款计人民币六万元整，并于2007年2月2日举行听证会，当事人在听证会上对本案事实没有异议也未提出新的证据，但提出其完全按修缮方的要求进行施工，双方签有工程协议，不应承担违法责任，希望免于行政处罚。执法人员充分听取后认为当事人的意见不能成立。当事人无依法从重、从轻、减轻或不予行政处罚的情节，也未提出其他陈述申辩意见。本案现调查终结。当事人的行为已涉嫌违反了《中华人民共和国文物保护法》第二十一条第三款之规定，属未取得文物保护工程资质证书，擅自从事文物修缮的行为。根据《中华人民共和国文物保护法》第六十六条第一款第（六）项的规定："施工单位未取得文物保护工程资质证书，擅自从事文物修缮、迁移、重建的，由县级以上人民政府文物主管部门责令改正，造成严重后果的，处以五万元以上五十万元以下的罚款"。

承办人意见	建议对当事人处以罚款计人民币六万元整。 刘某某　沈某　　　　　　　2007 年 2 月 5 日 拟同意　　沈某　　　　　　　　2007 年 2 月 5 日
承办机构审核意见	拟同意承办人意见。杨某某　　　2007 年 2 月 6 日 拟同意承办人意见。余某某 　　　　　　　　　　　　　　　2007 年 2 月 7 日
法制机构负责人审核意见	拟同意承办机构意见，建议局长办公会讨论决定。　李某某 　　　　　　　　　　　　　　　2007 年 2 月 8 日
行政机关负责人审批意见	经局长办公会讨论决定，对当事人处以罚款计人民币六万元整。 （行政机关负责人签字章）　　　2007 年 2 月 13 日

案件处理审批表

案件调查终结，拟对当事人作出行政处罚决定的，由承办案件的承办人填写《案件处理审批表》报行政机关负责人审查，行政机关负责人根据《文物行政处罚程序暂行规定》第四十三条、第三十条的规定，作出决定。

1. 案由。由违法主体名称＋涉嫌具体违法行为（对应法条中所规定的违法行为如未取得文物保护工程资质证书擅自从事文物修缮）＋案组成。

2. 案件来源。参照立案审批表。

3. 当事人的基本情况。应记载当事人单位名称（或者个人姓名）、法定代表人、出生年月、身份证件号、工作单位、电话、住址、邮编等。

4. 案件基本情况。要求写明违法行为发生的时间、地点、情节、后果等；案件的性质；是否有依法从重、从轻、减轻或不予行政处罚的情节及相关证据；当事人陈述申辩意见及对该意见的复核意见；当事人听证会提出的意见及对该意见的复核意见；处理适用的法律、法规、规章依据，并注明违法事实的其他相关情况。

5. 承办人意见。要求写明承办人的具体处理意见，由两名以上承办人员签上姓名及日期，并由该承办行政执法机构的负责人填写是否同意的意见，并加盖行政执法机构公章。

6. 承办机构审核意见。该栏应有承办机构负责人同意或不同意的意见、签名及日期、并加盖承办机构公章。

7. 法制机构负责人审核意见。该栏应有法制机构负责人同意或不同意的意见、签名及日期。

8. 行政负责人审批意见。该栏应有行政执法机关负责人的最终决定意见、签名（或盖有关印章）及日期。

9. 适用范围。该文书适用于行政处罚审批、不予行政处罚审批等案件处理决定事项。

10. 该审批表必须在行政处罚事先告知书或行政处罚听证告知书送达三天后，保障当事人的陈述申辩、听证权利完毕后，才能制作。

某省代收罚没款专用票据

某有限公司 2007 年 3 月 2 日到指定银行缴纳
罚款的收据

（某省代收罚没款专用票据）

　　说明：根据《中华人民共和国行政处罚法》第四十六条的规定：作出罚款决定的行政机关应当与收缴罚款的机构分离。除依照《中华人民共和国行政处罚法》第四十七条、第四十八条的规定当场收缴的罚款外，作出行政处罚决定的行政机关及其执法人员不得自行收缴罚款。

　　罚款收据应当附卷。

行政处罚案件结案审批报告

<table>
<tr><td rowspan="6">当事人</td><td rowspan="4">个人</td><td>姓名</td><td>/</td><td>性 别</td><td>/</td><td>出生年月日</td><td>/</td></tr>
<tr><td>身份证件号</td><td colspan="3">/</td><td>电话</td><td>/</td></tr>
<tr><td>住址</td><td colspan="3">/</td><td>邮编</td><td>/</td></tr>
<tr><td>工作单位</td><td colspan="3">/</td><td>邮编</td><td>/</td></tr>
<tr><td rowspan="2">单位</td><td>名称</td><td>某有限公司</td><td>法定代表人</td><td>陈某某</td><td>电话</td><td>×××
×××</td></tr>
<tr><td>住址</td><td colspan="3">某市某镇某街××号</td><td>电话</td><td>××××</td></tr>
<tr><td>行政处罚文书文号</td><td colspan="4">某文罚决字〔2007〕第（某）号</td><td>发文日期</td><td>2007年2月13日</td></tr>
<tr><td>案由</td><td colspan="4">某有限公司未取得文物保护工程资质证书擅自从事省级文物保护单位的修缮案</td><td>案件来源</td><td>公民（匿名）电话举报</td></tr>
<tr><td>案件简要情况</td><td colspan="6">　　2006年12月7日，接群众来电举报反映省级文物保护单位某饭店的西楼内在进行施工，要求查处。某市某局执法人员即赴现场调查。经查，当事人某有限公司未取得文物保护工程资质证书，于2006年10月中旬开始，对位于某市某区某路××号的省级文物保护单位——某路近代建筑群之某饭店西楼进行加固修缮工程，并已完工。工程内容具体如下：1.用钢条加固一层至二层的木质横梁57根，新增钢结构横梁30根；2.在一层至三层的中间内墙上（原壁炉处）新增钢结构固定支架。已造成一定的严重后果。当事人的行为违反了《中华人民共和国文物保护法》第二十一条第三款之规定，属未取得文物保护工程资质证书，擅自从事文物修缮的行为。本案于2006年12月7日立案，经现场检查、责令改正、询问调查、征求意见、听证告知、听证，于2007年2月5日调查终结。</td></tr>
<tr><td>行政处罚内容</td><td colspan="6">　　根据《中华人民共和国文物保护法》第六十六条第一款第（六）项的规定，经集体讨论决定，我机关于2007年2月13日对当事人依法作出了如下行政处罚决定："处以罚款人民币六万元整。"并于2月16日送达决定书。</td></tr>
</table>

行政处罚执行情况	当事人已于 2007 年 3 月 2 日将人民币六万元整的罚款缴至指定银行，缴款收据编号为：××××××。
执行方式	√□自动履行　　　　　□申请法院强制执行
承办人意见	当事人已履行了行政处罚决定的内容，建议结案。 　　　　　　　　　　刘某某　　沈某　　　　　2007 年 3 月 5 日 拟同意结案。　　沈某　　　　　　　　　　2007 年 3 月 5 日
承办机构审核意见	拟同意结案。　　杨某某　　　　　　　　　2007 年 3 月 5 日 同意结案。　　余某某　　　　　　　　　　2007 年 3 月 5 日
行政机关负责人审批意见	同意结案。（行政机关负责人签字章） 　　　　　　　　　　　　　　　　　　　　2007 年 3 月 6 日

行政处罚案件结案审批报告

1. 当事人的基本情况。当事人是公民的，要记载其姓名、性别、出生年月、身份证件号、工作单位、电话、住址、邮编等；当事人是法人或其他组织的，要记载其名称、法定代表人、电话、住址、邮编等。

2. 行政处罚文书文号。写明行政处罚决定书的文号。

3. 发文日期。写明行政处罚决定书的发文日期。

4. 案由。由违法主体名称＋具体违法行为（对应法条中所规定的违法行为如未取得文物保护工程资质证书擅自从事文物修缮）＋案组成。

5. 案件来源。参照立案审批表。

6. 案件简要情况。应写明违法行为发生的时间、地点、情节、后果等；违反的法律、法规、规章等，并注明案件从立案到调查终结期间经历的每一个程序步骤。

7. 行政处罚内容。写明行政处罚决定的内容。

8. 行政处罚执行情况。写明行政处罚执行的结果。

9. 行政处罚执行方式。应根据自动履行或申请法院强制执行选择相应的栏目，在前面的方框里打"√"。

10. 承办人意见。承办人建议结案的意见，由两名以上承办人员签上姓名及日期，并由该承办行政执法机构的负责人填写是否同意的意见，并加盖行政执法机构公章。

11. 承办机构审核意见。该栏应有承办机构负责人同意或不同意的意见、签名或盖章及日期。

12. 行政负责人审批意见。该栏应有行政执法机关负责人同意或不同意的意见、签名（或盖有关印章）及日期。

某建设集团有限公司在历史文化保护区内损坏
保护规划确定保护的建筑物案

2007 年 5 月 29 日，某市某文物行政机关下属的市文物监察机构在对本市的省级文物保护单位——某别墅进行巡查的过程中，发现了该文物保护单位内部的施工情况。经执法人员现场检查发现，某建设集团有限公司正在对该文物保护单位的西楼本体建筑进行内部装修，装修施工中存在以下情况：1. 调整了西楼一层及二层的原内部格局（共计拆除 3 堵原有灰木隔墙，开设 2 扇新的墙门）；2. 拆除了西楼一至二层计 3 扇原木结构房门。装修方某建设集团有限公司无法提供文物行政部门批准其对省级文物保护单位进行上述施工的合法许可手续。虽然现行的文物法中对装修改变文物建筑原状的行为没有明确的规定，但该文物建筑同属历史文化保护区内保护规划确定保护的建筑物，由于当事人的行为涉嫌对该建筑造成了损坏，因此市某文物行政机关决定立案调查，并向当事人发出《责令改正通知书》责令其立即停止损害施工，承办机构为市文物监察机构。

案件调查过程中执法人员制作了施工现场的检查（勘验）笔录，拍摄了现场照片，并对某建设集团有限公司的法定代表人进行了询问，同时收集了该公司的企业法人营业执照、施工协议书、当事人与产权人签订的经营权转让合同、装修施工图纸以及文物建筑原状图纸等书面证据材料，查清了某建设集团有限公司为开设会馆对该建筑进行内部装修的基本事实，随后有关部门就当事人的行为对文物建筑的损害程度以及应采取何种改正措施提出了认定意见，市某文物行政机关根据该认定意见向当事人发出《责令改正通知书》，责令其限期改正，又于 2007 年 6 月 20 日向当事人送达了《行政处罚听证告知书》，告知当事人已涉嫌违反了《某省历史文化名城保护条例》第二十五条第（一）项的规定，拟对其处以人民币二万元整的罚款，当事人未要求听证，也未提出陈述申辩。

根据调查结果，市某文物行政机关认定某建设集团有限公司的行为已违反了《某省历史文化名城保护条例》第二十五条第（一）项的规定，属在历史文化保护区内损坏保护规划确定保护的建筑物的行为，根据《某省历史文化名城保护条例》第三十七条第一款的规定，决定对当事人某建设集团有限公司作出罚款计人民币二万元整的行政处罚，并于 2007 年 6 月 29 日向当事人送达了行政处罚决定书。当事人未提起行政复议及诉讼。当事人根据《责令改正通知书》的要求编制了方案，在报经省文物局审核同意后结合方案恢复了文物建筑原状。2007 年 7 月 6 日当事人将人民币二万元整的罚款缴至指定银行，履行了行政处罚决定。根据办案流程案件于 2007 年 8 月 8 日结案归档。

卷内文书目录

序号	文号	题名	日期	备注
1	某文物罚决字 [2007] 第 (3) 号	行政处罚决定书	2007.6.28	
2	某文物罚回证字 [2007] 第 (9) 号	送达回证	2007.6.29	
3		立案审批表	2007.5.29	
4		协助调查函	2007.5.29	
5	某文物罚责改通字 [2007] 第 (1) 号	责令改正通知书	2007.5.29	
6	某文物罚回证字 [2007] 第 (6) 号	送达回证	2007.5.29	
7	某文物罚责改通字 [2007] 第 (2) 号	责令改正通知书	2007.6.13	
8	某文物罚回证字 [2007] 第 (7) 号	送达回证	2007.6.13	
9		现场检查 (勘验) 笔录	2007.5.29	
10		照片证据	2007.5.29	
11		整改后照片	2007.8.3	
12		调查 (询问) 笔录	2007.5.30	
13		某市某区管理委员会关于对某别墅装修方案的批复	2007.5.30	
14		某别墅 (某和馆国际会所) 装修方案	2007.5.30	
15		"某别墅" 商业网点经营权转让合同	2007.5.30	
16		某市某路历史文化街区保护工程 (某别墅东、西楼) 竣工图	2007.5.30	

序号	文号	题名	日期	备注
17	某政发〔2005〕18 号	《某省人民政府关于公布第五批省级文物单位和与现有省级文物保护单位合并项目的通知》	2007. 5. 30	
18		省级文物保护单位——某别墅保护规划图	2007. 5. 30	
19		某街近代建筑保护区保护规划	2007. 5. 30	
20		授权委托书	2007. 5. 29	
21		企业法人营业执照	2007. 5. 30	
22		当事人代理人身份证	2007. 5. 30	
23		执法人员执法证	2007. 5. 29	
24	某文物征联函〔2007〕第 1 号	文物行政执法征求意见联系函	2007. 6. 12	
25		案件调查报告	2007. 6. 13	
26		听证告知审批表	2007. 6. 18	
27	某文物罚听告字〔2007〕第（3）号	行政处罚听证告知书	2007. 6. 20	
28	某文物罚回证字〔2007〕第（8）号	送达回证	2007. 6. 20	
29		案件处理审批表	2007. 6. 28	
30		关于某别墅设计方案的批复	2007. 7. 10	
31		转发省文物局关于某别墅设计方案的批复	2007. 7. 10	
32		某省代收罚没款专用票据	2007. 7. 6	
33		行政处罚案件结案审批表	2007. 8. 8	

行政处罚决定书

某文物罚决字 ［2007］ 第 （3） 号

当事人：某建设集团有限公司

法定代表人：李某某

电话：××××××××

住址：某市某区某路××号

邮编：×××××

　　本机关现已查明，当事人于 2007 年 5 月起，在某市某路××号对位于某街近代建筑保护区内保护规划确定保护的某省省级文物保护单位——某别墅西楼文物建筑本体进行如下施工：1. 调整了某别墅西楼一层及二层的原内部格局（共计拆除 3 堵原有灰木隔墙，开设 2 扇新的墙门）；2. 拆除了西楼一至二层计 3 扇原木结构房门。

　　本机关认为当事人的上述行为违反了《某省历史文化名城保护条例》第二十五条第 （一） 项的规定，已构成违法。具体有现场检查（勘验）笔录、调查（询问）笔录、现场照片等证据为凭。现依据《某省历史文化名城保护条例》第三十七条第一款的规定，对当事人作出如下行政处罚：罚款计人民币两万元整。

　　当事人自收到本决定书之日起十五日内到某银行（账户：××××××××××××，账号：××××××××××）缴纳罚款。逾期不缴纳，每日按罚款数额的百分之三加处罚款。

　　当事人如不服本处罚决定，可在接到本处罚决定书之日起六十日内向某市人民政府或者某省文物局申请行政复议，也可以在接到本处罚决定书之日起三个月内直接向某市某区人民法院起诉。申请行政复议或者提起行政诉讼期间，行政处罚不停止执行。

　　逾期不申请行政复议，也不提起行政诉讼，又不履行行政处罚决定的，本机关将依法申请人民法院强制执行。

某市某局（公章）

2007 年 6 月 28 日

送达回证

某文物罚回证字［2007］第（9）号

案由	某建设集团有限公司在历史文化保护区内损坏保护规划确定保护的建筑物案
送达文书名称、文号	《行政处罚决定书》 某文物罚决字［2007］第（3）号
被送达人	某建设集团有限公司
送达地点	某市某区某路××号
送达方式	直接送达
被送达人签字（或盖章） 及收件日期	王某某 2007 年 6 月 29 日 15 时 30 分
送达人（签字）	姚某某　　郑某某 2007 年 6 月 29 日
代收人签名或盖章 及代收理由	/
受送达人拒收 事由和日期	/
见证人签名 或盖章	/
备注	王某某系受送达人的委托代理人。

立案审批表

当事人	个人	姓名	/	性别	/	出生年月	/
		身份证件号	/			电话	/
		住址	/			邮编	/
		工作单位	/			邮编	/
	单位	名称	某建设集团有限公司	法定代表人	李某某	电话	×××× ××××
		住址	某市某区某路××号			邮编	×××× ××
案由		某建设集团有限公司涉嫌在历史文化保护区内损坏保护规划确定保护的建筑物案		案件来源		检查发现	
案情		2007年5月29日，某市某局执法人员依法检查位于某市某路××号的某省省级文物保护单位——某别墅文物建筑内部施工情况。某别墅于2005年经公布为省级文物保护单位，文物本体由西楼（砖木结构三层）及东楼（砖木局部砖混结构两层）两幢建筑组成，属于某街近代建筑保护区内保护规划确定保护的建筑物。经现场了解，某建设集团有限公司正在对某别墅西楼文物建筑本体进行装修施工，施工中发现以下问题：1.调整了某别墅西楼一层及二层的原内部格局（共计拆除3堵原有灰木隔墙，开设2扇新的墙门）；2.拆除了西楼一至二层计3扇原木结构房门。某建设集团有限公司未能提供文物行政部门批准其对省级文物保护单位某别墅文物建筑本体进行上述施工的合法许可手续。					
承办人意见		当事人的行为涉嫌违反了《某省历史文化名城保护条例》第二十五条第（一）项之规定，符合《中华人民共和国行政处罚法》第三十六条、《文物行政处罚程序暂行规定》第十二条之规定。建议立案。姚某某　郑某某　　　　　　　　　　　　　　2007年5月29日 　　拟同意。　　　　　沈某　　　　　　2007年5月29日					

承办机构审核意见	拟同意立案。　　　　　杨某某　　　　　2007 年 5 月 29 日 拟同意立案。　　　　　都某某　　　　　2007 年 5 月 29 日
行政机关负责人审批意见	同意立案。　指定姚某某　郑某某　为本案调查人员 （行政机关负责人签字章）　　　　　2007 年 5 月 29 日

协助调查函

某建设集团有限公司：

　　根据《中华人民共和国行政处罚法》第三十七条第一款的规定，请你（单位）于<u>2007</u> 年 <u>5</u> 月<u>30</u> 日<u>10</u> 时，到<u>某市某路××号（某市某支队某大队）</u> 接受你单位<u>涉嫌在历史文化保护区内损坏保护规划确定保护的建筑物</u>案的询问调查。特此通知。

　　☐（1）协助调查人为个人，应携带身份证等有效证件，如委托律师或其他代理人的，代理人应携带授权委托书、被代理人的身份证、代理人本人的身份证等有效证件。

　　☑（2）协助调查人为单位，其法定代表人（负责人）前来的，应携带单位身份证明、法定代表人（负责人）身份证明等有关证明文件，如委托单位工作人员或律师等其他代理人前来的，代理人应携带单位开具的授权委托书、单位身份证明、代理人本人身份证等有效证件。

　　☑（3）协助调查人应携带其他与本次调查有关的证明材料：

1. <u>某别墅房屋使用权证明；</u>
2. <u>某别墅内部施工行政审批许可件；</u>
3. <u>某别墅内部施工方案。</u>

被送达人：王某某　2007 年 5 月 29 日　联系电话：××××××××
　　　　　　　　　　　　10 时 17 分
送达人：姚某某　郑某某　　　　　联系电话：××××××××

　　　　　　　　　　　　　　　　　　　　某市某局（盖章）
　　　　　　　　　　　　　　　　　　　　2007 年 5 月 29 日

说明：本文书一式二份，一份送达协助调查人，一份由承办机关存档。

责令改正通知书

某文物罚责改通字〔2007〕第（1）号

某建设集团有限公司：

根据《中华人民共和国行政处罚法》第三十六条的有关规定，本机关于2007年 5 月29日对你单位进行了检查，发现存在以下问题：

你（单位）于2007年5月29日，在某市某路××号对位于某街近代建筑保护区内保护规划确定保护的某省省级文物保护单位——某别墅西楼文物建筑本体进行如下施工：1.调整了某别墅西楼一层及二层的原内部格局（共计拆除3堵原有灰木隔墙，开设2扇新的墙门）；2.拆除了西楼一至二层计3扇原木结构房门。上述行为涉嫌违反了《某省历史文化名城保护条例》第二十五条第（一）项之规定。

依据《中华人民共和国行政处罚法》第二十三条和《某省历史文化名城保护条例》第三十七条第一款、《文物行政处罚程序暂行规定》第十三条第一款第（一）项的规定，现责令你（单位）立即停止违法（规）行为，立即停止对某省省级文物保护单位——某别墅的损害施工，并接受我局进一步调查处理。

联系人：　姚某某　郑某某
电　话：　××××××××
地　址：　某市某路××号

某市某局（公章）
2007年5月29日

送达回证

某文物罚回证字〔2007〕第（6）号

案由	某建设集团有限公司涉嫌在历史文化保护区内损坏保护规划确定保护的建筑物案
送达文书名称、文号	《责令改正通知书》 某文物罚责改通字〔2007〕第（1）号
被送达人	某建设集团有限公司
送达地点	某市某区某路××号
送达方式	直接送达
被送达人签字（或盖章）及收件日期	王某某 2007年5月29日10时12分
送达人（签字）	姚某某　　郑某某 2007年5月29日
代收人签名或盖章及代收理由	/
受送达人拒收事由和日期	/
见证人签名或盖章	/
备注	王某某系受送达人的委托代理人。

责令改正通知书

某文物罚责改通字［2007］第（2）号

某建设集团有限公司：

　　根据《中华人民共和国行政处罚法》第三十六条的有关规定，本机关于<u>2007</u>年<u>5</u>月<u>29</u>日对你单位进行了检查，发现存在以下问题：

　　你（单位）于 2007 年 5 月起，在某市某路××号对位于某街近代建筑保护区内保护规划确定保护的某省省级文物保护单位——某别墅西楼文物建筑本体进行如下施工：1. 调整了某别墅西楼一层及二层的原内部格局（共计拆除 3 堵原有灰木隔墙，开设 2 扇新的墙门）；2. 拆除了西楼一至二层计 3 扇原木结构房门。上述行为涉嫌违反了《某省历史文化名城保护条例》第二十五条第（一）项之规定。

　　依据《中华人民共和国行政处罚法》第二十三条和《某省历史文化名城保护条例》第三十七条第一款的规定，现责令你（单位）立即停止违法（规）行为，<u>于 2007 年 6 月 28 日前编制修缮方案，在省文物局审核同意后十五日内结合方案恢复文物建筑原状</u>，并接受我局进一步调查处理。

　　联系人：　<u>姚某某　郑某某　　　　　　</u>
　　电话：　<u>×××××××　　　　　</u>
　　地址：　<u>某市某路××号　　　　　　</u>

某市某局（公章）
2007 年 6 月 13 日

送达回证

某文物罚回证字〔2007〕第（7）号

案由	某建设集团有限公司涉嫌在历史文化保护区内损坏保护规划确定保护的建筑物案
送达文书名称、文号	《责令改正通知书》 某文物罚责改通字〔2007〕第（2）号
被送达人	某建设集团有限公司
送达地点	某市某区某路××号
送达方式	直接送达
被送达人签字（或盖章）及收件日期	王某某 2007年6月13日9时16分
送达人（签字）	姚某某　　　郑某某 2007年6月13日
代收人签名或盖章及代收理由	/
受送达人拒收事由和日期	/
见证人签名或盖章	/
备注	王某某系受送达人的委托代理人。

现场检查（勘验）笔录

检查时间：2007 年　5　月　29　日　9　时　12　分至　10　时　05　分

检查地点：某市某区某路××号

被检查人：某建设集团有限公司法定　　　　　代表人：李某某

性别：　　　　　／　　　　出生年月日：　　　　／

工作单位：　　　　／　　　　　　电话：×××××××

住址：某市某区某路××号　　　　　邮编：×××××

与本案关系：本案当事人　　　　　见证人：　　　／

检查人及执法证号码：姚某某　××××　　　　郑某某　××××

记录人：姚某某

工作单位：某市某支队

现场情况：2007 年 5 月 28 日，某市某局执法人员依法检查位于某市某路××号的某省省级文物保护单位某别墅文物建筑内部施工情况。某别墅于 2005 年经公布为省级文物保护单位，文物本体由西楼（砖木结构三层）及东楼（砖木局部砖混结构两层）两幢建筑组成，属于某街近代建筑保护区内保护规划确定保护的建筑物。经现场检查发现，某建设集团有限公司正在对某别墅西楼文物建筑本体进行装修施工，施工中存在以下行为：1. 调整了某别墅西楼一层及二层的原内部格局（共计拆除 3 堵原有灰木隔墙，开设 2 扇新的墙门）；2. 拆除了西楼一至二层计 3 扇原木结构房门。执法人员出示证件，表明身份并告知公务后，当事人某建设集团有限公司代表王某某只提供了一份某市某管理委员会关于对某别墅装修方案的批复意见，但未能提供文物行政部门批准其对省级文物保护单位某别墅文物建筑本体进行上述施工的合法许可手续。执法人员姚某某、郑某某现场拍照取证并绘制勘查简图（见后页）。（本页记录到此行）

"检查（勘验）笔录上述内容，记录属实。"

被检查人签章：王某某　　　　　　　　2007 年 5 月 29 日

拒绝签章的理由：　　　　／

见证人签字：　　　　　／　　　　　　　　年　月　日

检查人签字：姚某某　郑某某　　　　　　2007 年 5 月 29 日

记录人签字：姚某某　　　　　　　　　　2007 年 5 月 29 日

现场检查（勘验）笔录

勘查简图：

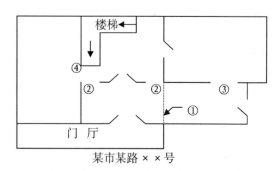

某市某路××号

某别墅西楼一层平面图

注：图中序号与《现场检查情况明细表》（附后页）对应

构件尺寸大小详见《现场检查情况明细表》

① 为被拆除的灰木隔墙位置；

② 为新开设墙门的位置；

③、④ 为被拆除的木结构房门的位置

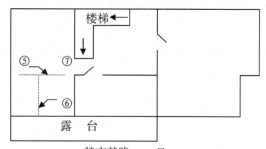

某市某路××号

某别墅西楼二层平面图

注：图中序号与《现场检查情况明细表》（附后页）对应

构件尺寸大小详见《现场检查情况明细表》；

⑤、⑥为被拆除的灰木隔墙位置；

⑦ 为被拆除的木结构房门的位置

被检查人签章："属实"　王某某　　　　　　　2007 年 5 月 29 日

拒绝签章的理由：＿＿＿＿＿／＿＿＿＿＿

见证人签字：＿＿＿＿／＿＿＿＿＿　　　　　年　月　日

检查人签字：姚某某　郑某某　　　　　　　　2007 年 5 月 29 日

记录人签字：姚某某　　　　　　　　　　　　2007 年 5 月 29 日

现场检查情况明细表

检查时间　2007 年 5 月 29 日　　　检查场所：某市某区某路××号的某别墅西楼

检查单位：某市某局　　　　　　被邀请人（单位及职务）　　　／

检查内容：位于某市某路××号的某省省级文物保护单位某别墅建筑内部施工情况。

序号	楼层	构件名称	原状	现状	程度
①	一层	隔墙	灰木墙，长 5 米	被拆除	1 堵
②	一层	门	无	新开设墙门	2 扇，（2.3 米×1.4 米）×2
③	一层	门	木质，2.7 米×1.7 米	被拆除	1 扇
④	一层	门	木质，2.9 米×1 米	被拆除	1 扇
⑤	二层	隔墙	灰木墙，长 5 米	被拆除	1 堵
⑥	二层	隔墙	灰木墙，长 5 米	被拆除	1 堵
⑦	二层	门	木质，2.7 米×1 米	被拆除	1 扇
		（以下空白）			

被检查人签章："属实"　王某某　　　　　　　　　　2007 年 5 月 29 日

拒绝签章的理由：　　　　／

见证人签字：　　　　／　　　　　　　　　　　年　月　日

检查人签字：　姚某某　郑某某　　　　　　　　　2007 年 5 月 29 日

记录人签字：　姚某某　　　　　　　　　　　　　2007 年 5 月 29 日

贴照片处

拍摄内容	照片所示为某省省级文物保护单位——某别墅西楼一层内部新开设 2 扇墙门的现场情况（新开设的墙门每一扇长 2.3 米，宽 1.4 米）。
拍摄地点	某市某路××号的某省省级文物保护单位某别墅建筑内部

拍摄时间	2007 年 5 月 29 日	
拍摄方向	由东北向西南	贴底片处
拍摄人	郑某某	

贴照片处

拍摄内容	照片所示为当事人对某省省级文物保护单位——某别墅西楼一层内部新开设 2 扇墙门处，按审批方案进行恢复后的现场情况。
拍摄地点	某市某路××号的某省省级文物保护单位某别墅建筑内部

拍摄时间	2007 年 8 月 3 日	
拍摄方向	由东北向西南	贴底片处
拍摄人	郑某某	

调查（询问）笔录

询问时间：2007 年　5　月　30　日　10　时　20　分至　11　时　40　分

询问地点：某市某支队某大队（某市某路××号）

被询问人：王某某　　　　　性别：男　　出生年月日：×××年×月×日

身份证件号：×××××××××××××××与本案关系：当事人的代理人

工作单位：　某建设集团有限公司　　　　　电话：××××××××

住址：某市某路××号某室　　　　　　　邮编：×××××

询问人及执法证号码：姚某某　××××　郑某某　××××

记录人：姚某某　　　　　工作单位：某市某支队

执法人员表明身份、出示证件及让被调查（询问）人确认的记录：我们是某市某局的行政执法人员，这是我们的执法证件（记录持证人员姓名和证件号），请你过目确认。

被调查（询问）人对执法人员出示证件、表明身份的确认记录：你们的执法证件我看清楚了，对你们的执法人员身份没有意见。

执法人员告知陈述（申辩）和申请回避的权利：现在根据《中华人民共和国行政处罚法》第三十六、三十七条的规定进行案件调查，如执法人员少于两人或执法证件与身份不符，你有权拒绝调查。在接受询问（调查）前，你有权申请我们回避；在接受询问（调查）过程中，你有陈述、申辩的权利；同时你应承担以下义务：如实提供有关资料、回答询问。

答：清楚了，不需要回避。

问：今天请你来想就位于某市某路××号的某省省级文物保护单位——某别墅西楼文物建筑内部的施工情况向你作询问了解，请配合我们的工作，如实回答我们提出的问题。

答：好的。

问：请问你个人的身份情况？

答：我叫王某某，是某建设集团有限公司的景观总工程师。（本页记录到此）

被询问人签字：王某某　　　　　2007 年 5 月 30 日　拒绝签字的理由：　／

询问人签字：姚某某　郑某某　　2007 年 5 月 30 日

记录人签字：姚某某　　　　　　2007 年 5 月 30 日

调查（询问）笔录

问：能否提供你本人的身份证件？

答：可以提供。（当事人提供本人身份证原件）

问：你能代表某建设集团有限公司前来处理关于在某省省级文物保护单位——某别墅西楼文物建筑内部进行施工一事吗？

答：我能代表，我带来了公司出具的授权委托书和营业执照。（当事人提供企业法人营业执照及授权委托书）

问：请问你是否清楚某别墅的详细地址？

答：在某市某路××号。

问：某别墅现为你公司在使用吗？

答：是的，2006 年 8 月我公司与某市某区某管理处签订了一份经营权转让合同，某别墅作为经营权之依附房屋、设施和场地已有偿转让我公司使用。

问：能否提供该合同？

答：可以提供（当事人提供合同原件）。

问：你公司与某市某区某管理处签订经营权转让合同时，对方有没有告知你们该建筑是省级文物保护单位？

答：我们刚开始知道是历史建筑，后来在办理装修审批的时候知道是省级文物保护单位。

问：某别墅地处某街近代建筑保护区范围内，你公司是否知晓？

答：知道的。

问：你公司在签订合同后是否对某别墅进行过施工？

答：现在，我公司正在对某别墅的西楼内部进行施工。

问：请问实际施工是从什么时候开始的？

答：从 2007 年 5 月上旬开始的。

问：为何要对某别墅西楼文物建筑进行施工？

答：我公司准备将某别墅用作会馆使用，因此需要进行一些内部装修。（本页记录到此）

被询问人签字：王某某　　　　　2007 年 5 月 30 日　拒绝签字的理由：　／

询问人签字：姚某某　郑某某　　2007 年 5 月 30 日

记录人签字：姚某某　　　　　　2007 年 5 月 30 日

调查（询问）笔录

问：施工进度如何，具体对某别墅内部做了哪些改动？

答：到目前为止对某别墅西楼内部有一些施工，具体改动是对某别墅西楼一层及二层的原内部格局进行了调整，拆除了一些后期的灰木隔墙，并新开了墙门；还有就是拆下了西楼一层及二层的几扇老的房门。

问：一层及二层被拆除的灰木隔墙的数量是多少？新开设的墙门数量是多少？

答：一共拆掉了 3 堵原有灰木隔墙，开设了 2 扇新的墙门。

问：一层及二层被拆除的原有房门是何结构？拆除的数量有多少？

答：被拆除的原有房门是木结构的，一共拆除了 3 扇。

问：拆下的房门现在何处？作何处理？

答：就放置在现场，没有做过其他处理。

问：现场施工人员是谁？

答：正在进行前期拆除的是我公司聘请的工人。

问：某别墅经营权转让合同上有没有规定涉及需要经过行政审批的事项，其履行手续由哪一方负责？

答：是由我公司自行办理，某市某区某管理处予以必要的协助。

问：你公司对某别墅西楼内部进行上述施工是否经过职能部门的审批许可？

问：此装修施工的方案我公司已上报某市某管理委员会，并得到了批复（当事人提供了一份《某市某管理委员会关于对某别墅装修方案的批复》）。

问：该批复意见并非许可意见，内容中明确写到："请调整装修方案后报省文物局审查"。请问施工方案是否得到了某省文物局的许可？

答：没有。

问：你公司为何不将方案报经文物行政部门审查就先行施工？

答：因为希望该会馆能够在国庆节前投入使用。

问：某别墅地处某街近代建筑保护区范围内，为省级文物保护单位，你公司未将施工方案报经文物行政部门审批擅自对某别墅西楼进行施工，施工（本页记录到此）

被询问人签字：王某某　　　　　2007 年 5 月 30 日　拒绝签字的理由：　　／

询问人签字：姚某某　郑某某　　2007 年 5 月 30 日

记录人签字：姚某某　　　　　　2007 年 5 月 30 日

调查（询问）笔录

中拆除建筑原有构件，并开设新的墙门已对该保护建筑造成了损坏，你公司的行为违反了相关法律、法规的规定。

答：知道了，我们以后一定严格按照文物保护的要求进行装修，绝不再有类似情况发生，希望从轻处理。

问：执法机关将依法作出处理。以上三页笔录请你看一遍，是否与你所述一致，如无异议，请签名。(此页是询问笔录尾页)

"询问笔录上述内容我看过了，记录属实。"王某某

被询问人签字：王某某　　　　　2007 年 5 月 30 日　拒绝签字的理由：　／

询问人签字：姚某某　郑某某　　2007 年 5 月 30 日

记录人签字：姚某某　　　　　　2007 年 5 月 30 日

目录 13—23 页取证材料（略）

目录 13——

> 某市某区管理委员会关于对某别墅装修方案的批复

目录 14——

> 某别墅（某和馆国际会所）装修方案

目录 15——

> "某别墅"商业网点经营权转让合同

目录 16——

> 某市某路历史文化街区保护工程（某别墅东、西楼）竣工图

目录 17——

> 《某省人民政府关于公布第五批省级文物单位和与现有省级
> 文物保护单位合并项目的通知》

目录 18——

> 省级文物保护单位——某别墅保护规划图

目录 19——

> 某街近代建筑保护区保护规划

目录 20——

> 授权委托书

目录 21——

> 企业法人营业执照

目录 22——

> 当事人代理人身份证

目录 23——

> 执法人员证件

文物行政执法征求意见联系函

某文物征联函［2007］第 1 号

某单位：

我队于2007 年 5 月29 日，查处下列违法案件一起。现根据《某省历史文化名城保护条例》第三十七条第一款之规定，就该违法行为对文物的损害程度以及应采取何种改正措施征求你单位意见，请予以确认，并反馈我队。

某市某支队（公章）

联系人： 孙某某

联系电话： ××××××   2007 年 6 月 5 日

当事人	某建设集团有限公司	联系人	／
案由	涉嫌在历史文化保护区内损坏保护规划确定保护的建筑物案	联系电话	／
案发地	某市某区某路××号		
违法行为具体情况［详见案卷］	经查：某别墅于 2005 年经公布为省级文物保护单位，文物本体由西楼（砖木结构三层）及东楼（砖木局部砖混结构两层）两幢建筑组成，属于某街近代建筑保护区内保护规划确定保护的建筑物。2007 年 5 月 29 日 9 时执法人员现场检查发现，某建设集团有限公司正在对某别墅西楼文物建筑本体进行装修施工，施工中存在以下行为：1. 调整了某别墅西楼一层及二层的原内部格局（共计拆除 3 堵原有灰木隔墙，开设 2 扇新的墙门）；2. 拆除了西楼一至二层计 3 扇原木结构房门。当事人的行为已涉嫌违反了《某省历史文化名城保护条例》第二十五条第（一）项之规定。		
反馈意见	我单位已请专家对文物损坏情况进行了踏勘，确定当事人对该建筑保护构成了一定的危害。但由于大部分改动情况还可以恢复原状，因此我单位意见某建设集团有限公司应重新编制方案，并在省文物局审核同意后结合方案，恢复文物建筑原状。（可附具体说明）<div align="right">某单位（公章） 2007 年 6 月 12 日</div>		

说明：鉴于文物的专业问题，文物损害程度及应采取何种改正措施需要请有关部门认定。该函为内部文书，专门用于承办机构就需要明确的问题征求有关部门意见。

案件调查报告

当事人：某建设集团有限公司

案由：某建设集团有限公司涉嫌在历史文化保护区内损坏保护规划确定保护的建筑物案

调查经过：2007 年 5 月 29 日，执法人员在依法检查时发现某建设集团有限公司正在对位于某市某路××号的某别墅建筑本体内部进行局部拆除施工，某别墅于 2005 年经公布为省级文物保护单位，文物本体由西楼（砖木结构三层）及东楼（砖木局部砖混结构两层）两幢建筑组成，属于某街近代建筑保护区内保护规划确定保护的建筑物。某市某局于 2007 年 5 月 29 日批准立案，姚某某、郑某某为案件调查人员，本案已经过了现场检查、询问调查、征求意见等调查取证环节，调查人员认为案件事实已查清。

违法事实及相关证据：经调查证实，当事人于 2007 年 5 月起，在某市某路××号对位于某街近代建筑保护区内保护规划确定保护的某省省级文物保护单位——某别墅西楼文物建筑本体进行如下施工：1. 调整了某别墅西楼一层及二层的原内部格局（共计拆除 3 堵原有灰木隔墙，开设 2 扇新的墙门）；2. 拆除了西楼一至二层计 3 扇原木结构房门。本案证据有现场检查（勘验）笔录、调查（询问）笔录、现场照片等。

案件的性质：当事人的行为已涉嫌违反了《某省历史文化名城保护条例》第二十五条第（一）项之规定。属在历史文化保护区内损坏保护规划确定保护的建筑物的行为。

是否有依法从重、从轻、减轻或不予行政处罚的情节及相关证据：无。

调查人员提出行政处罚的建议及相关的法律依据：根据《某省历史文化名城保护条例》第三十七条第一款的规定："有在历史文化保护区内损坏保护规划确定保护的建筑物行为的，由文物行政主管部门责令其停止损害，限期改正，并可处以一万元以上十万元以下的罚款。"建议对当事人作出如下行政处罚：对当事人处以罚款计人民币二万元整。（以下无正文）

调查人员签名：　姚某某　郑某某　　　　　　　　　　2007 年 6 月 13 日

听证告知审批表

案由	某建设集团有限公司涉嫌在历史文化保护区内损坏保护规划确定保护的建筑物案					
当事人	个人	姓名	/	性别	/	出生年月	/
		身份证件号	/			电话	/
		住址	/			邮编	/
		工作单位	/			邮编	/
	单位	名称	某建设集团有限公司	法定代表人	李某某	电话	×××× ××××
		住址	某市某区某路××号			邮编	×××× ××
理由	2007年5月29日，某市某局执法人员依法检查位于某市某路××号的某省省级文物保护单位——某别墅文物建筑内部施工情况。某别墅于2005年经公布为省级文物保护单位，文物本体由西楼（砖木结构三层）及东楼（砖木局部砖混结构两层）两幢建筑组成，属于某街近代建筑保护区内保护规划确定保护的建筑物。经调查，某建设集团有限公司于2007年5月起，在某市某路××号对位于某街近代建筑保护区内保护规划确定保护的某省省级文物保护单位——某别墅西楼文物建筑本体进行如下施工：1. 调整了某别墅西楼一层及二层的原内部格局（共计拆除3堵原有灰木隔墙，开设2扇新的墙门）；2. 拆除了西楼一至二层计3扇原木结构房门。当事人的行为涉嫌违反了《某省历史文化名城保护条例》第二十五条第（一）项的规定。根据《某省历史文化名城保护条例》第三十七条第一款的规定："有在历史文化保护区内损坏保护规划确定保护的建筑物行为的，由文物行政主管部门责令其停止损害，限期改正，并可处以一万元以上十万元以下的罚款。"					
依据	根据《中华人民共和国行政处罚法》第四十二条的规定："行政机关作出责令停产停业、吊销许可证或者执照、较大数额罚款等行政处罚决定之前，应当告知当事人有要求举行听证的权利；当事人要求听证的，行政机关应当组织听证。"					

承办人意见	建议发《行政处罚听证告知书》，拟对当事人处以罚款计人民币二万元整。 　　姚某某　郑某某　　　　　　　　　　　　2007 年 6 月 13 日 　　拟同意。　　沈某　　　　　　　　　　　　2007 年 6 月 13 日
承办机构审核意见	拟同意承办人意见。　　　杨某某　　　　　　2007 年 6 月 14 日 同意承办人意见。　　　都某某　　　　　　2007 年 6 月 15 日
法制机构负责人审核意见	同意承办机构意见。　　　李某某　　　　　　2007 年 6 月 18 日
行政机关负责人审批意见	同意承办机构意见。（行政机关负责人签字章） 　　　　　　　　　　　　　　　　　　　2007 年 6 月 18 日

行政处罚听证告知书

某文物罚听告字〔2007〕第（3）号

某建设集团有限公司：

你（单位）于2007年__5__月开始，在某市某路××号从事对位于某街近代建筑保护区内保护规划确定保护的某省省级文物保护单位——某别墅西楼文物建筑本体进行如下施工：1. 调整了某别墅西楼一层及二层的原内部格局（共计拆除3堵原有灰木隔墙，开设2扇新的墙门）；2. 拆除了西楼一至二层计3扇原木结构房门。上述行为违反了《某省历史文化名城保护条例》第二十五条第（一）项的规定，本机关依据《某省历史文化名城保护条例》第三十七条第一款的规定，拟对你（单位）作出罚款人民币二万元整的行政处罚。根据《中华人民共和国行政处罚法》第四十二条的规定，你（单位）有权要求听证。

如你（单位）要求听证，应当在收到本告知书之日起三日内向本机关提出听证要求。逾期视为放弃听证权利。

如你（单位）对本机关上述认定的违法事实、处罚依据及处罚内容等持有异议，但不要求听证的，可在收到本听证告知书之日起三日内向本机关提出书面陈述、申辩材料，逾期不陈述、申辩的，视为你（单位）放弃上述权利。

联系人：孙某某　　杨某某

电话：×××××××

地址：某市某路××号（某市某支队）

某市某局（公章）
2007年6月19日

送达回证

某文物罚回证字［2007］第（8）号

案由	某建设集团有限公司涉嫌在历史文化保护区内损坏保护规划确定保护的建筑物案
送达文书名称、文号	某文物罚听告字［2007］第（3）号
被送达人	某建设集团有限公司
送达地点	某市某区某路××号
送达方式	直接送达
被送达人签字（或盖章）及收件日期	王某某　　　　　　　　　　2007 年 6 月 20 日
送达人（签字）	姚某某　　　郑某某　　　　　　2007 年 6 月 20 日
代收人签名或盖章及代收理由	/
受送达人拒收事由和日期	/
见证人签名或盖章	/
备注	王某某系受送达人的委托代理人。

案件处理审批表

案由	某建设集团有限公司涉嫌在历史文化保护区内损坏保护规划确定保护的建筑物案				案件来源	检查发现
当事人	个人	姓名	/	性别	/	出生年月	/
		身份证件号	/			电话	/
		住址	/			邮编	/
		工作单位	/			邮编	/
	单位	名称	某建设集团有限公司	法定代表人	李某某	电话	×××× ××××
		住址	某市某区某路××号			邮编	×××× ××

<table>
<tr><td rowspan="1">案件调查处理基本情况</td><td>

　　经立案调查，某别墅于 2005 年经公布为省级文物保护单位，文物本体由西楼（砖木结构三层）及东楼（砖木局部砖混结构两层）两幢建筑组成，属于某街近代建筑保护区内保护规划确定保护的建筑物。当事人某建设集团有限公司于 2007 年 5 月起，在某市某路××号对位于某街近代建筑保护区内保护规划确定保护的某省省级文物保护单位——某别墅西楼文物建筑本体进行如下施工：1. 调整了某别墅西楼一层及二层的原内部格局（共计拆除 3 堵原有灰木隔墙，开设 2 扇新的墙门）；2. 拆除了西楼一至二层计 3 扇原木结构房门。当事人的行为涉嫌违反了《某省历史文化名城保护条例》第二十五条第（一）项的规定，属在历史文化保护区内损坏保护规划确定保护的建筑物的行为。本案于 2007 年 5 月 29 日立案，经过现场检查、询问调查、征求意见等调查取证环节，依法向当事人发出了《责令改正通知书》，2007 年 6 月 20 日我机关向当事人送达《行政处罚听证告知书》，拟对当事人处以罚款计人民币二万元整，当事人未要求听证，未提出陈述申辩，无依法从重、从轻、减轻或不予行政处罚的情节，本案现调查终结。根据《某省历史文化名城保护条例》第三十七条第一款的规定："有在历史文化保护区内损坏保护规划确定保护的建筑物行为的，由文物行政主管部门责令其停止损害，限期改正，并可处以一万元以上十万元以下的罚款。"

</td></tr>
</table>

承办人意见	建议对当事人处以罚款计人民币二万元整。	
	姚某某　郑某某	2007 年 6 月 25 日
	拟同意　　沈某	2007 年 6 月 25 日
承办机构审核意见	拟同意承办人意见。　杨某某	2007 年 6 月 26 日
	同意承办人意见。　都某某	
		2007 年 6 月 27 日
法制机构负责人审核意见	同意承办机构意见。　　李某某	2007 年 6 月 28 日
行政机关负责人审批意见	同意承办机构意见。（行政机关负责人签字章）	
		2007 年 6 月 28 日

目录 30—31 页材料（略）

目录 30——

关于某别墅设计方案的批复

目录 31——

转发省文物局关于某别墅设计方案的批复

某省代收罚没款专用票据

某建设集团有限公司 2007 年 7 月 6 日到指定银行缴纳
罚款的收据

（某省代收罚没款专用票据）

说明：根据《中华人民共和国行政处罚法》第四十六条的规定：作出罚款决定的行政机关应当与收缴罚款的机构分离。除依照《中华人民共和国行政处罚法》第四十七条、第四十八条的规定当场收缴的罚款外，作出行政处罚决定的行政机关及其执法人员不得自行收缴罚款。

罚款收据应当附卷。

行政处罚案件结案审批表

当事人	个人	姓名	/	性别	/	出生年月	/
		身份证件号	/			电话	/
		住址	/			邮编	/
		工作单位	/			邮编	/
	单位	名称	某建设集团有限公司	法定代表人	李某某	电话	×××× ××××
		住址	某市某区某路××号			邮编	×××× ××
行政处罚文书文号		某文罚决字〔2007〕第（3）号		发文日期		2007年6月29日	
案由		某建设集团有限公司在历史文化保护区内损坏保护规划确定保护的建筑物案		案件来源		检查发现	

| 案件简要情况 | 　　2007年5月29日，某市某局执法人员依法检查位于某市某路××号的某省省级文物保护单位——某别墅文物建筑内部施工情况。经查，某建设集团有限公司于2007年5月起，在某市某路××号对位于某街近代建筑保护区内保护规划确定保护的某省省级文物保护单位——某别墅西楼文物建筑本体进行如下施工：1.调整了某别墅西楼一层及二层的原内部格局（共计拆除3堵原有灰木隔墙，开设2扇新的墙门）；2.拆除了西楼一至二层计3扇原木结构房门。当事人的行为违反了《某省历史文化名城保护条例》第二十五条第（一）项的规定，属在历史文化保护区内损坏保护规划确定保护的建筑物的行为。本案于2007年5月29日立案，经现场检查、询问调查、征求意见等调查取证环节，依法向当事人发出了《责令改正通知书》，2007年6月20日我机关向当事人送达听证告知书，拟对当事人处以罚款计人民币二万元整，当事人未要求听证也未提出陈述申辩。案件于2007年6月25日调查终结。 |

行政处罚内容	根据《某省历史文化名城保护条例》第三十七条第一款的规定，我机关于 2007 年 6 月 28 日对当事人依法作出了如下行政处罚决定："处以罚款人民币二万元整。"并于 6 月 29 日送达决定书。
行政处罚执行情况	当事人已根据责令改正的要求编制了方案，在报经省文物局审核同意后结合方案恢复了文物建筑原状，并于 2007 年 7 月 6 日将人民币二万元整的罚款缴至指定银行，缴款收据编号为：××××××。
执行方式	√□自动履行　　　　□申请法院强制执行
承办人意见	当事人已履行了行政处罚决定的内容，建议结案。 　　姚某某　郑某某　　　　　　　　2007 年 8 月 6 日 　　　　　　拟同意。　沈某　　　　　2007 年 8 月 6 日
承办机构审核意见	拟同意结案。　　　杨某某　　　　　2007 年 8 月 6 日 同意结案。　　　　都某某　　　　　2007 年 8 月 7 日
行政机关负责人审批意见	同意结案。（行政机关负责人签字章）　　　2007 年 8 月 8 日

补充说明

1. 法律法规的适用。原则上涉及文物的违法行为应优先适用文物法，但在本案中将当事人的行为定性为修缮或者建设工程以及爆破、钻探、挖掘等作业都显得较为牵强，涉案行为在现行的文物法中没有明确的罚则，鉴于该文物建筑同属历史文化保护区内保护规划确定保护的建筑物，且当事人的行为在事实上对该建筑造成了损坏，故本案在立案查处时选择适用了《某省历史文化名城保护条例》中涉及"损坏"的相关条款。

2. 《行政处罚决定书》。必须载明本案的违法事实，本案违法事实包括损坏行为人、损坏行为的时间、地点、对象、内容、程度、证据等内容。

3. 责令改正。本案中先后向当事人发出两份责令改正通知书，其中第一份是在发现当事人正在实施违法行为时，根据《某省历史文化名城保护条例》第三十七条第一款和《文物行政处罚程序暂行规定》第十三条第一款第（一）项的规定责令当事人停止损害；第二份则是在违法事实基本查清后，根据《某省历史文化名城保护条例》第三十七条第一款的规定，责令当事人限期改正。

4. 调查取证。本案调查取证围绕损坏行为发生的具体时间、地点；损坏的行为主体是谁；损坏的对象是什么；具体损坏了哪些内容；损坏的程度如何等客观事实。

5. 听证告知。本案中行政机关对当事人非经营活动中的违法行为作出罚款人民币二万元整的罚款，符合行政处罚听证程序条件，需事先向当事人送达《行政处罚听证告知书》，告知当事人要求举行听证以及提出陈述（申辩）的权利。

某集团有限公司未经报批擅自拆除
县级文物保护单位案

2007 年 10 月 23 日上午，某县文物监察大队与省文物监察总队执法人员赶赴原某县县城某镇某街××号，对反映位于该处的某县级文物保护单位被拆除事项进行核查。经向在场的相关人员了解与实地勘验，发现在紧邻本县县城某镇某街建设工地院墙内 12 号楼（已建成地基）西侧，8 号楼（已结顶）西半幢往北处，占地面积 510 平方米的原某县级文物保护单位两幢民国时期建筑及院墙已被夷为平地，四周建起数幢楼房。执法人员从紧邻建设工地大门东侧院墙上的某建筑工程项目建设广告中，初步确认拆除此文保单位的当事人为某建筑工程建设单位"某集团有限公司"。执法人员当即向县文广新局核实，当事人拆除县级文物保护单位未经报批，已涉嫌违法。执法人员向现场施工的相关人员出示了执法证件，告知拆除此文保单位的行为已涉嫌违法，要求建设单位在被拆除的文保单位原址范围内暂停施工行为。

经立案查明，当事人某集团有限公司于 2007 年 6 月 13 日，在本县县城某街以南，某路以东，某小区西北的区块，开始建造面积达 54614.87 平方米的某建筑工程项目，原某县级文保单位就在其建设工程项目区域范围之内。2007 年 7 月中旬，某集团有限公司法定代表人王某某获悉建设工地内有一处"老房子"在建设施工打桩时，出现部分倒塌现象，便告知拆迁人邬某某进行处理，造成原县级文保单位两幢民国建筑及院墙全部被拆除的严重后果。当事人的行为已违反了《中华人民共和国文物保护法》第二十条第三款规定，属未经省人民政府批准，擅自拆除不可移动文物的行为。

某县文广新局履行了听证告知、集体讨论等执法程序后，于 2007 年 11 月 27 日，根据《中华人民共和国文物保护法》第六十六条第一款第（三）项规定，责令当事人在被拆除的原县级文物保护单位地基范围内停止一切建设施工项目工程，并对其作出处人民币五十万元罚款的行政处罚。当事人于 2007 年 11 月 29 日，已将人民币五十万元的罚款缴到指定银行。2007 年 12 月 1 日此案结案。

卷内文书目录

序号	文号	题名	日期	备注
1	某文物罚决字〔2007〕第（003）号	行政处罚决定书	2007.11.27	
2	某文物罚回证字〔2007〕第（003）号	送达回证	2007.11.27	
3	（某）受理〔2007〕第（011）号	督办案件受理（登记）表	2007.10.23	
4		立案审批表	2007.10.24	
5		现场检查（勘验）记录	2007.10.23	
6		现场检查（勘验）照片（一）、（二）	2007.10.23	
7	某文物责改〔2007〕第（003）号	责令改正通知书	2007.10.23	
8	某文物责改回证字〔2007〕第（003）号	送达回证	2007.10.23	
9		文物业务管理部门提供的照片（一）、（二）、（三）、（四）	2007.10.24	
10		协助调查函（证明人邓某某）	2007.10.24	
11		协助调查函（拆迁人邬某某）	2007.10.24	
12		协助调查函（当事人王）	2007.10.24	
13		对邓某某的询问笔录和确认的照片	2007.10.24	
14		对邬某某的询问笔录和确认的照片	2007.10.25	
15		对王某某的询问笔录	2007.10.26	
16		对王某某的询问笔录	2007.11.08	

序号	文号	题名	日期	备注
17		公告和现场 公告照片	2007.11.08	
18		立案调查其他 相关资料	2007.10.24 -11.08	
19		案件调查报告	2007.11.20	
20		听证告知审批表	2007.11.23	
21	某文物听告字〔2007〕 第（003）号	行政处罚听证 告知通知书	2007.11.23	
22	某文物听告回证字 〔2007〕第（003）号	送达回证	2007.11.23	
23		行政处罚听证回执单	2007.11.24	
24		案件集体讨论记录	2007.11.26	
25		案件处理审批表	2007.11.27	
26		行政处罚案件 结案审批表	2007.12.01	

文物行政处罚决定书

某文物罚决字〔2007〕第 003 号

当事人：某集团有限公司

地址：某县某镇某路××号某楼

法定代表人：王某某

电话：×××××××××××

邮编：××××××

　　经我局立案查明：当事人于 2007 年 7 月中旬，在本县县城某镇某街以南、某路以东、某小区西北的区块，建造面积达 54614.87 平方米的某建筑建设工程中，在未向当地文物行政部门申报与未经省人民政府批准的情况下，擅自将经县人民政府核定公布的位于原县城某镇某街×××号某县级文物保护单位两幢民国时期建筑及院墙全部拆除，使国家不可移动文物灭失，造成了严重后果。其行为已违反了《中华人民共和国文物保护法》第二十条第三款规定，属未经省人民政府批准，擅自拆除不可移动文物的行为。以上事实有现场检查（勘验）记录、调查（询问）笔录、建设工程项目规划图纸、现场及相关照片等为证。

　　根据《中华人民共和国文物保护法》第六十六条第一款第（三）项规定，我局现责令当事人在被拆除的原县级文物保护单位地基范围（某建筑建设工程 12 号楼地基西侧向外延伸 25.5 米，8 号楼西半幢往北 7.5 米为起点向北延伸 25.5 米，占地面积 510 平方米）内停止一切施工建设项目工程，并对当事人作出处人民币五十万元罚款的行政处罚。

　　当事人应在收到本处罚决定书之日起十五日内持本决定书到某银行（账户：×××××××××账号：××××××××××）交纳罚款，逾期每日按罚款数额百分之三加处罚款。

　　当事人如对本处罚决定不服，可在收到本处罚决定书之日起六十日内向某县人民政府或某市文化广电新闻出版局申请行政复议，也可在收到本处罚决定书之日起三个月内直接向某县人民法院提起行政诉讼。申请行政复议或提起行政诉讼期间本处罚决定不停止执行。逾期不申请行政复议或不提起行政起诉，又不履行行政处罚决定的，本行政机关将依法申请某县人民法院强制执行。

某县文化广电新闻出版局（公章）

2007 年 11 月 27 日

送达回证

某文物罚回证字〔2007〕第 003 号

案由	某集团有限公司未经报批擅自拆除某县级文物保护单位违法案
送达文书名称、文号	《行政处罚决定书》某文物罚决字〔2007〕第 003 号
被送达人	某集团有限公司
送达地点	某县县城某镇某路××号某楼
送达方式	直接送达
被送达人签字（或盖公章）及收件日期	王某某（公章） 2007 年 11 月 27 日 10 时
送达人（签字）	潘某某、陈某 2007 年 11 月 27 日 10 时
代收人签名或盖章及代收理由	/
受送达人拒收事由和日期	/
见证人签名或盖章	/
备注	/

督办案件受理（登记）表

（某）受理［2007］第 011 号

案由	某建设单位涉嫌擅自拆除某县级文保单位案			案件来源	省文物监察总队电话督办
案件来源当事人	姓名	李某某	性　别　男	出生年月	／
	工作单位	省文物监察总队		电话	××××
	住址	某市某路×号		邮编	××××××
涉案当事人	名称/姓名	待查	法定代表人　待查	出生年月	待查
	工作单位	待查		电话	待查
	住址	待查		邮编	待查
记录人	陈某某		记录时间	2007 年 10 月 23 日上午 8 点 30 分	
案件简要情况记录	接省文物监察总队电话，反映"我县某镇某街××号的某县级文物保护单位遭到建设施工单位拆除，总队执法人员已到县城，要求我队执法人员立即赶赴现场进行调查"。				
执法机构负责人受理意见	我和潘某某、陈某某、蔡某某 4 名执法人员立即赶赴现场进行检查（勘验）。 　　　　　　范某某　2007 年 10 月 23 日上午 9 点 10 分				

立案审批表

<table>
<tr><td rowspan="7">当事人</td><td rowspan="4">个人</td><td>姓名</td><td>/</td><td>性别</td><td>/</td><td>出生年月</td><td>/</td></tr>
<tr><td>身份证件号</td><td colspan="3">/</td><td>电话</td><td>/</td></tr>
<tr><td>住址</td><td colspan="3">/</td><td>邮编</td><td>/</td></tr>
<tr><td>工作单位</td><td colspan="3">/</td><td>邮编</td><td>/</td></tr>
<tr><td rowspan="3">单位</td><td>名称</td><td colspan="3">某集团有限公司</td><td>电话</td><td>××××</td></tr>
<tr><td>法定代表人</td><td colspan="3">王某某</td><td>邮编</td><td>×××××</td></tr>
<tr><td>住址</td><td colspan="5">某县县城某镇某路××号某楼</td></tr>
<tr><td>案由</td><td colspan="3">某集团有限公司未经报批擅自拆除某县级文物保护单位涉嫌违法案</td><td>案件来源</td><td colspan="3">省文物监察总队督办</td></tr>
<tr><td>案情</td><td colspan="7">　　2007年10月23日10时30分至12时，某县文物监察大队与省文物监察总队执法人员赶赴原某县县城某镇某街××号，对反映位于该处的某县级文物保护单位被拆除事项进行核查。经向在场的相关人员了解与实地勘验，发现在紧邻本县县城某镇某街建设工地院墙内12号楼（已建成地基）西侧，8号楼（已结顶）西半幢往北处，占地面积510平方米的原某县级文物保护单位两幢民国时期建筑及院墙已被夷为平地，四周建起数幢楼房。执法人员从紧邻建设工地大门东侧院墙上的某建筑工程项目建设广告中，初步确认拆除此文保单位的当事人为某建筑工程建设单位"某集团有限公司"。经检查人员初步核实，县文广新局未曾受理过该建设单位拆除此文保单位的事先申报材料，也未收到过省政府的相关批复文件。在现场勘验时，由于建设单位施工行为仍继续在被拆除的文保单位地基上进行，执法人员根据《中华人民共和国文物保护法》《文物行政处罚程序暂行规定》（文化部令第33号）规定，向建设单位发出了在原文保单位地基上暂停施工行为的责令改正通知书（某文物责改〔2007〕第003号）。</td></tr>
<tr><td>承办人意见</td><td colspan="7">　　当事人的行为已经涉嫌违反了《中华人民共和国文物保护法》第二十条第三款规定。当事人的行为符合《中华人民共和国行政处罚法》第三十六条和《文物行政处罚程序暂行规定》（文化部令第33号）第十二条之规定，建议立案调查。　签名：潘某某、陈某　2007年10月24日</td></tr>
</table>

承办机构审核意见	拟同意办案人员的意见,并建议潘某某、陈某为此案立案调查承办人。 范某某 2007 年 10 月 24 日(承办机构公章)
行政负责人审批意见	同意承办机构审核意见,进行立案调查。 钱某某 2007 年 10 月 24 日 (文物行机关负责人签字章)

现场检查（勘验）记录

检查时间：2007 年　10　月　23　日　10　时　30　分至　12　时　0　分

检查地点：原某县县城某镇某街××号

被检查人：某集团有限公司

法定代表人：王某某　　　　　　工作单位：某集团有限公司

住址：某县县城某镇某路××号某楼　　　　电话：××××

邮编：××××

与本案关系：当事人

见证人：邓某某（身份证号码：××××）　　　电话：××××

见证人单位或住所：住某县某地

检查人员及执法证号码：潘某某　　××××　　陈某　　××××　记录人：陈某

工作单位：某县文物监察大队

　　现场检查（勘验）情况记录：某县文物监察大队执法人员范某某、潘某某、陈某、蔡某某与省文物监察总队执法人员张某某、李某某、蒋某某，赶赴原某县县城某镇某街××号，对反映位于该处的某县级文物保护单位被拆除事项进行核查。经向在场的相关人员了解与实地勘验，发现在紧邻本县县城某镇某街建设工地院墙内 12 号楼（已建成地基）西侧，8 号楼（已结顶）西半幢往北处，占地面积 510 平方米的原某县级文物保护单位两幢民国时期建筑及院墙已被夷为平地，四周建起数幢楼房。执法人员从紧邻建设工地大门东侧院墙上的某建筑工程项目建设广告中，初步确认拆除此文保单位的当事人为某建筑工程建设单位"某集团有限公司"。执法人员当即向县文广新局核实，当事人拆除县级文物保护单位未经报批，已涉嫌违法。执法人员向现场施工的相关人员出示了执法证件，告知拆除此文保单位的行为已涉嫌违法，要求建设单位在被拆除的文保单位原址范围内暂停施工行为。执法人员对现场情况进行了拍照、测量和平面示意图的绘制。（本页记录到此）

被检查人签章：王某某　　　　　时间：2007 年 10 月 26 日

拒绝签章的理由：　/　　见证人签字：邓某某　　时间：2007 年 10 月 23 日

检查人员签字：潘某某、陈某　　记录人员签字：陈某　时间：2007 年 10 月 23 日

现场检查（勘验）记录

勘验平面示意图：

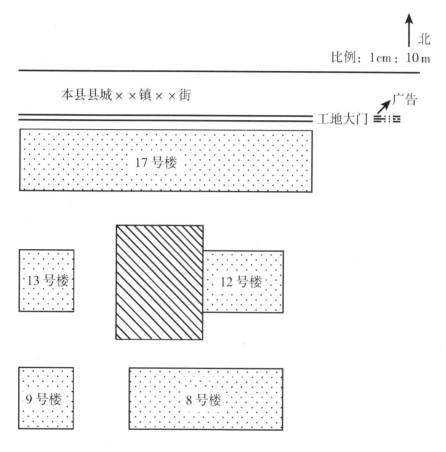

勘验平面示意图说明：被拆除的文物保护单位为紧邻 12 号楼（已建成地基）西侧，8 号楼（已结顶）西半幢往北的图中阴影区块，占地 510 平方米，南北长 25.5 米，东西宽 20 米。

勘验平面示意图制图人：<u>陈某</u>　　时间：<u>2007 年 10 月 23 日</u>

被检查人对现场检查（勘验）情况签署意见：以上现场检查（勘验）记录内容、勘验平面示意图和现场检查勘验照片我已看过，情况属实（王某某补签）

被检查人签章：<u>王某某</u>　　　　　时间：<u>2007 年 10 月 26 日</u>

拒绝签章的理由：　<u>／</u>　见证人签字：<u>邓某某</u>　　时间：<u>2007 年 10 月 23 日</u>

检查人员签字：<u>潘某某、陈某</u>　　记录人员签字：<u>陈某</u>　时间：<u>2007 年 10 月 23 日</u>

现场检查（勘验）照片（一）

	贴照片处
拍摄内容	某集团有限公司在某县县城某镇某街以南建设的某建筑工程建设工地、院墙、大门以及户外广告。在其施工现场内的原某县级文物保护单位建筑及院墙已被拆除。
拍摄地点	某县县城某镇某街施工现场大门对面

拍摄时间	2007 年 10 月 23 日	拍摄方向	由东北向西南	拍摄人	陈某

被检查人确认（签章）	照片拍摄内容情况属实　王某某　2007 年 10 月 26 日

	贴照片处
拍摄内容	某集团有限公司在某县县城某镇某街以南建设的某建筑工程项目户外广告。
拍摄地点	某县县城某镇某街施工现场大门

拍摄时间	2007 年 10 月 23 日	拍摄方向		拍摄人	陈某

被检查人确认（签章）	照片拍摄内容情况属实　王某某　2007 年 10 月 26 日

现场检查（勘验）照片（二）

贴照片处

拍摄内容	推平的土壤部分为建设单位拆除县级文物保护单位施工现场的位置，照片中下部已建成地基的为 12 号楼，左侧已结顶的建筑为 8 号楼。			
拍摄地点	某县县城某镇某街施工现场内			
拍摄时间	2007 年 10 月 23 日	拍摄方向	由东向西俯拍	拍摄人	陈某
被检查人确认（签章）	照片拍摄内容情况属实　王某某　2007 年 10 月 26 日			

贴照片处

拍摄内容	推平的土壤部分为建设单位拆除县级文物保护单位施工现场的位置，右侧已建的建筑为 8 号楼。照片中间左侧已建成地基的为 12 号楼，远处两排坡顶楼房从右到左依次为某小区 32、33 幢居民住宅楼。			
拍摄地点	某县县城某镇某街施工现场内			
拍摄时间	2007 年 10 月 23 日	拍摄方向	由西北向东南	拍摄人	陈某
被检查人确认（签章）	照片拍摄内容情况属实　王某某　2007 年 10 月 26 日			

责令改正通知书

（某文物）责改〔2007〕第 003 号

单位：<u>某集团有限公司</u>

地址：<u>某县某镇某路××号某楼</u>

　　经现场检查（勘验）与核实，你（单位）<u>在未报批的情况下，擅自将原县城某镇某街××号某县级文物保护单位建筑及院墙全部拆除</u>，其行为涉嫌违反了《中华人民共和国文物保护法》<u>第二十条第三款</u>规定，<u>且你单位在被拆除的原县级文物保护单位地范围内仍在进行建设施工</u>，为了避免<u>文物保护单位</u>继续遭受非法损害，根据《中华人民共和国文物保护法》第六十六条第一款第（三）项和《文物行政处罚程序暂行规定》（文化部令第 33 号）第十三条第一款第（一）项规定，本行政机关责令你（单位）<u>从即日起，暂时停止在原县级文物保护单位地基，现建设工地 12 号楼西侧，8 号楼西半幢往北占地面积 510 平方米区块内的一切施工</u>行为，并接受我局进一步调查处理。

　　联系人：<u>陈某</u>　电话：<u>××××××</u>

　　行政机关地址：<u>某县某路×号</u>

　　　　　　　　　　　　　　　　　某县文化广电新闻出版局（公章）

　　　　　　　　　　　　　　　　　　　2007 年 10 月 23 日

注：1. 本文书一式二份，一份送被责令改正单位，一份留存行正机关

送达回证

某文物责改回证字 〔2007〕 第 003 号

案由	某集团有限公司未经报批擅自拆除某县级文物保护单位涉嫌违法案
送达文书名称、文号	《责令改正通知书》 某文物责改字 〔2007〕 第 003 号
被送达人	某集团有限公司
送达地点	某县县城某镇某路××号某楼
送达方式	直接送达
被送达人签字（或盖章）及收件日期	王某某（公章） 2007 年 10 月 23 日 9 时
送达人（签字）	潘某某、陈某 2007 年 10 月 23 日 9 时
代收人签名或盖章及代收理由	／
受送达人拒收事由和日期	／
见证人签名或盖章	／
备注	／

文物业务管理部门提供的照片（一）

	贴照片处
照片内容	位于本县县城某镇某街××号，占地面积510平方米的原某县级文物保护单位两幢民国时期建筑及院墙的（白墙黑瓦坡顶建筑）全景照片。照片中靠左侧，外观为白墙黑瓦坡顶的建筑为两层砖木结构，靠右侧的白墙黑瓦坡顶建筑为一层砖木结。后面两幢红瓦坡顶楼房自右往左依次为某小区32、33幢居民住宅楼。

拍摄时间	2007年6月10日	拍摄方向	由西北向东南	拍摄人	钱某某

提供照片单位确认（盖章）	照片和照片内容说明由我单位提供，为我单位工作人员钱某某在某县级文物保护单位现场拍摄。 2007年10月24日

文物业务管理部门提供的照片（二）

<table>
<tr><td colspan="5" style="height:400px">贴照片处</td></tr>
<tr>
<td>照片内容</td>
<td colspan="4">位于本县县城某镇某街××号，占地面积510平方米的原某县级文物保护单位两幢民国时期建筑及院墙的（白墙黑瓦坡顶建筑）远景照片。周围为建筑工地现场。后面两幢坡顶楼房自右往左依次为某小区32、33幢居民住宅楼。</td>
</tr>
<tr>
<td>拍摄时间</td>
<td>2007年6月10日</td>
<td>拍摄方向</td>
<td>由西北向东南</td>
<td>拍摄人</td>
<td>钱某某</td>
</tr>
<tr>
<td colspan="2">提供照片单位确认（盖章）</td>
<td colspan="4">照片和照片内容说明由我单位提供，为我单位工作人员钱某某在某县级文物保护单位现场拍摄。
2007年10月24日</td>
</tr>
</table>

文物业务管理部门提供的照片（三）

	贴照片处
照片内容	原某县级文物保护单位两幢民国时期建筑中的一幢，为砖木结构。该建筑方向坐北朝南，此图为朝南方向的正面。此房是文保单位第二进建筑，两层，面阔五间，同面宽 17.2 米，进深 10 米，为民国时期建筑。
拍摄时间	2007 年 6 月 10 日

拍摄时间	2007 年 6 月 10 日	拍摄方向	由西北向东南	拍摄人	钱某某
提供照片单位确认（盖章）		照片和照片内容说明由我单位提供，为我单位工作人员钱某某在某县级文物保护单位现场拍摄。 2007 年 10 月 24 日			

文物业务管理部门提供的照片（四）

贴照片处

照片内容	原某县级文物保护单位两幢民国时期建筑中的一幢，为砖木结构。该建筑方向坐南朝北，此图为朝北方向的正面。此房是文保单位第一进建筑，一层，面阔三间，同面宽 11.25 米，进深 9.15 米，为民国时期建筑。			
拍摄时间	2007 年 6 月 10 日	拍摄方向	由西北向东南	拍摄人 钱某某
提供照片单位确认（盖章）	照片和照片内容说明由我单位提供，为我单位工作人员钱某某在某县级文物保护单位现场拍摄。 2007 年 10 月 24 日			

协助调查函

<u>邓某某</u>：

　　根据《中华人民共和国行政处罚法》第三十七条第一款规定，请你（单位）于<u>2007</u>年<u>10</u>月<u>24</u>日<u>14</u>时，到<u>某地</u>，协助调查<u>某集团有限公司未经报批，擅自拆除某县级文物保护单位涉嫌违法案</u>。特此通知。

　　☑（1）协助调查人为个人，应携带身份证等有效证件，如委托律师或其他代理人的，代理人应携带授权委托书、被代理人的身份证、代理人本人的身份证等有效证件。

　　☐（2）协助调查人为单位，其法定代表人（负责人）前来的，应携带单位身份证明、法定代表人（负责人）身份证明等有关证明文件，如委托单位工作人员或律师等其他代理人前来的，代理人应携带单位开具的授权委托书、单位身份证明、代理人本人身份证等有效证件。

　　☐（3）协助调查人应携带其他与本次调查有关的材料。

　　协助调查地址：<u>某县某路×号</u>
　　联系人：<u>陈某</u>　电话：<u>××××</u>
　　协助调查人（签章）：<u>邓某某　2007 年 10 月 24 日</u>

某县文化广电新闻出版局（公章）
2007 年 10 月 24 日

说明：本文书一式二份，一份送达协助调查人，一份由承办机关存档。

协助调查函

<u>邬某某</u>：

　　根据《中华人民共和国行政处罚法》第三十七条第一款规定，请你（单位）于<u>2007</u>年<u>10</u>月<u>25</u>日<u>9</u>时，到<u>某地</u>，协助调查<u>某集团有限公司未经报批，擅自拆除某县级文物保护单位涉嫌违法案</u>。特此通知。

　　□√　（1）协助调查人为个人，应携带身份证等有效证件，如委托律师或其他代理人的，代理人应携带授权委托书、被代理人的身份证、代理人本人的身份证等有效证件。

　　□　（2）协助调查人为单位，其法定代表人（负责人）前来的，应携带单位身份证明、法定代表人（负责人）身份证明等有关证明文件，如委托单位工作人员或律师等其他代理人前来的，代理人应携带单位开具的授权委托书、单位身份证明、代理人本人身份证等有效证件。

　　□√　（3）协助调查人应携带其他与本次调查有关的材料。

　　协助调查地址：<u>某县某路×号</u>

　　联系人：<u>陈某</u>　电话：<u>×××××××</u>

　　协助调查人（签章）：<u>邬某某</u>　<u>××年×月×日</u>

某县文化广电新闻出版局（公章）

2007 年 10 月 24 日

　　说明：本文书一式二份，一份送达协助调查人，一份由承办机关存档。

协助调查函

某集团有限公司：

根据《中华人民共和国行政处罚法》第三十七条第一款规定，请你（单位）派员于<u>2007</u> 年<u>10</u> 月<u>26</u> 日<u>9</u> 时，到<u>某地</u>，协助调查<u>你单位报批，擅自拆除某县级文物保护单位涉嫌违法案</u>。特此通知。

□（1）协助调查人为个人，应携带身份证等有效证件，如委托律师或其他代理人的，代理人应携带授权委托书、被代理人的身份证、代理人本人的身份证等有效证件。

☑（2）协助调查人为单位，其法定代表人（负责人）前来的，应携带单位身份证明、法定代表人（负责人）身份证明等有关证明文件，如委托单位工作人员或律师等其他代理人前来的，代理人应携带单位开具的授权委托书、单位身份证明、代理人本人身份证等有效证件。

☑（3）协助调查人应携带其他与本次调查有关的材料。

协助调查地址：<u>某县某路×号</u>
联系人：<u>陈某</u>　电话：<u>×××××</u>
协助调查人（签章）：<u>王某某　2007 年 10 月 24 日</u>

某县文化广电新闻出版局（公章）
2007 年 10 月 24 日

说明：本文书一式二份，一份送达协助调查人，一份由承办机关存档。

调查（询问）笔录

询问时间：<u>2007</u> 年 <u>10</u> 月 <u>24</u> 日 <u>14</u> 时 <u>15</u> 分至 <u>15</u> 时 <u>20</u> 分

询问地点：<u>某县某路×号</u>

被调查（询问）人：<u>邓某某</u> 性别：<u>男</u> 出生年月：<u>×××××</u>

文化程度：<u>大专</u> 身份证号码：<u>×××××</u>

工作单位：<u>／</u> 职务：<u>／</u>

住址：<u>某县某地</u> 电话：<u>×××××</u>

询问（调查）人：<u>潘某某</u>工作单位：<u>某县文物监察大队</u> 执法证号：<u>×××××</u>

记录人：<u>陈某</u> 工作单位：<u>某县文物监察大队</u> 执法证号：<u>×××××</u>

执法人员向被调查（询问）人表明身份出示证件：<u>我们是某县文物监察大队</u>

<u>行政执法人员，这是我们的执法证件，请你过目确认。</u>

答：<u>看清楚了，对你们的执法人员身份没有疑义。</u>

执法人员告知被调查（询问）人享有陈述（申辩）和申请回避的权利：

现根据《中华人民共和国行政处罚法》第三十六条、第三十七条的规定进行案件调查，如执法人员少于两人或执法证件与身份不符的，你有权拒绝调查。在调查（询问）前，你有权申请我们回避；在接受调查（询问）过程中，你有陈述、申辩的权利；同时你应承担如实提供有关资料、回答询问的义务。

答：<u>我知道了。</u>

问：<u>你是否需要在场的人员回避？</u>

答：<u>不需要。</u>

问：<u>今天请你来，是为了就地处本县县城某镇某街××号的原某县级文物保护单位</u>
<u>两幢民国时期建筑及院墙全部被拆除事件向你做询问了解。希望你配合我们的工</u>
<u>作，如实回答我们提出的问题。</u>

答：<u>好的。</u>

问：<u>你在什么时候看到某县级文物保护单位两幢民国时期的建筑及院墙被拆除的？</u>

答：<u>是 2007 年 7 月 15 日、16 日左右，具体那天我记不清楚了。</u>

问：<u>当时你如何知道被拆除的建筑是文物保护单位？（本页记录到此）</u>

被调查（询问）人签名：<u>邓某某</u> <u>2007 年 10 月 24 日</u> 拒绝签理由：<u>／</u>

调查（询问）人签名：<u>潘某某</u> 记录人签名：<u>陈某</u> 日期：<u>2007 年 10 月 24 日</u>

调查（询问）笔录

答：我以前住的地方就在该文保单位附近，听文管办的人讲，该建筑为县级文物保护单位。

问：我们这里有两张照片，请你看一看被拆除的建筑是照片中那幢建筑。

答：是这两幢白墙黑瓦坡顶建筑，中间还有一个小院子。这张照片好像是在我住过的老房子搬迁完后，施工单位进场勘探时拍的，那时候这个建筑还在的。

问：你搬家之后的时间里，建设单位才将该文保单位拆除的，那你又是如何发现的？

答：因为我对以前住过的地方很有感情，我早晨经常到以前住过的地方看看，正好看见拆迁单位的工人正在拆文保单位。

问：你知道是哪家拆迁单位拆的吗？负责人是谁？

答：这个我知道，因为我们家的原住房也是他们负责拆的，拆迁单位是某拆迁队，负责人叫邬某某。

问：请你核对你以上所述情况是否属实。

答：我已经看过，属实。（本页记录到此）

附：邓某某确认的照片

被调查（询问）人签名：邓某某　　2007 年 10 月 24 日　　拒绝签理由：＿＿／＿＿

调查（询问）人签名：潘某某　　记录人签名：陈某　　日期：2007 年 10 月 24 日

调查（询问）笔录照片确认

贴照片处

贴照片处

确认内容	两张照片中被拆除的建筑。
确认人回答	是照片中两幢白墙黑瓦坡顶老房子，中间有一个庭院及院墙。
确认人签字	邓某某　　2007 年 10 月 24 日

调查（询问）笔录

询问时间：2007 年 10 月 25 日 9 时 15 分至 10 时 20 分

询问地点：某县某路×号

被调查（询问）人：邬某某　　　性别：男　　　出生年月：××年×月×日

文化程度：初中　　　身份证号码：××××

工作单位：某拆迁队　　　　职务：负责人

住址：某县某地　　　　　　电话：××××

询问（调查）人：潘某某　　　工作单位：某县文物监察大队　　执法证号：××××

记录人：陈某　工作单位：某县文物监察大队　　　执法证号：×××××

执法人员向被调查（询问）人表明身份出示证件：我们是某县文物监察大队

行政执法人员，这是我们的执法证件，请你过目确认。

答：看清楚了，对你们的执法人员身份没有疑义。

执法人员告知被调查（询问）人享有陈述（申辩）和申请回避的权利：

　　　现根据《中华人民共和国行政处罚法》第三十、第三十七条六条的规定进行案件调查，如执法人员少于两人或执法证件与身份不符的，你有权拒绝调查。在询问（调查）前，你有权申请我们回避；在接受询问（调查）过程中，你有陈述、申辩的权利；同时你应承担如实提供有关资料、回答询问的义务。

答：我知道了。

问：你是否需要在场的人员回避？

答：不需要。

问：今天请你来，是为了就地处本县县城某镇某街××号的原某县级文物保护单位两幢民国时期建筑及院墙全部被拆除事件向你做询问了解。希望你配合我们的工作，如实回答我们提出的问题。

答：好的。

问：你是某拆迁队的负责人？

答：是的。

（本页记录到此）

被调查（询问）人签名：邬某某　2007 年 10 月 25 日　　拒绝签理由：　／

调查（询问）人签名：潘某某　记录人签名：陈某　　日期：2007 年 10 月 25 日

调查（询问）笔录

问：地处本县县城某街某建筑工程项目内旧房屋拆除工作是由你们单位负责的吗？

答：是的。

问：我队执法人员在2007年10月23日上午，对地处本县县城某街某建筑工程项目建筑工地内例行检查时，发现位于原某县县城某镇某街××号的某县级文物保护单位两幢民国时期的建筑及院墙被夷为平地，此房是你们拆迁队拆除的吗？

答：是的，但拆前我和某集团有限公司负责人王某某反映了，说有幢"老房子"被周围建楼打桩时震塌了一部分，应该怎么处理。他说让我们处理，我们就将其全部拆掉了。

问：你单位和某集团有限公司是什么关系？

答：我单位受某集团有限公司委托，负责对其建设工程项目内的旧房进行拆除。

问：拆除"老房子"时是什么时间？

答：是2007年7月中旬左右，具体日期我也记不清楚了。

问：拆掉的"老房子"有几幢？

答：坐北朝南有一幢是两层楼的、坐南朝北有一幢是一层楼的，两幢房子之间还连有院墙。

问：我们这里有四张照片，请你确认照片中被你们拆除的建筑。

答：是这两幢白墙黑瓦坡顶建筑，中间还有一个小院子。

问：被你们拆的"老房子"是文保单位，你是否知道？

答：这个我不清楚。

问：某集团有限公司委托你们对其建设工程项目内的旧房进行拆除，是否签过书面合同？书面合同中是否告知你们要拆除的旧房子中有文物保护单位？

答：有合同，但合同中没有写要拆除的旧房子中有文物保护单位。

问：老房子被拆除后构建是怎么处理的？

答：烂木头处理掉了，砖头等废墟拉出去填坑了。

问：请你核对你以上所述情况是否都是事实。

答：我已看过，是事实。（本页记录到此）

附：邬某某确认的照片（一）、（二）

被调查（询问）人签名：邬某某 2007年10月25日 拒绝签理由：___/___

调查（询问）人签名：潘某某 记录人签名：陈某 日期：2007年10月25日

调查（询问）笔录照片确认（一）

贴照片处	

（贴照片处）

（贴照片处）

确认内容	两张照片中被拆除的建筑。
确认人回答	是两幢白墙黑瓦坡顶建筑，中间还有一个院子和院墙。
确认人签字	邬某某　　　2007 年 10 月 25 日

调查（询问）笔录照片确认（二）

贴照片处

贴照片处

确认内容	两张照片中被拆除的建筑。
确认人回答	拆除的是这两幢砖木结构的建筑。
确认人签字	邬某某　　2007 年 10 月 25 日

调查（询问）笔录

询问时间：2007 年 10 月 26 日 9 时 08 分至 9 时 50 分

询问地点：某县某路×号

被调查（询问）人：王某某 　　性别：男 　　出生年月：××年×月×日

文化程度：大专 　身份证号码：××××

工作单位：某某集团有限公司 　　　　职务：法定代表人

住址：某县某地 　　　　　　　　电话：××××

询问（调查）人：潘某某 　工作单位：某县文物监察大队 　执法证号：××××

记录人：陈某 　工作单位：某县文物监察大队 　　执法证号：××××

执法人员向被调查（询问）人表明身份出示证件：我们是某县文物监察大队行政执法人员，这是我们的执法证件，请你过目确认。

答：看清楚了，对你们的执法人员身份没有疑义。

执法人员告知被调查（询问）人享有陈述（申辩）和申请回避的权利：

　　现根据《中华人民共和国行政处罚法》第三十六条、第三十七条的规定进行案件调查，如执法人员少于两人或执法证件与身份不符的，你有权拒绝调查。在询问（调查）前，你有权申请我们回避；在接受询问（调查）过程中，你有陈述、申辩的权利；同时你应承担如实提供有关资料、回答询问的义务。

答：我知道了。

问：你是否需要在场的人员回避？

答：不需要。

问：今天请你来，是为了就地处本县县城某镇某街××号的原某县级文物保护单位两幢民国时期建筑及院墙全部被拆除事件向你做询问了解。希望你配合我们的工作，如实回答我们提出的问题。

答：好的。

问：你在某集团有限公司任何职务？

答：法定代表人（总经理）

（本页记录到此）

被调查（询问）人签名：王某某 　2007 年 10 月 26 日 　拒绝签理由：　/

调查（询问）人签名：潘某某 　记录人签名：陈某 　日期：2007 年 10 月 26 日

调查（询问）笔录

问：紧邻本县县城某镇某街建设工地大门东侧墙上绘有由你们单位建设某建筑建设工程项目广告是你公司向社会公示的吗？

答：是的。

问：我队执法人员于2007年10月23日上午，在地处本县县城某镇某街的某建筑建设工程施工现场内，对位于原县城某镇某街××号占地面积510平方米的原某县级文物保护单位进行检查时，发现其两幢民国时期建筑及院墙已消失，成为建设工地内12号楼（已建地基）西侧，8号楼（已结顶）西半幢往北处，一片推平的土壤。你对此事如何解释？

答：我对发生的这件事情不是太清楚，当时我在国外考察，工程项目负责拆迁的人打电话和我反映，有一幢"老房子"在建房打桩时震塌了一部分，该如何处理，我说，由你们去处理。

问：你说的"当时"是具体什么日期？

答：是2007年7月中旬。

问：你说"由你们去处理"是指什么意思？

答：我的本意是让他们去向有关部门请示，但我当时在电话中没有把意思表达清楚，造成拆迁人员将"老房子"给全部拆掉，对此我承担负责。

问：当时你知道被你们拆除的"老房子"是什么用房吗？

答：我对公司建设工程项目具体工作了解得不多，事后在建设工程项目规划图中我才知道"老房子"是县级文物保护单位。

问：和你打电话负责拆迁的人叫什么名字？和你公司是什么关系？

答：叫邬某某，是某拆迁队的负责人，我公司委托其单位负责拆除建设项目范围内的旧房。

问：你公司委托某拆迁队对建设工程项目内的旧房进行拆除，是否签有书面合同？在合同中是否告知过他们要拆除的旧房子中有文物保护单位？

答：这个我要问一下项目经理（打电话）。合同中没有告知他们。

（本页记录到此）

被调查（询问）人签名：王某某　2007年10月26日　　拒绝签理由：　／
调查（询问）人签名：潘某某　记录人签名：陈某　日期：2007年10月26日

调查（询问）笔录

问：你公司委托的某拆迁队对某县级文物保护单位拆除前，你公司是否向当地文物、规划部门做任何书面请示？

答：没有。

问：这是我队与省文物监察总队执法人员于 2007 年 10 月 23 日上午，在你公司建设的某建筑工程项目施工现场内的检查（勘验）记录和拍摄的照片，请你仔细查看，记录与拍照的内容是否属实？你是否存在疑义？

答：我看过了，情况属实，没有疑义。

问：请你在现场检查（勘验）记录和现场检查（勘验）照片（一）、（二）中的被检查人处签字确认。

答：好。

问：请你核对你以上所述情况是否都是事实。

答：我已看过，是事实。（本页记录到此）

被调查（询问）人签名：王某某　2007 年 10 月 26 日　　　拒绝签理由：　　/

调查（询问）人签名：潘某某　　记录人签名：陈某　　日期：2007 年 10 月 26 日

调查（询问）笔录

询问时间：2007 年＿＿11＿＿月＿8＿日＿14＿时＿45＿分至＿16＿时＿10＿分

询问地点：某县某路×号＿＿＿＿＿＿＿＿＿＿＿＿＿＿＿＿＿＿＿＿＿＿＿＿

被调查（询问）人：王某某＿＿＿＿＿性别：男＿＿出生年月：××年×月×日

文化程度：大专＿＿＿＿＿身份证号码：××××＿＿＿＿＿＿＿＿＿＿＿

工作单位：某集团有限公司＿＿＿＿＿＿＿职务：法定代表人＿＿＿＿＿＿＿

住址：某县某地＿＿＿＿＿＿＿＿＿电话：××××＿＿＿＿＿＿＿＿＿＿

询问（调查）人：潘某某＿＿工作单位：某县文物监察大队＿执法证号：××××

记录人：陈某＿＿工作单位：某县文物监察大队＿＿＿＿执法证号：××××

执法人员向被调查（询问）人表明身份出示证件：我们是某县文物监察大队＿＿

行政执法人员，这是我们的执法证件，请你过目确认。

答：看清楚了，对你们的执法人员身份没有疑义。

执法人员告知被调查（询问）人享有陈述（申辩）和申请回避的权利：

　　现根据《中华人民共和国行政处罚法》第三十六条、第三十七条的规定进行案件调查，如执法人员少于两人或执法证件与身份不符的，你有权拒绝调查。在询问（调查）前，你有权申请我们回避；在接受询问（调查）过程中，你有陈述、申辩的权利；同时你应承担如实提供有关资料、回答询问的义务。

答：我知道了。

问：你是否需要在场的人员回避？

答：不需要。

问：这是县建设规划局提供的你公司某建筑建设工程项目规划平面图纸，图纸中明确标有原某县级文物保护单位，请你对图纸中标注的原县级文物保护单位位置和你们对其拆除的位置是否一致进行确认。

答：一致

问：你们是否按这个规划图纸进行施工？

答：是的。

（本页记录到此）

被调查（询问）人签名：王某某　2007 年 11 月 8 日　　拒绝签理由：＿／＿＿

调查（询问）人签名：潘某某　记录人签名：陈某　　日期：2007 年 11 月 8 日

调查（询问）笔录

问：今天上午，经县文广新局与建设规划局对被你公司拆除的某县级文物保护单位原址进行勘测，已确认你公司某建筑建设工程中 12 号楼地基西侧向外延伸 20 米，8 号楼西侧往北 7.5 米为起点向北延伸 25.5 米区域为原某县县城某镇某街××号县级文物保护单位基地，总面积 510 平方米。并在此处竖立联合公告告示牌，要求自公告之日期，未经文物部门和建设规划部门批准，任何人、任何单位不准在此范围内非法施工的。你对此有何意见？

答：没意见。

问：你公司现某建筑建设工程项目面积多大？区块包括哪些，什么时间开工，工期多长时间？

答：某建筑建设工程项目规划平面图纸上和工地工程广告上已经标明。

问：你能对照规划图纸，具体描述一下吗？

答：好，某建筑建设工程项目为我公司独资项目，2007 年 6 月 13 开工，工期 330 天，区域范围为本县县城某街以南，某路以东，某小区西北的区块，建造面积达 54614.87 平方米。

问：被你公司拆除的原某县级文物保护单位在你公司建设工程区域内吗？

答：在。

问：根据《中华人民共和国文物保护法》第二十条第一款定，建设工程选址，应当尽可能避开不可移动文物，因特殊情况不能避开的，对文物保护单位应当尽可能实施原址保护。某建筑建设工程项目规划图纸中原文保单位的位置已经标明，你为什么还要将其拆除？

答：上次我说过了，我当时在国外，拆除事件发生后我才发现图纸上标出的文保单位内容。事后我很后悔。

问：根据《中华人民共和国文物保护法》第二十条第三款定，无法实施原址保护的，必须迁移异地保护或拆除的，应当报省、自治区、直辖市人民政府批准。你知道此规定吗？

（本页记录到此）

被调查（询问）人签名：王某某　2007 年 11 月 8 日　　　拒绝签理由：　／

调查（询问）人签名：潘某某　记录人签名：陈某　日期：2007 年 11 月 8 日

调查（询问）笔录

答：了解的不是很多，文保单位被拆除前，我将它误认为一般老房子了。如果知道是文保单位，一定会事先报批。

问：根据《中华人民共和国文物保护法》第六十六条第一款第（三）款定，擅自拆除不可移动文物尚不构成犯罪的，由县级以上人民政府文物行政主管部门责令改正，造成严重后果的，处五万元以上五十万元以下的罚款。针对你公司拆除县级文保单位，你对此规定有何看法？

答：由于我工作的失误，造成县级文保单位被拆除，其后果是非常严重的，我愿意按照规定接受相应的行政处罚。

问：请你核对你以上所述情况是否都是事实。

答：我已看过，是事实。（本页记录到此）

被调查（询问）人签名：王某某　2007年11月8日　　　拒绝签理由：　／

调查（询问）人签名：潘某某　　记录人签名：陈某　　日期：2007年11月8日

公　告

　　某建筑工程 12 号楼地基西侧向外延伸 20 米，8 号楼西半幢往北 7.5 米为起点向北延伸 25.5 米。此范围为原某县县城某镇某街×××号某县级文物保护单位地基，总面积 510 平方米，长 25.5 米，宽 20 米。自公告之日起，未经文物行政部门、建设规划部门批准，任何人、任何单位不准在此范围内非法施工。

某县文化广播新闻出版局

某县建设规划局

2007 年 11 月 8 日

现场公告照片

贴照片处

拍摄内容	某县文广新局与县建设规划局于 2007 年 11 月 8 日 9 时在位于县城某镇某街的某建筑建设工地（原县文保单位地基）处进行联合公告：某建筑工程 12 号楼地基西侧向外延伸 20 米，8 号楼西半幢往北 7.5 米为起点向北延伸 25.5 米。此范围为原某县县城某镇某街×××号某县级文物保护单位地基，总面积 510 平方米，长 25.5 米，宽 20 米。自公告之日起，未经文物行政部门、建设规划部门批准，任何人、任何单位不准在此范围内非法施工。				
拍摄地点	原县文保单位地基西北往东南				
拍摄时间	2007 年 11 月 8 日	拍摄方向	由东北向西南	拍摄人	陈某
被检查人确认（签章）	照片拍摄内容情况属实 王某某 2007 年 11 月 8 日				

未经报批擅自拆除某县级文物保护单位案
立案调查取得的其他相关资料（详细资料省略）

1. 协助调查人员提供的有关资料：

（1）协助调查人员的身份证复印件。

（2）当事人（单位）的企业法人营业执照正本、副本复印件。

（3）当事人王某某委托拆迁人邬某某拆除某御苑建设工程内旧房的合同。

2. 相关单位提供的有关资料：

（1）文物行政部门（文广新局）提供的当地政府核定公布该文物保护单位的文件复印件和竖立该文保单位标志文字说明及照片。

（2）文物业务管理部门（文物科、文管办、文管会、博物馆）提供的该文保单位简介、保护与修缮情况、不同时期照片。

（3）建设规划部门提供的当事人建设工程规划（标有文保单位）审批图纸复印件。

（4）拆迁管理部门提供的拆迁人邬某某（单位）资质证明复印件。

（5）某县人民政府行政审批中心（县文广新局）受理建设单位拆除不可移动文物（县级文物保护单位、文保点）事先申报程序网上公示截图。

注：以上资料，为复印件的，要由提供单位或个人确认其与原件一致并签字（文化部令第33号《文物行政处罚程序暂行规定》第二十条规定：案件承办人调取的证据应当是原件、原物；调取原件、原物有困难的，可由提交证据复制品的单位或个人在复制品上盖章或签名，并注明"与原件［物］相同"字样或者文字说明）。

案件调查报告

当事人：某集团有限公司

法定代表人：王某某

地址：某县某镇某路××号某楼

案由：某集团有限公司未经报批擅自拆除某县级文物保护单位涉嫌违法案

调查经过：2007 年 10 月 23 日上午，某县文物监察大队与省文物监察总队执法人员赶赴原某县县城某镇某街××号，对反映位于该处的某县级文物保护单位被拆除事项进行核查，发现在紧邻本县县城某镇某街建设工地院墙内 12 号楼（已建成地基）西侧，8 号楼（已结顶）西半幢往北处，占地面积 510 平方米的原某县级文物保护单位两幢民国时期建筑及院墙已被拆除，四周建起数幢楼房，经现场初步确认，拆除此文保单位的当事人为某建筑工程建设单位"某集团有限公司"。从 2007 年 10 月 24 日县文广新局核准立案调查开始至 11 月 8 日，调查人员潘某某、陈某，经对证明人、拆迁人、当事人进行调查（询问）和到县文物管理办公室、县建设规划局、县拆迁办等单位进行调查取证，已查明当事人某集团有限公司于 2007 年 6 月 13 日，在本县县城某街以南，某路以东，某小区西北的区块，开始建造面积达 54614.87 平方米的某建筑工程项目，原某县级文保单位就在其建设工程项目区域范围之内。2007 年 7 月中旬，当事人法定代表人王某某获悉建设工地内有一处"老房子"在建设施工打桩时，出现部分倒塌现象，便告知拆迁人邬某某进行处理，造成原县级文保单位两幢民国建筑及院墙全部被拆除的严重后果。2007 年 11 月 8 日，县文广新局与县建设规划局对被拆除的原文保单位地基进行了实地勘测，并现场竖立了在文保单位原地基范围内未经批准，禁止任何人、任何单位进行施工建设行为的联合公告告示牌。2007 年 11 月 8 日，此案调查终结。

违法事实及相关证据：当事人在未向当地文物行政部门申报和未经省人民政府批准的情况下，于 2007 年 7 月中旬，在其某建筑建设工程中，擅自将原某县县城某镇某街××号某县级文物保护单位建筑及院墙全部拆除，违法事实成立。相关证据有 1. 现场检查（勘验）笔录；2. 现场勘验照片；3. 对证明人、拆迁人、当事人的调（查询）问笔录；4. 县文广新局提供的县政府核定公布某县级文物保护单位文件复印件；5. 县建设规划局提供的当事人在某建筑建设项目中的规划平面图（图上标有被当事人拆除的前某县级文保单位原位置）；6. 县文物管理办公室提供

案件调查报告

的被当事人拆除的文保单位原貌照片、文字说明等。

案件的性质：当事人的行为已涉嫌违反了《中华人民共和国文物保护法》第二十条第三款规定，属未经省人民政府批准，擅自拆除不可移动文物的行为。

是否有依法从重、从轻、减轻或不予行政处罚的情节及相关证据：当事人的行为使国家不可移动文物灭失，已造成了严重后果，应从重处罚。

调查人员提出行政处罚的建议及相关的法律依据：根据《中华人民共和国文物保护法》第六十六条第一款第（三）项规定：擅自迁移、拆除不可移动文物尚不构成犯罪的，由县级以上人民政府文物主管部门责令改正，造成严重后果的，处五万元以上五十万元以下的罚款。建议责令当事人在被拆除的原县级文物保护单位地基范围（某建筑工程 12 号楼地基西侧向外延伸 20 米，8 号楼西半幢往北 7.5 米为起点向北延伸 25.5 米）内停止一切施工建设项目工程，并对其作出处人民币五十万元整罚款的行政处罚。

调查人员签名：潘某某　陈某   2007 年 11 月 20 日

听证告知审批表

<table>
<tr><td rowspan="2">案由</td><td colspan="6">某集团有限公司未经报批擅自拆除某县级文物保护单位涉嫌违法案</td><td>案件来源</td><td rowspan="2">省文物监察总队电话督办</td></tr>
<tr><td colspan="6"></td><td></td></tr>
<tr><td rowspan="8">当事人</td><td rowspan="4">个人</td><td>姓名</td><td>/</td><td>性别</td><td>/</td><td colspan="2">年龄</td><td></td></tr>
<tr><td>身份证件号</td><td colspan="4">/</td><td>电话</td><td>/</td></tr>
<tr><td>住址</td><td colspan="4">/</td><td>邮编</td><td>/</td></tr>
<tr><td>工作单位</td><td colspan="4">/</td><td>邮编</td><td>/</td></tr>
<tr><td rowspan="2">单位</td><td>名称</td><td>某集团有限公司</td><td>法定代表人</td><td colspan="2">王某某</td><td>电话</td><td>××××</td></tr>
<tr><td>住址</td><td colspan="4">某县某镇
某路××号某楼</td><td>邮编</td><td>×××××</td></tr>
</table>

<table>
<tr><td>理由</td><td>经立案调查查明，当事人于 2007 年 7 月中旬，在未向当地文物行政部门申报和未经省人民政府批准的情况下，在其建设的某建筑工程中，擅自将位于原某县县城某镇某街××号某县级文物保护单位两幢民国时期的建筑及院墙全部拆除。当事人的行为使国家不可移动文物灭失，造成严重后果，已涉嫌违反了《中华人民共和国文物保护法》第二十条第三款规定，属未经省人民政府批准，擅自拆除不可移动文物的行为。本案件调查已终结。根据《中华人民共和国文物保护法》第六十六条第一款第（三）项规定，对当事人应予处罚。</td></tr>
<tr><td>依据</td><td>《中华人民共和国文物保护法》第六十六条第一款第（三）项规定：擅自迁移、拆除不可移动文物的由县级以上人民政府文物主管部门责令改正，造成严重后果的，处五万元以上五十万元以下的罚款。
按照《中华人民共和国行政处罚法》第四十二条规定和某省人民政府法制局《关于确定水产等适用听证程序的较大数额罚款标准的复函》（某政发〔1997〕40 号）的解释（行政处罚达到或超过对个人处二千元、对组织处五万元的罚款，应当告知当事人有听证的权利）当事人有权要求听证。</td></tr>
</table>

承办人意见	当事人的行为，使国家不可移动文物灭失，已造成严重后果。 　　建议：1. 责令当事人在被拆除的原县级文物保护单位地基范围（某建筑工程12号楼地基西侧向外延伸20米，8号楼西半幢往北7.5米为起点向北延伸25.5米）内停止一切建设施工项目，并对其作出处人民币五十万元整罚款的行政处罚。2. 在行政处罚之前，向当事人发《行政处罚听证告知书》。 　　　　　　　　　　　　　潘某某、陈某　2007年11月23日
承办机构审核意见	拟同意承办人的意见 　　　　范某某　2007年11月23日（承办机构单位公章）
行政机关负责人审批意见	同意承办机构审核的意见，发《行政处罚听证告知书》。 　　　　钱某某　　　　　2007年11月23日 　　　　　　　（行政处罚机关负责人签字章）

行政处罚听证告知书

某文物罚听告字〔2007〕第（003）号

某集团有限公司：

　　经我局立案查明：你单位于 2007 年 7 月中旬，在本县县城某镇某街以南、某路以东、某小区西北的区块，建造面积达 54614.87 平方米的某建筑建设工程中，在未向当地文物行政部门申报和未经省人民政府批准的情况下，擅自将经县人民政府核定公布的位于原县城某镇某街×××号某县级文物保护单位两幢民国时期建筑及院墙全部拆除，使国家不可移动文物灭失，造成了严重后果。上述行为涉嫌违反了《中华人民共和国文物保护法》第二十条第三款规定，属未经省人民政府批准，擅自拆除不可移动文物的行为。以上事实有现场检查（勘验）记录、调查（询问）笔录、建设工程项目规划图纸、现场照片等为证。

　　根据《中华人民共和国文物保护法》第六十六条第一款第（三）项规定，现责令你单位在被拆除的原县级文物保护单位地基范围（某建筑建设工程 12 号楼地基西侧向外延伸 25.5 米，8 号楼西半幢往北 7.5 米为起点向北延伸 25.5 米，占地面积 510 平方米）内停止一切施工建设项目工程，并对你（单位）拟处人民币五十万元罚款的行政处罚。

　　按照《中华人民共和国行政处罚法》第四十二条和某省人民政府法制局《关于确定水产等适用听证程序的较大数额罚款标准的复函》（某政发〔1997〕40 号）规定，你（单位）有权要求听证。如你（单位）要求听证，应当在收到本告知书之日起三日内向本机关提出申请。逾期视为放弃听证权利。

　　如你（单位）对本机关上述认定的违法事实、处罚依据及处罚内容等持有异议，但不要求听证的，可在收到本告知书之日起三日内向本机关提出陈述、申辩，逾期视为放弃该权利。

　　联系人：潘某某、陈某　　电话：×××××××
　　地址：某县某路×号

某县文化广电新闻出版局（公章）
2007 年 11 月 23 日

注：1. 本文书一式二份，一份送达当事人，一份留存行政机关

送达回证

某文物听告回证字〔2007〕第 003 号

案由	某集团有限公司未经报批擅自拆除某县级文物保护单位涉嫌违法案
送达文书名称、文号	《行政处罚听证告知书》 北文物罚听告字〔2007〕第（003）号
被送达人	某集团有限公司
送达地点	某县某镇某路××号某楼
送达方式	直接送达
被送达人签字（或盖章）及收件日期	王某某 2007 年 11 月 23 日 11 时
送达人（签字）	潘某某、陈某 2007 年 11 月 23 日 11 时
代收人签名或盖章及代收理由	/
被送达人拒收事由和日期	/
见证人签名或盖章	/
备注	/

行政处罚听证回执单

<u>某县文化广电新闻出版局</u>

根据贵局行政处罚听证告知书（<u>某文物罚听告字〔2007〕第 003 号</u>）的要求，我（单位）决定<u>不要求听证，不提出陈述与申辩。</u>

负责人签字：<u>王某某　2007 年 11 月 24 日</u>

某集团有限公司（公章）
2007 年 11 月 24 日

案件集体讨论记录

时间：2007 年　11　月　26　日　9　时　30　分至　11　时　30　分

地点：某县文广新局三楼会议室

案由：某集团有限公司未经报批擅自拆除某县级文物保护单位涉嫌违法案

主持人：戴某某　　　职务：某县文广新局副局长　　　记录人：王某某

职务：局办公室副主任

参加人：钱某某（某县文广新局局长）、范某某（某县文物监察大队队长）

　　　　潘某某、陈某（案件承办人，单位为某县文物监察大队执法人员）

　　　案件承办人汇报案件情况：

　　　陈某（汇报）：

　　　案件来源：2007 年 10 月 23 日上午，某县文物监察大队与省文物监察总队执法人员赶赴原某县县城某镇某街××号，对反映位于该处的某县级文物保护单位被拆除事项进行核查。经向在场的相关人员了解与实地勘验，发现在紧邻本县县城某镇某街建设工地院墙内 12 号楼（已建成地基）西侧，8 号楼（已结顶）西半幢往北处，占地面积 510 平方米的原某县级文物保护单位两幢民国时期建筑及庭院已被夷为平地，四周建起数幢楼房。从现场建设工程广告获知，建设工地的建设项目为某建筑建设工程，建设单位为某集团有限公司。

　　　立案调查：从 2007 年 10 月 24 日县文广新局核准立案调查开始至 11 月 8 日，调查人员潘某某、陈某，经对证明人、拆迁人、当事人进行调查（询问）和到县文物管理办公室、县建设规划局、县拆迁办等单位进行调查取证，已查明当事人某集团有限公司于 2007 年 6 月 13 日，在本县县城某街以南，某路以东，某小区西北的区块，开始建造面积达 54614.87 平方米的某建筑工程项目，原某县级文保单位就在其建设工程项目区域范围之内。2007 年 7 月中旬，某集团有限公司法定代表人王某某获悉建设工地内有一处"老房子"在建设施工打桩时，出现部分倒塌现象，便通知拆迁人邹某某进行处理，造成原县级文保单位两幢民国建筑及庭院全部被拆除的严重后果。2007 年 11 月 8 日，县文广新局与县建设规划局对被拆除的原文保单位地基进行了实地勘测，并现场竖立了在文保单位原地基范围内未经批准，禁止任何人、任何单位进行施工建设行为的联合公告告示牌。2007 年 11 月 8 日，此案调查终结。

　　　违法事实及相关证据：当事人在未向当地文物行政部门申报与未经省人民政府批准

案件集体讨论记录

的情况下，于 2007 年 7 月中旬，在其某建筑建设工程中，擅自将原某县县城某镇某街××号某县级文物保护单位两幢民国时期的建筑及院墙全部拆除，违反了《中华人民共和国文物保护法》第二十条第三款规定，违法事实成立。相关证据有 1. 现场检查（勘验）笔录；2. 现场勘验照片；3. 对证明人、拆迁人、当事人的调（查询）问笔录；4. 县文广新局提供的县政府核定公布某县级文物保护单位文件复印件；5. 县建设规划局提供的当事人在某建筑建设项目中的规划平面图（图上标有被当事人拆除的前某县级文保单位原位置）；6. 县文物管理办公室提供的被当事人拆除的文保单位原貌照片、文字说明等。

　　处罚依据：根据《中华人民共和国文物保护法》第六十六条第一款第（三）项规定，擅自迁移、拆除不可移动文物的由县级以上人民政府文物主管部门责令改正，造成严重后果的，处五万元以上五十万元以下的罚款。

　　主持人汇报听证情况：

　　2007 年 11 月 23 日，县文广新局对当事人下发了"拟对其作出责令在被拆除的原县级文物保护单位地基范围内停止一切施工建设工程项目和处人民币五十万元整罚款行政处罚"的听证告知书，当事人于 11 月 24 日给我局的"行政处罚听证告知回执单"中，注明不要求听证和不提出陈述、申辩。

　　参加讨论人员意见和理由：

　　钱某某：案件调查人员提出当事人的违法行为，事实清楚、证据确凿、适用法律准确、程序合法。当事人在无任何批准文件的情况下，擅自拆除某县级文物保护单位造成国家文物灭失，是一起严重的违法事件，性质非常严重，已造成严重后果。除责令他在原文物保护单位地基上停止一些建设施工项目外，当事人的行为应当得到应有的处罚，我同意对当事人责令改正事项和对其处五十万元人民币的罚款。

　　戴某某：在询问笔录中，了解到当事人的违法行为应属过失损毁文物，在刑法第 324 条规定中，对过失损毁省级以上文物保护单位，造成严重后果的，处三年以下有期徒刑或者拘役。当事人损毁的是县级文物保护单位，造成严重后果，除责令改正外，处罚款人民币五十万元的行政处罚是最起码的要求，符合五万元至五十万元的上线标准。

　　范某某：此违法行为给国家文物造成不可挽回的损失，给我县文物保护工作造成了

案件集体讨论记录

较坏的影响，我赞同听证告知书中对当事人责令改正以及处罚意见。

潘某某：当事人的违法行为后果非常严重，不仅给国家文物造成了不可挽回的损失，也引起了社会媒体的广泛关注，我们要对当事人进行依法处罚，给社会一个满意的答复，也给其他一些建设单位一个良好的教育，我赞成对当事人责令改正并处以人民币五十万元行政处罚的意见。

结论性意见：

同意对当事人责令其在被拆除的原县级文物保护单位地基范围（某建筑工程12号楼地基西侧向外延伸20米，8号楼西半幢往北7.5米为起点向北延伸25.5米）内停止一切施工建设项目工程，并处人民币五十万元整罚款的行政处罚。

主持人签名：　　戴某某　　　　　　2007 年 11 月 26 日

记录人签名：　　王某某　　　　　　2007 年 11 月 26 日

参加人签名：钱某某、范某某、潘某某、陈某　　2007 年 11 月 26 日

案件处理审批表

<table>
<tr>
<td rowspan="5">案由</td>
<td colspan="4">某集团有限公司未经报批擅自拆除某县级文物保护单位涉嫌违法案</td>
<td>案件来源</td>
<td>省文物监察总队电话督办</td>
</tr>
</table>

<table>
<tr>
<td rowspan="9">当事人</td>
<td rowspan="4">个人</td>
<td>姓名</td>
<td>/</td>
<td>性别</td>
<td>/</td>
<td>年龄</td>
<td></td>
</tr>
<tr>
<td>身份证件号</td>
<td colspan="3">/</td>
<td>电话</td>
<td>/</td>
</tr>
<tr>
<td>住址</td>
<td colspan="3">/</td>
<td>邮编</td>
<td>/</td>
</tr>
<tr>
<td>工作单位</td>
<td colspan="3">/</td>
<td>邮编</td>
<td>/</td>
</tr>
<tr>
<td rowspan="2">单位</td>
<td>名称</td>
<td>某集团有限公司</td>
<td>法定代表人</td>
<td>王某某</td>
<td>电话</td>
<td>××××</td>
</tr>
<tr>
<td>住址</td>
<td colspan="3">某县某镇某路××号某楼</td>
<td>邮编</td>
<td>××××</td>
</tr>
</table>

案件调查处理基本情况

　　经立案调查，当事人某集团有限公司于 2007 年 7 月中旬，在未向当地文物部门申报和未经省人民政府批准的情况下，在其建设的某建筑施工过程中，将位于原某县县城某镇某街××号某县级文物保护单位两幢民国时期的建筑及院墙全部拆除。当事人的行为使国家不可移动文物灭失，造成严重后果，已违涉嫌反了《中华人民共和国文物保护法》第二十条第三款规定，属未经省人民政府批准，擅自拆除不可移动文物的行为。本案已经现场检查（勘验）、立案调查取证，根据《中华人民共和国文物保护法》第六十六条第一款第（三）项规定，2007 年 11 月 23 日，县文广新局向当事人发出对其拟作出处五十万元罚款的行政处罚听证告知书，当事人在听证回执单中明确放弃了听证、陈述、申辩权利。2007 年 11 月 26 日，本案进行了由文广新局负责人等参加的案件处理集体讨论会，并形成了集体讨论结论性意见。

承办人意见

　　建议按集体讨论结论性意见处理：责令当事人在被拆除的原县级文物保护单位地基范围（某建筑建设工程 12 号楼地基西侧向外延伸 25.5 米，8 号楼西半幢往北 7.5 米为起点向北延伸 25.5 米，占地面积 510 平方米）内停止一切建设施工项目工程，并对其作出处人民币五十万元罚款的行政处罚。

潘某某　陈某　2007 年 11 月 26 日

承办机构审核意见	拟同意承办人的意见，建议向当事人下发行政处罚决定书，请局长审定。 　　　　　范某某　2007 年 11 月 26 日　　（承办机构单位公章）
行政机关负责人审批意见	同意承办机构审核的意见，向当事人下发行政处罚决定书。 　　　　　钱某某　2007 年 11 月 27 日　　（行政处罚机关负责人签字章）

行政处罚案件结案审批表

<table>
<tr><td rowspan="6">当事人</td><td rowspan="4">个人</td><td>姓名</td><td>/</td><td>性别</td><td>/</td><td>年龄</td><td>/</td></tr>
<tr><td>身份证件</td><td colspan="3">/</td><td>电话</td><td>/</td></tr>
<tr><td>住址</td><td colspan="3">/</td><td>邮编</td><td>/</td></tr>
<tr><td>工作单位</td><td colspan="3">/</td><td>邮编</td><td>/</td></tr>
<tr><td rowspan="2">单位</td><td>名称</td><td>某集团有限公司</td><td>法定代表人</td><td>王某某</td><td>电话</td><td>××××</td></tr>
<tr><td>住址</td><td colspan="3">某县某镇某路××号某楼</td><td>邮编</td><td>×××××</td></tr>
<tr><td>行政处罚文书文号</td><td colspan="3">某文物罚决字〔2007〕第003号</td><td>发文日期</td><td colspan="3">2007年11月27日</td></tr>
<tr><td>案由</td><td colspan="3">某集团有限公司未经报批擅自拆除某县级文物保护单位违法案</td><td>案件来源</td><td colspan="3">省文物监察总队电话督办</td></tr>
<tr><td>案件简要情况</td><td colspan="7">　　某县文物监察大队与省文物监察总队执法人员于2007年10月23日上午，赶赴本县县城某镇某街××号，对反映该处的某县级文物保护单位被拆除事项进行核查。经向现场的相关人员了解与实地勘验，发现在紧邻本县县城某镇某街建设工地院墙内12号楼（已建成地基）西侧，8号楼（已结顶）西半幢往北处，占地面积510平方米的原某县级文物保护单位两幢民国时期建筑及院墙已被拆除。经现场初步确认和询问调查确认，当事人为某集团有限公司。经立案查明，当事人于2007年7月中旬，在未向当地文物行政部门申报和未经省人民政府批准的情况下，在其某建筑建设工程中，擅自将原某县县城某镇某街××号某县级文物保护单位建筑及院墙全部拆除。当事人的行为使国家不可移动文物灭失，造成严重后果，已违反了《中华人民共和国文物保护法》第二十条第三款规定，属未经省人民政府批准，擅自拆除不可移动文物的行为。本案于2007年10月24日立案，于2007年11月20日调查终结。县文广新局在告知程序履行完毕后，进行了行政处罚集体讨论，并于2007年11月27日向当事人作出了行政处罚决定。</td></tr>
</table>

行政处罚内容	对当事人处人民币五十万元罚款，于当日向当事人送达了处罚决定书。
行政处罚执行情况	当事人已于2007年11月29日，将人民币五十万元的罚款缴到指定银行，缴款收据编号为：×××××××。
执行方式	自行履行。
承办人意见	当事人已履行了行政处罚决定的内容，建议结案。 　　　　　　　　潘某某　陈某　　2007年12月1日
承办机构审核意见	拟同意办案人员意见，请局长审定。 　　　　　　　　范某某　　2007年12月1日 　　　　　　　　（承办机构公章）
行政机关负责人审批意见	同意承办机构审核意见，结案。 　　　　　　　　钱某某　　2007年12月1日 　　　　　　　　（行政机关负责人签字章）

方某某买卖被盗挖文物案

　　2008 年 4 月 4 日，某市文物监察大队接举报，反映某市某镇某村某组村民方某某倒卖文物。2008 年 4 月 5 日该队立案调查，查明某市某镇某村村民方某某于 2008 年 3 月 11 日晚，在本市某宾馆 319 号客房内，从本村村民陈某某和李某某手中买了"五管瓶"、"塔瓶"各一只，成交价三万元整，2008 年 3 月 14 日，方某某又将"五管瓶"、"塔瓶"以四万元的价格转卖到某地，买方是某地人"老二"，获利一万元整。调查反映，方某某在与陈某某进行交易时已得知"五管瓶"、"塔瓶"是最近在本村挖出的地下文物。4 月 7 日 - 22 日，办案人员对本案当事人方某某、本案当事人（另案处理）陈某某、李某某做了调查询问笔录，对当事人违法交易行为所涉及的宾馆、银行等场所进行了调查取证，同时，还取得了本案当事人（另案处理）陈某某、李某某等人将盗挖文物卖出所得款项分赃清单复印件、某省文物鉴定中心对盗挖场所的鉴定意见的书面证明材料。

　　根据调查取证的情况，某市文物行政执法机关认为当事人方某某的行为违反了《中华人民共和国文物保护法》第五十一条第（一）、（四）项的规定，属"买卖国家禁止买卖的文物"的非法行为。根据《中华人民共和国文物保护法》第七十一条"买卖国家禁止买卖的文物或者将禁止出境的文物转让、出租、质押给外国人，尚不构成犯罪的，由县级以上人民政府文物主管部门责令改正，没收违法所得，违法经营额一万元以上的，并处违法经营额二倍以上五倍以下的罚款；违法经营额不足一万元的，并处五千元以上二万元以下的罚款"的规定，提出行政处罚意见：没收违法所得人民币一万元整；罚款人民币八万元整。

　　当事人对某市文物行政执法机关的处罚意见提起听证要求，某市文化广播新闻出版局于 2008 年 6 月 6 日上午举行了"方某某涉嫌非法买卖某镇某村被盗挖的文物案"处罚意见听证会。根据听证会"通过听证双方陈述与申辩，我们认为当事人对行政执法机关认定的违法事实、调查取得的证据、处罚适用的法律、处罚裁定的依据均未提出新的意见与疑义"的结论意见，某市文物行政执法机关举行了局负责人集体讨论会议，一致通过了某市文物行政执法机关作出的"没收违法所得人民币一万元整；罚款人民币八万元整"的处罚意见。某市文物行政执法机关于 2008 年 6 月 28 日对当事人依法作出了如下行政处罚决定：1. 没收违法所得一万元整；2. 罚款人民币八万元整。当事人 2008 年 7 月 25 日自动履行了某市文物行政执法机关作出的行政处罚意见，将罚没款上缴指定的代收机构。

卷内文书目录

序号	文号	题名	日期	备注
1	（某）文物罚决字〔2008〕第（01）号	行政处罚决定书	2008.6.28	
2	（某）文物罚回证字〔2008〕第（03）号	送达回证	2008.6.29	
3		投诉举报受理（登记）表	2008.4.5	
4		立案审批表	2004.4.5	
5		协助调查函	2008.4.6	
6		调查（询问）笔录	2008.4.7	
7		调查（询问）笔录	2008.4.11	
8		调查（询问）笔录	2008.4.11	
9		当事人身份证明	2008.4.13	
10		文物交易地点证明件（一）	2008.4.16	
11		文物交易地点证明件（二）	2008.4.18	
12		某市工商银行某路营业部资金转移证明	2008.4.21	
13		某市工商银行某路营业部电汇资金证明	2008.4.22	
14		账款清单	2008.4.19	
15		某省文物鉴定委员会鉴定意见	2008.4.16	

序号	文号	题名	日期	备注
16		某市某镇某村古墓葬盗挖现场示意图（复印件）	2008.4.18	
17		关于要求对某市某镇某村被盗古墓葬的文物予以认定的联系函	2008.4.16	
18		关于对某市某镇某村被盗古墓葬器物的认定意见	2008.4.16	
20		案件调查报告	2008.4.22	
21		听证告知审批表	2008.5.21	
22	（某）文物罚听告字〔2008〕第（01）号	行政处罚听证告知书	2008.5.25	
23	（某）文物罚回证字〔2008〕第（01）号	送达回证	2008.5.26	
24		听证申请书	2008.5.27	
25	（某）文物罚听通字〔2008〕第（01）号	听证通知书	2008.5.28	
26		听证笔录	2008.6.6	
27		听证报告	2008.6.8	
28		案件集体讨论记录	2008.6.27	
29		案件处理审批表	2008.6.28	
30		（某）市代收罚没款专用票据	2008.7.25	
31		行政处罚案件结案审批表	2008.7.30	

行政处罚决定书

（某）文物罚决字〔2008〕第（01）号

当事人：方某某

性别：男　　民族：汉　　出生年月：1964 年 × 月 × × 日

身份证号：× × × × × × × × × ×

住址：某市某镇某村某组

单位：无

经本机关查明，当事人于 2008 年 3 月 11 日至 2008 年 3 月 14 日，从某市某镇某村陈某某手中以三万元的价格买入陈某某、李某某、江某某非法盗挖古墓葬获取的龙泉青瓷五管瓶、塔瓶各一只，之后，又以四万元的价格将五管瓶、塔瓶转卖给某人"老二"，非法获利一万元。具体有当事人询问（调查）笔录、交易场所资金证明、文物鉴定意见等证据为凭。

本机关认为当事人的上述行为违反了《中华人民共和国文物保护法》第五十一条第（一）、（四）项的规定，已构成"买卖国家禁止买卖的文物"的违法行为。现依据《中华人民共和国文物保护法》第七十一条的规定，对当事人作出如下行政处罚：

1. 没收违法所得人民币一万元整。

2. 罚款人民币八万元整。

当事人（单位）自收到本处罚决定书之日起十五日内，将罚款缴至某银行某营业部（地址：某市某路 × × 号，账户：× × × × × ×，账号：× × × × × × × × × ×）。逾期不缴纳，每日按罚款数额的百分之三加处罚款。

当事人如不服本处罚决定，可在接到本处罚决定书之日起六十日内向某市人民政府或者某市文化广播新闻出版局申请行政复议，也可以在接到本处罚决定书之日起三个月内直接向某市人民法院起诉。申请行政复议或者提起行政诉讼期间，行政处罚不停止执行。

逾期不申请行政复议，也不提起行政诉讼，又不履行行政处罚决定的，本机关将依法申请某市人民法院强制执行。

某市文化广电新闻出版局（公章）

2008 年 6 月 28 日

送达回证

（某）文物罚回证字［2008］第 03 号

案由	方某某买卖某市某镇某村 被盗挖文物案
送达文书名称、文号	《行政处罚决定书》 （某）文物罚决字［2008］第（01）号
被送达人	方某某
送达地点	某市文化广播新闻出版局二楼会议室
送达方式	直接送达
被送达人签章及签收日期	方某某 2008 年 6 月 29 日
送达人（签字）	陈某某　李某某 2008 年 6 月 29 日
代收人签名或盖章 及代收理由	/
被送达人拒收事由和日期	/
见证人签名或盖章	/
备注	

投诉举报受理（登记）表

案由	某市某镇某村方某某涉嫌倒买古瓷器				案件来源	电话举报
（案件来源）反映人	姓名	匿名	性别	男	年龄	保密
	工作单位	无			电话	保密
	住址	保密			邮编	保密
（涉案）当事人	名称/姓名	方某某	法定代表人		年龄	待查
	工作单位	无			电话	待查
	住址	某市某镇某村××号			邮编	×××××
记录人	王某某		记录时间		2008 年 4 月 4 日 15 时 05 分	
案件简要情况记录	2008 年 3 月下旬，一些人在村民王某某的后山菜地里，挖了一座古墓，取出两件瓷瓶，他们把这些瓷瓶卖给了同村的方某某，方某某又转卖，赚了不少钱。					
执法机构负责人受理意见	请李某某、林某某调查。 　　　　　　　　　　　　　　　　　　陈某某 　　　　　　　　　　　　　　　　　2008 年 4 月 5 日					

立案审批表

<table>
<tr><td rowspan="6">当事人</td><td rowspan="4">个人</td><td>姓名</td><td>/</td><td>性别</td><td>男</td><td>年龄</td><td>不详</td></tr>
<tr><td>身份证号</td><td colspan="3">不详</td><td>电话</td><td>不详</td></tr>
<tr><td>家庭住址</td><td colspan="3">不详</td><td>邮编</td><td>不详</td></tr>
<tr><td>工作单位</td><td colspan="3">不详</td><td>邮编</td><td>不详</td></tr>
<tr><td rowspan="2">单位</td><td>名称</td><td>/</td><td colspan="2">法定代表人　　/</td><td>电话</td><td>/</td></tr>
<tr><td>地址</td><td colspan="3">/</td><td>邮编</td><td>×××××</td></tr>
<tr><td>案由</td><td colspan="4">涉嫌买卖某市某镇某村被盗挖文物案</td><td>案件来源</td><td colspan="2">公民匿名电话举报</td></tr>
<tr><td>案件简要情况</td><td colspan="7">　　2008 年 4 月 4 日下午，接一公民匿名举报电话，称：2008 年 3 月下旬，某市某镇某村村民方某某私下倒卖出土文物，该文物是在本村村民王某某家的后山菜地一座古墓里挖出来的。经初步调查，盗挖该古墓葬的本村村民陈某某、李某某、江某某已被公安机关逮捕。</td></tr>
<tr><td>承办人意见</td><td colspan="7">　　当事人的行为涉嫌违反《中华人民共和国文物保护法》第五十一条第（一）、（四）项规定，符合《中华人民共和国行政处罚法》第三十六条、《文物行政处罚程序暂行规定》第十二条之规定，建议立案调查。
执法人员李某某　执法人员林某某　　　　　2008 年 4 月 5 日</td></tr>
<tr><td>承办机构审核意见</td><td colspan="7">　　拟同意立案调查。指定李某某、林某某为本案调查人员。
　　　　　　　　　　　　陈某某（承办机构负责人）
　　　　　　　　　　　　2008 年 4 月 5 日</td></tr>
<tr><td>行政机关负责人审批意见</td><td colspan="7">　　同意立案调查。
　　　　　　　　　　　　郑某某（行政机关负责人）
　　　　　　　　　　　　2008 年 4 月 5 日</td></tr>
</table>

协助调查函

方某某：

　　根据《中华人民共和国行政处罚法》第三十七条第一款规定，请你于2008 年4 月7 日9 时，到某市文物监察大队二楼会议室（地址：某地），接受涉嫌买卖某市某镇某村被盗挖文物案的询问调查。特此通知。

　　☑（1）协助调查人为个人，应携带身份证等有效证件，如委托律师或其他代理人的，代理人应携带授权委托书、被代理人的身份证、代理人本人的身份证等有效证件。

　　☐（2）协助调查人为单位，其法定代表人（负责人）前来的，应携带单位身份证明、法定代表人（负责人）身份证明等有关证明文件，如委托单位工作人员或律师等其他代理人前来的，代理人应携带单位开具的授权委托书、单位身份证明、代理人本人身份证等有效证件。

　　☐（3）协助调查人应携带证明材料：

被送达人：方某某　2008 年4 月6 日　　　联系电话：××××××
联系人：李某某　林某某　　　　　　　　联系电话：××××××

　　　　　　　　　　　　　　　　　　　某市文物监察大队（盖章）
　　　　　　　　　　　　　　　　　　　　　2008 年4 月6 日

说明：本文书一式二份，一份送达协助调查人，一份由承办机关存档。

调查（询问）笔录（一）

询问时间：2008 年　4　月　7　日　9　时　0　分至　11　时　0　分

询问地点：某市文物监察大队二楼会议室（地址：某地）

被询问人：方某某　　　　性别：男　　　出生年月：1964 年×月×日

工作单位：　　无　　　　　　　住址：某市某镇某村××号

身份证：×××××××××　　邮编：×××××　与本案关系：当事人

询问人：李某某　　工作单位：某市文物监察大队　执法证件号：××××

记录人：林某某　工作单位：某市文物监察大队　执法证件号：××××

执法人员表明身份、出示证件及为被调查（询问）人确认的记录：我们是（行政执法机关名称）的行政执法人员，这是我们的执法证件（记录持证人员姓名和证件号），请你过目确认。

被调查（询问）人对执法人员出示证件、表明身份的确认记录：你们的执法证件我看清楚了，对你们的执法人员身份没有意见。

告知陈述（申辩）和申请回避的权利：现在根据《中华人民共和国行政处罚法》第三十六条的规定进行案件调查，如执法人员少于两人或执法证件与身份不符，你有权拒绝调查。在接受询问（调查）前，你有权申请我们回避；在接受询问（调查）过程中，你有陈述、申辩的权利；同时你应承担以下义务：如实提供有关资料、回答询问。

问：是否申请我们两位执法人员回避？

答：不需要回避。

问：请问你的身份？住在哪里？工作单位？

答：我叫方某某，是某市某镇某村村民，在家务农。

问：请提供你本人的身份证明材料。

答：好的（执法人员核对记录身份证号）。

问：你是否卖过古董？

（本页记录到此）

被询问人签字：方某某　　2008 年 4 月 7 日　拒绝签字的理由：　　　/

询问人签字：李某某　　2008 年 4 月 7 日

记录人签字：林某某　　2008 年 4 月 7 日

调查（询问）笔录（一）

答：卖过。

问：什么时间？都有哪些人参与？把详细情况说一说。

答：2008 年 3 月 5 日，村民陈某某告诉我他手上有两件古董，可能是宋代的东西，据说卖出去能值不少钱，问我要不要做这个生意。我说要看看东西再说。第二天，陈某某带我到市某路某宾馆看了东西，我表示要拍成照片，找行家确认一下值不值钱，看了再说。

问：在某宾馆哪个房间看的？什么时间？在场的有哪些人？瓷器形状是什么样的？用什么包装的？

答：具体房间号我没注意，下午二时左右陈某某带我上去的，好像是三楼电梯左边朝北最东头的客房。房间里除了陈某某，还有同村的李某某。瓷器是用白棉布包好，装在纸板箱里的。是两件青瓷，都有盖口，都是高约 25 公分的样子。第一只的盖子边有个小小的缺口，陈说当时挖的力气重了些，碰了约 1 厘米大小的瓷片，颈部有点歪，像家里的花瓶，颈部较细些，肚子大。第二只瓷器的肚子上有五个向上的管子，较完整。后来才知道这叫"塔瓶"和"五管瓶"。

问：为什么要找你买瓷器？你知道瓷器是哪来的？

答：我喜欢古董，曾经到某了解过市面的价钱，有认识人。陈某某告诉我是出土文物，详细情况没讲，我也没问，以后听说是从山上王家菜园边上挖出来的，已被人告发了。

问：把找行家看的情况说一说。

答：我认识在博物馆上班的郑老师，曾叫他看过一些东西。过了两天，陈某某给了我几张照片，我约了郑老师在公园里看了照片，他讲应是唐宋时期的东西，一只叫"五管瓶"、一只叫"塔瓶"，除了"塔瓶"有些瑕疵外，还是较完整的古董，是北宋时期龙泉一带古墓葬里较典型的一对随葬品。我又问这个东西值不值钱，他认为北宋时期的东西，现在市面上不多见的，又无大的瑕疵，应该值钱的。我听了以后
（本页记录到此）

被询问人签字：　方某某　　　2008 年 4 月 7 日　　拒绝签字的理由：＿＿＿＿＿／＿＿＿＿

询问人签字：　　李某某　　　2008 年 4 月 7 日

记录人签字：　　林某某　　　2008 年 4 月 7 日

调查（询问）笔录（一）

很高兴，当天晚上就打电话告诉了陈某某我要买这两件东西。

问：在什么地方、怎样交货，花多少钱买？

答：3月11日晚，还是在市某路某宾馆三楼西面朝北的一间客房，陈某某和李某某把两件瓷器带来，瓷器还是像上次那样用白棉布包好，装在纸板箱里。我出价二万七千元，陈某某讨价三万五千元，最后以三万元成交。他们把东西给我。为了安全，当晚我和陈某某没回家，就睡在宾馆，第二天上午走出的。

问：你是付的现金吗？

答：没带现金。第二天上午，在某路工商银行，从我的存折上取出三万元直接转到陈某某的户头上的。

问：继续交代你怎样处置这些古董的？

答：我认识某市某市场有个叫"老二"专做古董的生意人。古董是卖给他的。回到家后，我就和"老二"电话联系，"老二"对此很感兴趣，要我星期五来某地。3月14日一早，我带着瓷器到了某市某市场40号摊位上见到了"老二"，"老二"带我到隔壁一栋居民楼的小院里看货，经过一番讨价还价，最后以总价四万元成交。

问：你坐什么车什么时间到某地，"老二"是个怎样的人？

答：我坐长途客运的大巴去某地，七时整出发，到某地时已是中午十二时多了，按照事先约定，"老二"在某市场40号摊位等我。"老二"是某人，真实姓名我不知道，我也是通过别人介绍认识的，男性，40来岁，不胖，中等个子。平时他不在市场，蛮谨慎的，如不事先约定，他是不会见你面的，我有他的手机号码。

问：价钱怎样定的，钱怎样拿到手？

答：我在龙泉就和他商定了一个基本价位，到某地后看了东西再最后敲定的，所以，出价的时间没拖很长。"老二"付的现金，我直接在某路工商银行以电汇方式将钱转到我的工商银行储蓄卡上。

（本页记录到此）

被询问人签字：　方某某　　　2008年4月7日　　拒绝签字的理由：　　　／

询问人签字：　　李某某　　　2008年4月7日

记录人签字：　　林某某　　　2008年4月7日

调查（询问）笔录（一）

问：还有什么要补充的？

答：没什么了。

问：你知道自己犯了什么法？

答：知道的。政府宣传过，地底下的东西都是属于国家的，不能挖也不能买卖。以前附近的村里抓了两个人，判了刑。我没参加挖古墓，卖瓷器只想赚一点钱，给孩子积一点读书钱。我后悔死了。我会把钱交出来的。我要求政府对我从宽处理。

问：今天询问到此。

（此页是询问笔录尾页）

被询问人签字："询问笔录上述内容，记录属实。"

拒绝签字的理由：/   方某某   2008 年 4 月 7 日

询问人签字：李某某   2008 年 4 月 7 日

记录人签字：林某某   2008 年 4 月 7 日

协助调查函

陈某某：

根据《中华人民共和国行政处罚法》第三十七条第一款规定，请你于　2008　年　4　月　11　日　9　时，到<u>某市公安局看守所接待室（地址：某地）</u>，接受<u>涉嫌买卖某市某镇某村被盗挖文物案</u>的询问调查。特此通知。

☑（1）协助调查人为个人，应携带身份证等有效证件，如委托律师或其他代理人的，代理人应携带授权委托书、被代理人的身份证、代理人本人的身份证等有效证件。

□（2）协助调查人为单位，其法定代表人（负责人）前来的，应携带单位身份证明、法定代表人（负责人）身份证明等有关证明文件，如委托单位工作人员或律师等其他代理人前来的，代理人应携带单位开具的授权委托书、单位身份证明、代理人本人身份证等有效证件。

□（3）协助调查人应携带证明材料：

被送达人：陈某某　2008 年 4 月 10 日　　联系电话：××××××

联系人：李某某　林某某　　　　　　　　联系电话：×××××××

某市文物监察大队（盖章）

2008 年 4 月 10 日

调查（询问）笔录（二）

询问时间：2008 年　4　月　11　日　9　时　0　分至　11　时　0　分

询问地点：某市公安局看守所接待室（地址：某地）

被询问人：陈某某　　　性别：男　　　出生年月：1959 年××月××日

工作单位：　　无　　　　住址：某市某镇某村某组

身份证：×××××××　　邮编：×××××　与本案关系：当事人（另案）

询问人：李某某　　工作单位：某市文物监察大队　执法证件号：××××

记录人：林某某　　工作单位：某市文物监察大队　执法证件号：××××

执法人员表明身份、出示证件及为被调查（询问）人确认的记录：我们是（行政执法机关名称）的行政执法人员，这是我们的执法证件（记录持证人员姓名和证件号），请你过目确认。

被调查（询问）人对执法人员出示证件、表明身份的确认记录：你们的执法证件我看清楚了，对你们的执法人员身份没有意见。

告知陈述（申辩）和申请回避的权利：现在根据《中华人民共和国行政处罚法》第三十六条的规定进行案件调查，如执法人员少于两人或执法证件与身份不符，你有权拒绝调查。在接受询问（调查）前，你有权申请我们回避；在接受询问（调查）过程中，你有陈述、申辩的权利；同时你应承担以下义务：如实提供有关资料、回答询问。

问：是否申请我们两位执法人员回避？

答：不需要回避。

问：请问你的身份？并请出示身份证。住在哪里？工作单位？

答：我叫陈某某，是某镇某村村民，无工作单位。我的身份证被公安部门拿走。

问：你知道某村王家后山盗挖古墓和随葬品被转卖的情况吗？你须如实回答，不得隐瞒和伪造事实，否则要承担法律责任。

答：清楚的。

问：你有没有参与？都干了哪些事？把具体情况说清楚。（本页记录到此）

被询问人签字：陈某某　　　2008 年 4 月 11 日　　拒绝签字的理由：　　/　　

询问人签字：李某某　　　2008 年 4 月 11 日

记录人签字：林某某　　　2008 年 4 月 11 日

调查（询问）笔录（二）

答：2月下旬，村里的李某某找我商量，说王家后山上的菜地风水不错，有人骑摩托车来探，可能下面有墓葬，我们不如赶在前去挖挖看，可能会挖出些东西来，不要让外乡人弄走了。之后我们准备了工具，对王家后山周围情况作了调查，并将动手地点定在王家菜园北边，3月2日是晴天，等到晚九时左右天完全黑下来时，我们认为时机成熟了，约了江某某就上山到王家菜地里挖，我和江轮流挖坑，李用簸箕倒土，弄弄息息，大概到零点左右，轮到我挖时碰到了一座墓，墓穴里有拿出一个瓶子，我们很兴奋。继续找，不到十分钟，又找到一个瓶子。之后，我们把坑填平，东西藏在我家。

问：把挖到的瓶子的形状特征详细说说。

答：都是青瓷器。两个瓶子都是高约25公分左右的样子，第一只有个盖子，因我当时挖的力气重了些，碰了盖子头部一小块瓷，有个小小的缺口，缺口大约1厘米左右，颈部较细有点歪，肚子大。第二只的肚子上有五个向上的管子，也有盖子。第二只较完整，没有碰破。专家说这两只瓶子叫"塔瓶"和"五管瓶"。

问：这些瓶子给了谁？

答：卖给了本村的方某某。

问：把转卖的情况交代清楚。

答：本村的方某某曾经倒卖过古货，找他能很快把东西脱手掉，放在家里不安全，怕被公安查到。大概盗挖后的第四天，我约了方某某到市某路某宾馆见面，东西也带去了，方见了后问是不是刚挖出的，我告诉他是最近在村里挖到的，方某某说要拍成照片，找行家看看值多少钱，心里好有个数。

问：同去宾馆的有几个人？在宾馆几号房间？东西用什么容器包装？

答：下午二时，李和我在319号房（上了楼左边朝北面）等方，方到后就看了瓷器。东西是用棉布包好装在纸板箱里的。方要我拍成照片给专家鉴定。按照方的意见，过了两天，我把拍好的照片交给方。方马上有了答复，说找行家看了应是北宋时期的龙泉瓷器，是蛮典型的一对随葬品，并说东西他要的。（本页记录到此）

被询问人签字：陈某某　　　　2008年4月11日　　　拒绝签字的理由：　　／

询问人签字：李某某　　　　　2008年4月11日

记录人签字：林某某　　　　　2008年4月11日

调查（询问）笔录（二）

问：你们什么时间，在什么地点将瓷器卖出去的？卖了多少钱？

答：3 月 11 日晚，在市某路某宾馆卖出去的。还是在三楼最左边朝北的一间客房，瓷器是我带来的，还是像上次那样用白棉布包好，装在黑色塑料袋里的。李某某也在现场。我要三万五千元，陈开始只肯出二万七千元，一番讨价还价后，定为三万元整。我们把瓷器交给他，方为了安全当天晚上和我睡在宾馆，第二天上午回家的。

问：方某某怎样付现金的？

答：第二天上午，在某路工商银行，方某某将存折上的三万元直接转到我的银行卡上。

问：方某某有没有把瓷器卖出去？

答：听说卖出去了，赚了不少钱。

问：你拿到的钱怎么分的？

答：我和李每人拿一万一千元，江拿八千元。后来，王某某知道是在他家菜园挖了古货，要我们给他一些钱，否则要到公安局告发，我和李某某每人拿出一千元给王，由我交给他。

问：方某某以前倒卖文物的情况你知不知道？

答：只是听说他在这方面蛮有路子的，具体情况不知道。我们村里有事一般会找他帮忙的。

问：你们分钱有没有写清单？

答：有的，清单交给公安局了，有我们三人的签字。后来又分给王某某的钱没有写清单。

问：你现在在哪？你知道自己的行为触犯了什么法？

答：我知道，我犯了盗挖古墓葬罪，被公安局抓了，现在拘留所。我愿老实交代一切问题。

（本页记录到此）

被询问人签字：陈某某　　　2008 年 4 月 11 日　　拒绝签字的理由：＿＿＿／＿＿＿

询问人签字：李某某　　　　2008 年 4 月 11 日

记录人签字：林某某　　　　2008 年 4 月 11 日

调查（询问）笔录（二）

问：还有什么要补充的？

答：没有了。

（此页是询问笔录尾页）

被询问人签字："询问笔录上述内容，记录属实。"

拒绝签字的理由：___ / ___ 陈某某 2008 年 4 月 11 日

询问人签字：李某某 2008 年 4 月 11 日

记录人签字：林某某 2008 年 4 月 11 日

协助调查函

李某某：

　　根据《中华人民共和国行政处罚法》第三十七条第一款规定，请你于<u>2008</u>年<u>4</u>月<u>11</u>日<u>14</u>时，到<u>某市公安局看守所接待室（地址：某地）</u>，接受<u>涉嫌买卖某市某镇某村被盗挖文物案</u>的询问调查。特此通知。

　　☑（1）协助调查人为个人，应携带身份证等有效证件，如委托律师或其他代理人的，代理人应携带授权委托书、被代理人的身份证、代理人本人的身份证等有效证件。

　　☐（2）协助调查人为单位，其法定代表人（负责人）前来的，应携带单位身份证明、法定代表人（负责人）身份证明等有关证明文件，如委托单位工作人员或律师等其他代理人前来的，代理人应携带单位开具的授权委托书、单位身份证明、代理人本人身份证等有效证件。

　　☐（3）协助调查人应携带证明材料：

被送达人：李某某　　2008年4月10日　　　　联系电话：××××××

联系人：李某某　林某某　　　　　　　　　　联系电话：××××××

某市文物监察大队（盖章）

2008年4月10日

调查（询问）笔录（三）

询问时间：2008 年 4 月 11 日 14 时 0 分至 15 时 30 分

询问地点：某市公安局看守所接待室（地址：某地）

被询问人：李某某 性别：男 出生年月：1970 年××月××日

工作单位：无 住址：某市某镇某村某组

身份证：×××××××× 邮编：×××× 与本案关系：当事人（另案）

询问人：李某某 工作单位：某市文物监察大队 执法证件号：××××

记录人：林某某 工作单位：某市文物监察大队 执法证件号：××××

执法人员表明身份、出示证件及为被调查（询问）人确认的记录：我们是（行政执法机关名称）的行政执法人员，这是我们的执法证件（记录持证人员姓名和证件号），请你过目确认。

被调查（询问）人对执法人员出示证件、表明身份的确认记录：你们的执法证件我看清楚了，对你们的执法人员身份没有意见。

告知陈述（申辩）和申请回避的权利：现在根据《中华人民共和国行政处罚法》第三十六、三十七条的规定进行案件调查，如执法人员少于两人或执法证件与身份不符，你有权拒绝调查。在接受询问（调查）前，你有权申请我们回避；在接受询问（调查）过程中，你有陈述、申辩的权利；同时你应承担以下义务：如实提供有关资料、回答询问。

问：是否申请我们两位执法人员回避？

答：不需要回避。

问：请问你的身份？并请出示身份证。有没有工作单位？

答：我叫李某某，是某镇某村村民，在家务农，身份证被公安部门扣押。

问：你有没有参与某村王家后山古墓盗挖？

答：参加了，情况我都如实向公安局交代了。

问：具体情况说清楚，比如参加的人、时间、地点、都挖到什么东西？

（本页记录到此）

被询问人签字：李某某 2008 年 4 月 11 日 拒绝签字的理由：/

询问人签字：李某某 2008 年 4 月 11 日

记录人签字：林某某 2008 年 4 月 11 日

调查（询问）笔录（三）

答：3月2日晚上，我和陈某某，还有同村的江某某一同去王家后山上挖古墓，之前我和陈某某先去打探过，从地形位置上看，感觉这里会有墓葬。当天晚上挖了3个小时左右发现一座古墓，从墓穴里挖出两只青瓷瓶，都有盖子，一只盖边碰掉一点瓷，东西拿上来后赶紧将洞口填平，然后藏到了陈某某家里。过了没几天，陈某某将两只瓷器卖给了方某某。情况大概是这样的。

问：挖出的瓷器具体形状是怎样的？

答：都是青瓷瓶子，大约25公分左右高，一只瓶子腰上有五只管子，另一只没有，陈某某看得仔细，说一只瓶子的盖子不小心磕了一小块瓷。挖到东西后，大家都很兴奋，又很紧张，没在现场多留时间。

问：知道这两只瓶子的名称吗？

答：当时都叫不出，后来陈某某请教了行家才知道叫五管瓶和塔瓶。

问：瓷器是怎样处理的？

答：陈某某约了本村的方某某商量，第一次给他看了东西，隔了两天又约方某某，以三万元的价格卖给了他。

问：为什么卖给方某某？在什么时间、地点卖出的？瓷器怎样带进来的？

答：村里的人都知道方某某卖过古董，在外面有路子。3月11日晚上，在市某路某宾馆三楼西面朝北最里面的一间客房，当时只有我和陈某某、方某某，宾馆是陈某某联系的。瓷器用棉布包好放在纸板箱里的。

问：你分到多少钱？

答：我分到一万一千元，后来又拿出一千元给王某某。

问：方某某拿到瓷器后有没有转卖出去？

答：听说卖到某地。具体情况我也没打听，就是去问，他也不肯说的。大家都知道是犯法的事，很小心的。

问：还有什么要交代的？

（本页记录到此）

被询问人签字：　李某某　　　2008年4月11日　　　拒绝签字的理由：＿＿＿／＿＿＿

询问人签字：　　李某某　　　2008年4月11日

记录人签字：　　林某某　　　2008年4月11日

调查（询问）笔录（三）

答：没有了。

（此页是询问笔录尾页）

被询问人签字："询问笔录上述内容，记录属实。"

拒绝签字的理由：　　　／　　　李某某　　　2008 年 4 月 11 日

询问人签字：李某某　　　2008 年 4 月 11 日

记录人签字：林某某　　　2008 年 4 月 11 日

当事人身份证明

方某某身份证复印件

陈某某身份证复印件

李某某身份证复印件

"与原件核对无误。"

提供人（签名）：方某某　陈某某　李某某

复印人（签名）：某市文物监察大队　李某某

复印日期：2008 年 4 月 13 日

（当事人身份证照分别复印，同时有当事人确认本人身份证照意见和签名、日期）

文物交易地点证明件（一）

某宾馆住宿登记单

住 宿 登 记 单

房号_____

姓 名	性别	出生年月	籍贯(省、县)	永 久 住 址	工 作 单 位	职业	证件名称和号码		住宿原因
							居 民 身 份 证	证件种类	
陈**	男	****	***	**********		***		身份证	

第一联 接待

同住人关系：	何处来：	去何处：	抵店日期：2008年3月11日18时25分	离店日期：2008年3月12日8时45分

注意事项： 1. 离店时间是中午十二时整。 2. 金钱、珠宝及其他贵重品必须放在宾馆的保险箱内，否则宾馆将对任何遗失不负责任。 3. 严禁甲登记乙住宿，请确认住_____。	房价： 125元	付款方式 □现金 □信用卡　　押金额 □旅行支票　（￥）500元__ □其他

宾客签字： 　陈＊＊	接待员： 　黄＊＊	电话：	备注：

复印人：某市文物监察大队　　　李某某、林某某
原件提供人员意见及印章："与原件核对无误。"

某市某宾馆（印章）
2008年4月15日

当事人确认及签名："属实。"陈某某

2008年4月16日

文物交易地点证明件（二）

某宾馆三楼平面图

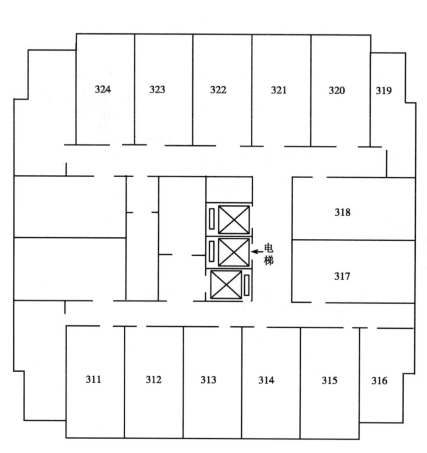

平面图提供人签署意见："平面图属实。"

某市某宾馆（印章）2008 年 4 月 18 日

当事人确认意见："文物交易地点在平面图标注的 319 号客房。"

方某某　　陈某某　　江某某　　　　　　　　2008 年 4 月 18 日

某市工商银行某路营业部资金存取证明

某市文化广播新闻出版局：

（方某某、陈某某于 2008 年 3 月 12 日上午 9 时 13 分在本营业部存取资金的证明内容）

此证明。

某市工商银行某路营业部（印章）

2008 年 4 月 21 日

某市工商银行某路营业部电汇资金证明

某市文化广播新闻出版局：

　　（方某某于 2008 年 3 月 14 日下午 14 时 11 分在本营业部电汇资金的证明内容）

　　此证明。

某市工商银行某路营业部（印章）

2008 年 4 月 22 日

赃款清单（复印件）

经商议，陈某某、李某某分到一万一千元钱，江某某分到八千元钱。

签名：陈某某

李某某

江某某

2008 年 3 月 13 日

复印人：某市文物监察大队李某某、林某某

提供人员意见及印章："与原件核对无误。"

某市公安局刑侦大队某案件专案组（印章）

2008 年 4 月 18 日

当事人确认意见及印章："属实。"

陈某某、李某某、江某某（手印）

2008 年 4 月 19 日

某省文物鉴定委员会鉴定意见

**省文物鉴定书						No.002171	
送鉴单位：*市公安局						送鉴日期：2008 年 4 月 1 日	
鉴定项目	文物名称	质地	时代	尺寸	概　述	鉴定等级	备注
	石洞墓		宋代		该墓位于*市**镇******村王**家后山菜园处，经现勘查，盗洞口220cm，宽约100cm，墓洞端部有壁龛2处。该墓地域性较强，具有一定的历史、艺术和科学价值。	古墓葬	
鉴定事由摘要	陈**等三人涉嫌盗掘古墓葬。			鉴定人	任**　锺**　柴**	鉴定单位	**省文物鉴定委员会印章　2008 年 4 月 1 日

复印人：某市文物监察大队李某某、林某某

原件提供人意见及印章："与原件核对无误。"

某市公安局（印章）
2008 年 4 月 16 日

某镇某村盗挖古墓葬现场示意图（复印件）

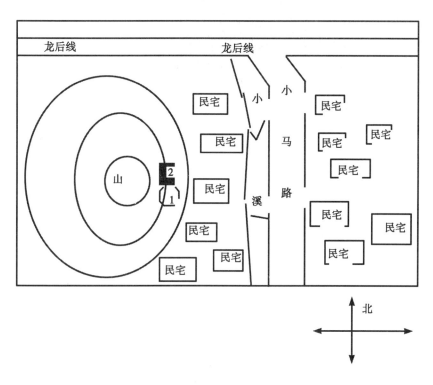

图　　例			
1	村民王**家	2	盗挖古墓地点

案发地点	茶田镇小查田**村王**家菜园
案发时间	2008年3月2日
制图单位	*市公安局**派出所
制图人	张*
犯罪嫌疑人 确认签字	陈**、李**、江**

原件提供人：*市公安局（印章）

复印人：*市文物监察大队李**、林**

复印日期：2008年4月18日

复印地点：*市公安局刑侦大队办公室

关于要求对某市某镇某村被盗
古墓葬的文物予以认定的联系函

某市文物管理委员会办公室：

　　因案件查办需要，某省文物鉴定委员会于 2008 年 4 月 1 日组织专家对某镇某村被盗掘的古墓葬作出鉴定，确定该墓葬为"宋代古墓葬"，具有一定的历史、艺术和科学价值。该委鉴定意见为我局查办此案提供了极为重要的证明。根据涉案人员的交代，他们从古墓葬中盗取了两件瓷器（附涉案人员笔录），请依据涉案人员的供述，对这两件瓷器是否是墓葬随葬品？是何等级的文物提出认定意见。

某市公安局（印章）
2008 年 4 月 10 日

复印人：某市文物监察大队李某某、林某某
原件提供人意见及印章："与原件核对无误。"

某市公安局（印章）
2008 年 4 月 16 日

关于对某市某镇某村被盗古墓葬
器物的认定意见

某市公安局：

你局《关于要求对某市某镇某村被盗古墓葬的文物予以认定的联系函》悉。现就有关认定意见告知如下：

一、从涉案人员的交代材料中分析，被盗的器物分别称"五管瓶"和"塔瓶"，是本地宋代或宋代以前遗留下来的较典型的随葬祭祀品。

二、至于是什么等级的文物，有待原物追回后再作认定。

某市文物管理委员会办公室（印章）
2008 年 4 月 11 日

复印人：某市文物监察大队李某某、林某某
原件提供人员意见及印章："与原件核对无误。"

某市公安局（印章）
2008 年 4 月 16 日

案件调查报告

当事人：方某某

案由：涉嫌买卖某市某镇某村被盗挖文物案

调查经过：2008 年 4 月 4 日，我队接举报，反映某市某镇某村某组村民方某某倒卖文物。2008 年 4 月 5 日我队立案调查，4 月 7 日－11 日，办案人员对本案当事人方某某、本案当事人（另案处理）陈某某、李某某做了询问笔录，4 月 13 日－22 日对违法行为交易所涉及的宾馆、银行等场所进行调查取证，同时，还取得了本案当事人（另案处理）陈某某、李某某等人将盗挖文物卖出所得款项分赃清单复印件、某省文物鉴定中心对盗挖场所的鉴定意见的书面证明材料。2008 年 4 月 22 日调查终结。

违法事实及相关证据：某市某镇某村村民方某某于 2008 年 3 月 11 日晚，在本市某宾馆 319 号客房内，从本村村民陈某某和李某某手中买了"五管瓶"、"塔瓶"各一只，成交价三万元整，2008 年 3 月 14 日，方某某又将"五管瓶"、"塔瓶"以四万元的价格转卖到某地，买方是某地人"老二"，获利一万元整。调查反映，方某某在与陈某某进行交易时已得知"五管瓶"、"塔瓶"是最近在本村挖出的地下文物。认定本案违法事实的主要依据有：当事人方某某、陈某某、李某某的交代——《调查（询问）笔录》（一）、（二）、（三）；本市某宾馆入住登记复印件；本市工商银行某路营业部关于方某某与陈某某人民币存取证明、某市工商银行某路营业部关于方某某电汇人民币的证明；陈某某、李某某、江某某分赃清单复印件；某省文物鉴定中心的鉴定意见复印件等。

案件的性质：当事人行为违反了《中华人民共和国文物保护法》第五十一条第（一）、（四）项的规定，属"买卖国家禁止买卖的文物"的非法行为。

是否有依法从重、从轻、减轻或不予行政处罚的情节及相关证据：无。

调查人员提出行政处罚的建议及相关的法律依据：《中华人民共和国文物保护法》第七十一条规定："买卖国家禁止买卖的文物或者将禁止出境的文物转让、出租、质押给外国人，尚不构成犯罪的，由县级以上人民政府文物主管部门责令改正，没收违法所得，违法经营额一万元以上的，并处违法经营额二倍以上五倍以下的罚款；违法经营额不足一万元的，并处五千元以上二万元以下的罚款。"建议：1. 没收违法所得人民币一万元整；2. 罚款人民币八万元整。

（以下无正文）

调查人员签名：李某某　林某某　　　　　　　　　　　2008 年 4 月 22 日

听证告知审批表

<table>
<tr><td>案由</td><td colspan="5">涉嫌买卖某市某镇某村被盗挖文物案</td><td>案件来源</td><td>公民（匿名）电话举报</td></tr>
<tr><td rowspan="6">当事人</td><td rowspan="4">个人</td><td>姓名</td><td>方某某</td><td>性别</td><td>男</td><td>出生年月</td><td>1964 年 × 月 × 日</td></tr>
<tr><td>身份证件号</td><td colspan="3">× × × × × × × × × × ×</td><td>电话</td><td>× × × × ×</td></tr>
<tr><td>住址</td><td colspan="3">某市某镇某村某组</td><td>邮编</td><td>× × × × ×</td></tr>
<tr><td>工作单位</td><td colspan="3">/</td><td>邮编</td><td>/</td></tr>
<tr><td rowspan="2">单位</td><td>名称</td><td>/</td><td>法定代表人</td><td>/</td><td>电话</td><td>/</td></tr>
<tr><td>地址</td><td colspan="3">/</td><td>邮编</td><td>/</td></tr>
<tr><td>理由</td><td colspan="7">方某某于 2008 年 3 月 11 日，从某市某镇某村村民陈某某和李某某手中买了“五管瓶”、“塔瓶”各一只，成交价三万元整，2008 年 3 月 14 日，方某某又将“五管瓶”、“塔瓶”以四万元的价格转卖到某地，买方是某地人“老二”，获利一万元整。调查反映，方某某在与陈某某进行交易时已得知“五管瓶”、“塔瓶”是最近在本村挖出的地下文物。当事人的行为涉嫌违反了《中华人民共和国文物保护法》第五十一条第（一）、（四）项的规定，构成“买卖国家禁止买卖的文物”的违法行为。根据《中华人民共和国文物保护法》第七十一条规定：“没收违法所得，违法经营额一万元以上的，并处违法经营额二倍以上五倍以下的罚款；违法经营额不足一万元的，并处五千元以上二万元以下的罚款”规定应予处罚。</td></tr>
<tr><td>依据</td><td colspan="7">《中华人民共和国行政处罚法》第四十二条规定：“行政机关在作出责令停产停业、吊销许可证或者执照、较大数额罚款等寻找处罚决定之前，应当告知当事人有要求举行听证的权利；当事人要求听证的，行政机关应当组织听证”。</td></tr>
</table>

承办人意见	建议：对当事人作出如下行政处罚：没收违法所得人民币一万元整；罚款人民币八万元整。发《行政处罚听证告知书》。 　　　　　　　　　　　　　　　　　李某某、林某某 　　　　　　　　　　　　　　　　　2008 年 5 月 20 日
承办机构审核意见	拟同意案件承办人意见，发《行政处罚听证告知书》。 　　　　　　　　　　　　陈某某（某市文物监察大队公章） 　　　　　　　　　　　　　　　　　2008 年 5 月 20 日
行政机关负责人审批意见	同意案件承办机构负责人审核意见。 　　　　　　　　　　郑某某（行政机关负责人签字章） 　　　　　　　　　　　　　　　　　2008 年 5 月 21 日

行政处罚听证告知书

（某）文物罚听告字 ［2008］ 第（01）号

方某某：

你（单位）于2008年3月11日至2008年3月14日，从某市某镇某村村民陈某某和李某某手中买了某市某镇某村被盗挖的"五管瓶"、"塔瓶"各一只，成交价三万元整，2008年3月14日，你（单位）又将"五管瓶"、"塔瓶"以四万元的价格转卖给某地人"老二"，获利一万元整。其行为涉嫌违反了《中华人民共和国文物保护法》第五十一条第（一）、（四）项之规定，本机关依照《中华人民共和国文物保护法》第七十一条的规定，拟对你（单位）作出：1. 没收违法所得人民币一万元整；2. 罚款人民币八万元整。根据《中华人民共和国行政处罚法》第四十二条之规定，你（单位）有权要求听证。

如你（单位）要求听证，应当在收到本告知书之日起三日内向本机关提出要求。逾期视为放弃听证权利。

如你（单位）对本机关上述认定的违法事实、处罚依据及处罚内容等持有异议，但不要求听证的，有权在收到本告知书之日起三日内向本机关提出陈述和申辩，逾期视为放弃权利。

联系人：陈某某、李某某

电　话：××××××××

地　址：（某市文化广播新闻出版局办公地址）

　　　　　　　　　　　　　　　　　某市文化广播新闻出版局（公章）
　　　　　　　　　　　　　　　　　　　　2008年5月25日

送达回证

（某）文物听告回证字［2008］第 01 号

案由	方某某涉嫌买卖某市某镇某村 被盗挖文物案
送达文书名称、文号	《行政处罚听证告知书》 （某）文物罚听告字［2008］第（01）号
被送达人	方某某
送达地点	某市文化广播新闻出版局二楼会议室
送达方式	直接送达
被送达人签章 及签收日期	方某某　　　　　　2008 年 5 月 26 日
送达人（签字）	陈某某　李某某　　2008 年 5 月 26 日
代收人签名或盖章 及代收理由	/
被送达人拒收事由和日期	/
见证人签名或盖章	/
备注	

听证申请书

当事人：<u>方某某</u>　法定代表人：<u>　／　</u>　性别：<u>男</u>　出生年月：<u>1964 年 × 月 × 日</u>

身份证：<u>× × × × × × × × × × × ×</u>　　住址：<u>某市某镇某村某组</u>

委托代理人：<u>　／　</u>　性别：<u>　／　</u>　年龄：<u>　／　</u>　工作单位：<u>　／　</u>　电话：<u>　／　</u>

拟实施行政处罚机关：<u>某市文化广播新闻出版局</u>

拟行政处罚内容：<u>1. 没收违法所得人民币一万元整；2. 罚款人民币八万元整。</u>

要求听证的目的：<u>要求减轻罚款额。</u>

要求听证的事实和理由：<u>1. 未参与盗墓，违法事实与情节不应认定为"情节严重"；2. 两件瓷器三万元买进，四万元卖出，仅赚一万元，应以一万元为处罚基数确定罚款额。</u>

此致

　　某市文化广播新闻出版局

当事人：方某某

委托代理人：／

2008 年 5 月 27 日

听证通知书

（某）文物罚听通字〔2008〕第（01）号

方某某：

　　根据你（单位）<u>2008</u> 年<u>5</u> 月<u>27</u> 日提出的听证要求，本机关定于<u>2008</u> 年<u>6</u> 月<u>6</u> 日<u>9</u> 时<u>0</u> 分在<u>某市文化广播新闻出版局二楼会议室</u>举行公开听证，请你（单位）准时参加。

　　听证主持人：<u>陈某某</u>　　任职部门：<u>某局办公室</u>　职务：<u>主任</u>

　　听证员：<u>李某某</u>　　　任职部门：<u>某局办公室</u>　职务：<u>科员</u>

　　记录人：<u>李某</u>　　　　任职部门：<u>某局办公室</u>　职务：<u>科员</u>

　　你（单位）如申请主持人或者听证员回避，可在听证举行前向我局提出申请并说明理由。你（单位）可以委托 1—2 名代理人参加听证；无特殊原因，不按时参加听证，又不事先说明理由，视为放弃听证权利。

　　联系人：陈某某　李某某

　　电　话：×××××××

　　地　址：<u>某市文化广播新闻出版局（某路××号）</u>

某市文化广播新闻出版局（公章）

2008 年 5 月 28 日

送达回证

（某）文物听通回证字〔2008〕第01号

案由	方某某涉嫌买卖某市某镇某村 被盗挖文物案
送达文书名称、文号	《听证通知书》 （某）文物罚听通字〔2008〕第（01）号
被送达人	方某某
送达地点	某市文化广播新闻出版局二楼会议室
送达方式	直接送达
被送达人签章 及签收日期	方某某　　　　2008年5月28日
送达人（签字）	陈某某　李某某　　2008年5月28日
代收人签名或盖章 及代收理由	/
被送达人拒收 事由和日期	/
见证人签名或盖章	/
备注	

听证笔录

听证时间：<u>2008</u> 年 <u>6</u> 月 <u>6</u> 日 <u>9</u> 时 <u>0</u> 分至 <u>11</u> 时 <u>15</u> 分

听证地点：<u>某市文化广播新闻出版局二楼会议室</u>　　　听证方式：<u>公开听证</u>

当事人：<u>方某某</u>　　性别：<u>男</u>　　出生年月：<u>1964</u> 年 ×月×日　工作单位：<u>无</u>

身份证：<u>×××××××××</u>　　　　住址：<u>某市某镇某村某组</u>

委托代理人：<u>　　　／　　　</u>　　　　　　职务：<u>　　　／　　　</u>

工作单位：<u>　　　／　　　</u>　　　　　电话：<u>　　　／　　　</u>

利害关系人：<u>　／　</u>　法定代表人：<u>　／　</u>　性别：<u>　／　</u>　出生年月：<u>　／　</u>

工作单位：<u>　　　　／　　　　</u>　　　电话：<u>　　　／　　　</u>

委托代理人：<u>　　　／　　　</u>　　　　　职务：<u>　　　／　　　</u>

工作单位：<u>　　　／　　　</u>　　　　　电话：<u>　　　／　　　</u>

案件承办人：<u>李某某</u>　性别：<u>男</u>　　年龄：<u>25</u> 岁　职务：<u>办案人员</u>

工作单位：<u>某市文物监察大队</u>　　　电话：<u>×××××××</u>

案件承办人：<u>林某某</u>　　　性别：<u>男</u>　　年龄：<u>30</u> 岁　　职务：<u>办案人员</u>

工作单位：<u>某市文物监察大队</u>　　　电话：<u>×××××××</u>

听证主持人：<u>陈某某</u>　听证员：<u>李某某</u>　　记录人：<u>李某</u>

听证目的：<u>要求减轻罚款额。</u>

告知权利：宣布当事人在听证中的权利和义务：一、经听证主持人同意，对案件涉及的事实、运用法律及有关情况进行陈述和申辩；二、经听证主持人的同意，对案件承办人提出的证据进行质证并提出新的证据；三、如实陈述案件事实和回答听证主持人的提问；四、遵守听证会纪律、服从听证主持人指挥；五、回避权利，如果认为听证主持人、听证员、书记员系下列人员之一，可以申请回避：本案调查人员，当事人或本案调查人员的近亲属；与本案处理结果有其他利害关系的人员。

听证内容：<u>听证主持人：根据《中华人民共和国行政处罚法》第四十二条之规定和</u><u>某市政府《某市行政处罚听证程序实施规定》对责令停产停业、吊销许可证或者执</u>

当事人：<u>方某某</u>　　2008 年 6 月 6 日　委托代理人：<u>　　／　　</u>　年　月　日

利害关系人：<u>　　／　　</u>　年　月　日　委托代理人：<u>　　／　　</u>　年　月　日

案件承办人：<u>李某某</u>　2008 年 6 月 6 日　听证主持人：<u>陈某某</u>　2008 年 6 月 6 日

听证员：<u>李某某</u>　2008 年 6 月 6 日　记录人：<u>李某</u>　　2008 年 6 月 6 日

听证笔录

照、较大数额罚款等的行政处罚案件当事人可以要求听证的规定，应当事人方某某的申请，某市文化广播新闻出版局今天在这里举行对方某某买卖某市某镇某村被盗挖古墓葬文物的非法行为予以行政处罚的听证会。现在听证会开始，下面请书记员宣布听证会纪律。

听证书记员：听证会纪律：一、服从听证主持人的指挥，未经听证主持人允许不得发言、提问；二、未经听证主持人的允许不得录音、录像和摄像；三、听证参加人未经听证主持人允许不得退场；四、听证参加人要肃静，不准大声喧哗、起哄，随意走动；手机、传呼机关机或放置振动状态；禁止吸烟。以上纪律，望到会全体人员遵守。

听证主持人：下面请书记员核对听证参加人员的身份。

听证书记员：参加本次听证的案件承办人：某市文物监察大队李某某、林某某；参加本次听证的当事人：方某某。本次听证的双方人员均已到场，身份符合法律规定，可以参加本案听证。

听证主持人：本次听证会由某市文化广播新闻出版局办公室主任陈某某担任听证主持人，李某担任听证员，李某担任书记员，请问当事人是否申请回避？

当事人：不申请回避。

听证主持人：现在请案件承办人陈述本案违法的事实、证据以及行政处罚的依据、建议，请发言。

案件承办人：2008 年 4 月 4 日 15 时 05 分，我队接举报，反映（本页记录到此）某镇某村某组村民方某某倒卖文物。2008 年 4 月 5 日我队立案调查，办案人员对涉案嫌疑人方某某、陈某某、李某某做了询问笔录，对案件所涉及的场所进行调查，经多方取证，证实方某某于 2008 年 3 月 11 日晚，在本市某宾馆 319 号客房内，从本村村民陈某某和李某某手中买了"五管瓶"、"塔瓶"各一只，成交价三万元（本页记录到此）

当事人：方某某	2008 年 6 月 6 日	委托代理人：　　／　　年　月　日
利害关系人：　　／　　年　月　日		委托代理人：　　／　　年　月　日
案件承办人：李某某　2008 年 6 月 6 日		听证主持人：陈某某 2008 年 6 月 6 日
听证员：李某某　2008 年 6 月 6 日		记录人：李某　　2008 年 6 月 6 日

听证笔录

整，2008 年 3 月 14 日，方某某又将"五管瓶"、"塔瓶"以四万元的价格转卖到某地，买方是某地人"老二"，获利一万元整。调查反映，方某某在与陈某某进行交易时已得知"五管瓶"、"塔瓶"是最近在本村挖出的地下文物。本案所涉及的重要物证"五管瓶"、"塔瓶"已被卖出，交易时拍的照片已被销毁，本案重要证人之一某人"老二"尚无法取得联系。因此，认定本案违法事实的主要依据有：当事人方某某、陈某某、李某某的交代——《调查（询问）笔录》（一）、（二）、（三）；本市某宾馆入住登记复印件等；某市工商银行某路营业部关于方某某与陈某某人民币存取证明、某市工商银行某路营业部关于方某某电汇人民币的证明；陈某某、李某某、江某某分赃清单复印件；某省文物鉴定中心的鉴定意见复印件等。我们认为，方某某买卖非法出土文物的行为违反了《中华人民共和国文物保护法》第五十一条第（一）、（四）的规定，应予追究法律责任。根据《中华人民共和国文物保护法》第七十一条的规定，我局提出处罚意见为：1. 没收违法所得人民币一万元整；2. 罚款人民币八万元整。

听证主持人：请当事人发表意见。

当事人：我是买卖了国家不允许买卖的文物，但是，我没参与盗挖古墓，事先也不知道陈某某要我买的古董是村里山上古墓葬挖出来的文物，否则，我没这么大的胆子去做这笔生意。我要求政府对我从轻处罚。

听证主持人：请案件承办人陈述当事人违法行为定性的法律依据。

案件承办人：根据案件事实认定，方某某非法买卖了国家禁止买卖的文物，其行为违反了《中华人民共和国文物保护法》第五十一条第（一）、（四）项的规定。同时，我们并未认定方某某参与盗挖古墓葬。对此，对方某某的行政处罚是依据《中华人民共和国文物保护法》第七十一条的规定决定的。

听证主持人：请案件承办人重点陈述方某某买卖的文物是国家禁止买卖文物的事实

（本页记录到此）

当事人：方某某 2008 年 6 月 6 日	委托代理人：　／　　年 月 日
利害关系人：　／　　年 月 日	委托代理人：　／　　年 月 日
案件承办人：李某某 2008 年 6 月 6 日	听证主持人：陈某某 2008 年 6 月 6 日
听证员：李某某 2008 年 6 月 6 日	记录人：李某 2008 年 6 月 6 日

听证笔录

依据。

案件承办人：我们是从四个方面认定方某某买卖文物的行为实属违法：一是方某某无法提供经手买卖的文物有合法来源的途径及证据；二是根据我们的调查和方某某的交代，都证实方某某在买卖这些文物时是知道这些文物是最近在本村盗挖出来的；三是根据现在押看守的陈某某、李某某等人的交代和省文物鉴定委员会的鉴定意见，证明方某某经手买卖的"五管瓶"、"塔瓶"是陈某某、李某某等人从某镇某村山上一座宋代古墓葬里盗挖出来的；四是根据方某某的交代以及我们调查掌握的方某某与他人交易文物的地点和时间的证明、两次银行存折卡中人民币进出账目的证明，都证实方某某对两次买卖文物的交代事实清楚，情节吻合。

听证主持人：请当事人陈述意见。

当事人：我是积极配合组织交代问题的，买卖文物赚的钱也如数上缴了。我买卖文物仅赢利了一万元，文化广播新闻出版局还要对我罚款八万元，我认为太重了。

听证主持人：请案件承办人陈述对当事人行政处罚的法律依据，是否有从轻量罚的可能。

案件承办人：我国法律声明所有地下文物属于国家所有。为了保护地下文物的安全，法律严厉禁止公民、法人、组织买卖属国家所有的出土文物，对此惩罚力度也是重的。罚款额度是根据经营额确定的，不是以获利额度为标准，按照《中华人民共和国文物保护法》第七十一条"违法经营额一万元以上的，并处违法经营额二倍以上五倍以下的罚款"的规定，方某某最后以四万元的价格卖出文物，因此，我们认定方某某的非法经营额为四万元整，我们给予了最低限额八万元的行政处罚。

听证主持人请当事人、案件承办人作最后补充意见：

案件承办人：我们没有补充意见了。

当事人：希望执法部门根据我的认错态度和改正行为，对我从轻处罚。

（本页记录到此）

当事人：方某某	2008 年 6 月 6 日	委托代理人：　/	年 月 日
利害关系人：　/	年 月 日	委托代理人：　/	年 月 日
案件承办人：李某某	2008 年 6 月 6 日	听证主持人：陈某某 2008 年 6 月 6 日	
听证员：李某某	2008 年 6 月 6 日	记录人：李某	2008 年 6 月 6 日

听证笔录

听证主持人：本次听证会已按《中华人民共和国行政处罚法》、《某省行政处罚听证程序实施办法》所规定的程序和步骤进行，通过听证双方陈述与申辩，我们认为当事人对行政执法机关认定的违法事实、调查取得的证据、处罚适用的法律、处罚裁定的依据均未提出新的意见与疑义。听证会到此结束。

（此页是听证笔录尾页）

主持人请听证双方核对听证笔录，核对无误后签字或盖章。

"听证笔录上述内容，记录属实。"

当事人：方某某	2008 年 6 月 6 日	委托代理人：　/	年　月　日
利害关系人：　/	年　月　日	委托代理人：　/	年　月　日
案件承办人：李某某	2008 年 6 月 6 日	听证主持人：陈某某	2008 年 6 月 6 日
听证员：李某某	2008 年 6 月 6 日	记录人：李某	2008 年 6 月 6 日

听证报告

案由：方某某涉嫌买卖某镇某村被盗挖文物案

听证时间：2008 年　6　月　6　日　9　时　0　分至　11　时　15　分

听证地点：某市文化广播新闻出版局二楼会议室　　　　　听证方式：公开

听证主持人：陈某某　　　　听证员：李某某　记录人：李某

当事人：方某某　　　　　　　　　委托代理人：　　　/

利害关系人：　　　　/　　　　　　委托代理人：　　　/

案件承办人：李某某　林某某　　　　　　工作单位：某市文物监察大队

听证会基本情况：某市文化广播新闻出版局于 2008 年 6 月 6 日上午举行了听证会。

听证会按法定程序进行：听证主持人核对听证参加人、听证主持人、听证员和听证记录员，宣布听证纪律，宣读了案由，并告知当事人在听证中的权利与义务。当事人表示对主持人和记录员不提出回避申请。案件承办人员提出当事人违法的事实、证据、依据以及行政处罚建议；当事人进行陈述和申辩；相互辩论、质证；听证主持人按照案件承办人员、当事人的先后顺序征询各方最后意见。

陈述与申辩：案件承办人员称：经调查证实，2008 年 3 月 11 日晚，方某某在某市某宾馆从涉案嫌疑人陈某某和李某某手中买了"五管瓶"、"塔瓶"各一只，成交价三万元整，2008 年 3 月 14 日，方某某又将"五管瓶"、"塔瓶"以四万元的价格转卖给某地人"老二"，获利一万元整。方某某在与陈某某进行交易时已得知"五管瓶"、"塔瓶"是刚从地下挖出的文物。认定本案违法事实的主要依据有：当事人方某某、陈某某、李某某的交代——《调查（询问）笔录》（一）、（二）、（三）；某市某宾馆入住登记复印件等；某市工商银行某路营业部关于方某某与陈某某人民币存取证明、某市工商银行某路营业部关于方某某电汇人民币的证明；陈某某、李某某、江某某分赃清单复印件；某省文物鉴定中心的鉴定意见复印件等。当事人申辩称：对案件承办人提出的事实及证据无疑义，但认为自己未参加盗挖古墓葬，罚款不应过重，可适量减轻。案件承办人陈述：根据调查事实认定，方某某非法买卖了国家禁止买卖的文物，其行为违反了《中华人民共和国文物保护法》第五十一条第（一）、（四）项的规定，执法机关并未认定方某某参与盗挖古墓葬。对方某某的行政处罚也是依据《中华人民共和国文物保护法》第七十一条的规定决定的。当事人又申辩称：自己买卖文物仅赢利了一万元，执法机关罚款八万元，处罚

听证报告

过重了。案件承办人认为：罚款额度是根据经营额确定的，不是以获利额度为标准，按照《中华人民共和国文物保护法》第七十一条"违法经营额一万元以上的，并处违法经营额二倍以上五倍以下的罚款"的规定，方某某最后以四万元的价格卖出文物，因此，方某某的非法经营额为四万元整，执法机关给予了最低限额八万元的行政处罚。最后，当事人对行政执法机关认定的违法事实、调查取得的证据、处罚适用的法律、处罚裁定的依据均未提出新的意见与疑义。听证会就此结束。

意见及建议：我们认为，方某某买卖某市某镇某村被盗挖文物案，事实确凿，证据充分，适用法律正确，程序合法，处罚得当，当事人要求从轻处罚的事实与法律依据不存在。因此，本听证会维持某市文化广播新闻出版局提出的行政处罚意见。

（以下无正文）

听证主持人：陈某某（签名）　听证员：李某某（签名）　　　2008 年 6 月 7 日

案件集体讨论记录

时间：　2008　年　6　月　27　日　9　时　0　分至　10　时　30　分

地点：某市化广播新闻出版局二楼会议室

集体讨论案由：方某某涉嫌买卖某镇某村被盗挖文物案

主持人：郑某某　　职务：局长　记录人：洪某某　职务：办公室秘书

参加人：王某某（副局长）、成某某（副局长）、陈某某（局办主任）、陈某某（队长）、李某某（办案人员）、林某某（办案人员）。

案件承办人汇报案件情况：

李某某：2008年4月4日15时05分，我队接举报，反映某镇某村某组村民方某某倒卖文物。2008年4月5日我队立案调查，办案人员对涉案嫌疑人方某某、陈某某、李某某做了询问笔录，对案件所涉及的场所进行了调查。经多方调查取证，证实方某某于2008年3月11日晚，在本市某宾馆319号客房内，从本村村民陈某某和李某某手中买了"五管瓶"、"塔瓶"各一只，成交价三万元整，2008年3月14日，方某某又将"五管瓶"、"塔瓶"以四万元的价格转卖到某地，买方是某地人"老二"，获利一万元整。调查反映，方某某在与陈某某进行交易时已得知"五管瓶"、"塔瓶"是最近在本村挖出的地下文物。认定本案违法事实的主要依据有：当事人方某某、陈某某、李某某的交代——《调查（询问）笔录》（一）、（二）、（三）；某市某宾馆入住登记复印件等；某市工商银行某路营业部关于方某某与陈某某人民币存取证明、某市工商银行某路营业部关于方某某电汇人民币的证明；陈某某、李某某、江某某分赃清单复印件；某省文物鉴定中心的鉴定意见复印件等。本案经调查、询问笔录，于2008年4月22日调查终结。

听证主持人汇报听证情况：

陈某某：依当事人提出，某市文化广播新闻出版局于2008年6月6日9时0分至11时15分，在本局二楼会议室举行了"方某某涉嫌买卖某镇某村被盗挖的文物案"处罚意见听证会。听证会按规定的程序和要求进行。听证双方争议的主要问题是：当事人认为，行政执法机关对其违法行为处罚过重，认为自己未参与盗挖古墓葬，买卖文物仅赢利了一万元，事后能积极配合执法机关调查案件，非法所得也如实上缴，认错态度较好，应给予从轻处罚。案件承办人认为，行政执法机关根据调查事实认定了方某某的行为违反《中华人民共和国文物保护法》第五十一条第（一）、

案件集体讨论记录

（四）项的规定，属于"非法买卖国家禁止买卖的文物"，而从未认定方某某参与盗挖古墓葬。因此，对方某某的处罚是根据《中华人民共和国文物保护法》第七十一条的规定执行的。针对"买卖国家禁止买卖文物"的行为，其处罚规定是"违法经营额一万元以上的，并处违法经营额二倍以上五倍以下的罚款"，行政执法机关认为方某某最后以四万元的价格卖出文物，因此，方某某的非法经营额为四万元整，做出没收违法所得，和最低额度罚款八万元的处罚已是法律规定的罚款额最底线了，不存在向下裁量的幅度。最后，当事人对行政执法机关认定的违法事实、调查取得的证据、处罚适用的法律、处罚裁定的依据均未提出新的意见与疑义。听证会就此结束。建议：维持行政执法机关拟处罚意见。

参加讨论人员意见和理由：

王某某：刚才案件承办人已汇报了案件调查情况，陈某某也通报了听证会情况，我认为此案事实清楚，证据确凿，法律适用也是正确的。我市非法盗挖古墓葬和盗掘古遗址的非法行为时有发生，盗挖文物私下买卖也十分猖獗，管理部门应以法律为武器，加大对违法犯罪活动的打击力度。对违法者绳之于法，就是对社会最好的法律宣传，也是保护我市地下文物安全的重要措施。

郑某某：本案重要物证——"五管瓶"、"塔瓶"已被卖掉，执法人员查不到物证的去处，那么，执法人员确定当事人行为违法的证据是什么，该证据是否能成立？

李某某：本案所依据的主要证据是涉案嫌疑人的交代和证人证言。证人证言和当事人的陈述都是《行政诉讼法》规定的证据种类之一，方某某与陈某某、李某某的交代在事实经过等主要细节上是一致的，如私下交易的地点、时间、参与交易的人、交易的价格，以及一些能证明事实存在的如包装文物的器物、对文物形状、特征的描述等，因此，依据方某某和陈某某、李某某的交代，可证明证据是真实的，违法事实是成立的。我本人同意案件承办人的意见。

成某某：方某某要求听证的理由是我局对其买卖某镇某村被盗挖文物的违法行为处罚过重，《中华人民共和国文物保护法》是怎样规定的？有没有其他可选择的法律规定？

李某某：《中华人民共和国文物保护法》第七十一条规定："买卖国家禁止买卖的文物或者将禁止出境的文物转让、出租、质押给外国人，尚不构成犯罪的，由县级

案件集体讨论记录

以上人民政府文物主管部门责令改正，没收违法所得，违法经营额一万元以上的，并处违法经营额二倍以上五倍以下的罚款；违法经营额不足一万元的，并处五千元以上二万元以下的罚款。"方某某以四万元的经营额将文物卖出，根据法律规定，对他处以八万元的罚款已是行政处罚的最底线了。对于非法买卖文物行为的处罚，可适用的法律即是《中华人民共和国文物保护法》第七十一条。

结论性意见：

此案事实清楚，证据充分，当事人对案件承办人认定的违法事实没有异议。案件承办人对法律的适用是正确的，处罚也是适当的。维持行政执法机关做出的"没收违法所得人民币一万元整，罚款人民币八万元整"的处罚意见。

（以下无正文）

主持人：郑某某　（签名）　　　　　　　　记录人：洪某某（签名）

参加人：王某某、成某某、陈某某、陈某某、李某某、林某某（签名）

2008 年 6 月 27 日

案件处理审批表

案由	方某某涉嫌买卖某市某镇某村被盗挖文物案				案件来源	公民（匿名）电话举报
当事人	个人	姓名	方某某	性别	男	出生年月	××年×月

当事人	个人	姓名	方某某	性别	男	出生年月	××年×月
		身份证件号	×××××××××××			电话	×××××
		住址	某市某镇某村某组			邮编	×××××
		工作单位	/			邮编	/
	单位	名称	/	法定代表人	/	电话	/
		地址	/			邮编	/

案件调查处理基本情况	2008 年 4 月 5 日我队立案调查，办案人员对当事人方某某、（当事人另案）陈某某、李某某、江某某做了询问笔录，对案件所涉及的场所进行调查。经多方取证，证实方某某于 2008 年 3 月 11 日晚，在本市某宾馆 319 号客房内，从本村村民陈某某和李某某手中买了"五管瓶"、"塔瓶"各一只，成交价三万元整，2008 年 3 月 14 日，方某某又将"五管瓶"、"塔瓶"以四万元的价格转卖到某地，买方是某地人"老二"，获利一万元整。调查反映，方某某在与陈某某进行交易时已得知"五管瓶"、"塔瓶"是最近在本村挖出的地下文物。当事人的行为违反了《中华人民共和国文物保护法》第五十一条第（一）、（四）项的规定，属于"非法买卖国家禁止买卖的文物"。根据《中华人民共和国文物保护法》第七十一条"买卖国家禁止买卖的文物或者将禁止出境的文物转让、出租、质押给外国人，尚不构成犯罪的，由县级以上人民政府文物主管部门责令改正，没收违法所得，违法经营额一万元以上的，并处违法经营额二倍以上五倍以下的罚款；违法经营额不足一万元的，并处五千元以上二万元以下的罚款"的处罚规定，拟对当事人处：没收违法所得一万元整；罚款人民币八万元整。本案已经询问调查，取证，2008 年 6 月 6 日举行了听证会。

承办人意见	根据听证会"通过听证双方陈述与申辩，我们认为当事人对行政执法机关认定的违法事实、调查取得的证据、处罚适用的法律、处罚裁定的依据均未提出新的意见与疑义"的结论意见，建议作出如下行政处罚决定：1. 没收违法所得一万元整；2. 罚款人民币八万元整。 李某某、林某某　　　　　　　　　　　2008 年 6 月 25 日
承办机构审核意见	拟同意案件承办人意见，提交局长办公会议集体讨论决定。 陈某某（某市文物监察大队公章） 2008 年 6 月 25 日
行政机关负责人审批意见	同意局长办公会议讨论决定意见，对当事人处行政罚款：1. 没收违法所得一万元整；2. 罚款人民币八万元整。 郑某某（行政负责人签字章） 2008 年 6 月 28 日

罚没款缴款凭证

此处粘贴方某某到指定银行缴纳罚款的收据

（缴款时间：2008 年 7 月 10 日）

行政处罚案件结案审批表

<table>
<tr><td rowspan="6">当事人</td><td rowspan="4">个人</td><td>姓名</td><td>方某某</td><td>性别</td><td>男</td><td>出生年月</td><td>1964 年 ×月
×日</td></tr>
<tr><td>身份证件</td><td colspan="3">×××××××××××</td><td>电话</td><td>×××××</td></tr>
<tr><td>住址</td><td colspan="3">某市某镇某村某组</td><td>邮编</td><td>××××</td></tr>
<tr><td>工作单位</td><td colspan="3">/</td><td>邮编</td><td>/</td></tr>
<tr><td rowspan="2">单位</td><td>名称</td><td>/</td><td>法定代表</td><td>/</td><td>电话</td><td>/</td></tr>
<tr><td>地址</td><td colspan="3">/</td><td>电话</td><td>/</td></tr>
<tr><td colspan="2">行政处罚文书文号</td><td colspan="3">（某）文物罚决字
〔2008〕第（01）号</td><td>发文日期</td><td>2008 年 6 月 28 日</td></tr>
<tr><td colspan="2">案由</td><td colspan="3">方某某买卖某镇某村
被盗文物案</td><td>案件来源</td><td>公民（匿名）电话举报</td></tr>
<tr><td colspan="2">案件简要情况</td><td colspan="5">　　方某某于 2008 年 3 月 11 日，从某市某镇某村村民陈某某和李某某手中买了"五管瓶"、"塔瓶"各一只，成交价三万元整，2008 年 3 月 14 日，方某某又将"五管瓶"、"塔瓶"以四万元的价格转卖到某地，买方是某地人"老二"，获利一万元整。调查反映，方某某在与陈某某进行交易时已得知"五管瓶"、"塔瓶"是最近在本村挖出的地下文物。当事人的行为违反了《中华人民共和国文物保护法》第五十一条第（一）、（四）项的规定，属于"非法买卖国家禁止买卖的文物"的行为。本案经 2008 年 4 月 5 日立案，调查取证，于 2008 年 6 月 6 日听证。</td></tr>
<tr><td colspan="2">行政处罚内容</td><td colspan="5">　　根据《中华人民共和国文物保护法》第七十一条之规定，我机关于 2008 年 6 月 28 日对当事人依法作出了如下行政处罚决定：1. 没收违法所得一万元整；2. 罚款人民币八万元整。于 6 月 29 日送达决定书。</td></tr>
<tr><td colspan="2">行政处罚执行情况</td><td colspan="5">　　当事人已于 2008 年 7 月 10 日将罚没款如数缴至指定银行，缴款收据编号为：×××××××。</td></tr>
</table>

执行方式	☑自动履行　　　　　□申请法院强制执行
承办人意见	当事人已履行了行政处罚决定的内容，建议结案。 李某某、林某某 <div align="right">2008 年 8 月 29 日</div>
承办机构审核意见	拟同意结案。　　　　　　　陈某某（某市文物监察大队公章） <div align="right">2008 年 8 月 29 日</div>
行政机关负责人审批意见	同意结案。　　郑某某（行政处罚机关负责人签字章） <div align="right">2008 年 8 月 30 日</div>

第五部分

文物行政处罚中常见问题
及注意事项

一　合法性问题

（一）　主体资格问题

1. 实施行政处罚的主体应具有法定资格，必须经过省市或区县人民政府确认；行政执法人员必须是经过备案，具有执法资格的人员；

2. 实施行政处罚应按照法定职权，对外使用的文书必须加盖行政机关的印章；

3. 被处罚主体必须是违法当事人，必须是依法能够独立行使权利、承担法律责任的公民、法人或其他组织；

4. 在所有文书中，被处罚主体名称必须一致，不得使用简称；

5. 不得对不满十四周岁的人和精神病人在不能辨认或者不能控制自己行为时的违法行为作出行政处罚。

（二）　违法事实及证据问题

1. 主要法律文书事实必须清楚（主要法律文书包括：行政处罚决定书、证据类文书）；

2. 认定违法事实必须有法律依据；

3. 认定违法事实必须清楚，必须有充分的事实依据；

4. 认定违法事实必须有相关证据证明；

5. 卷中主要证据能证明违法事实；

6. 卷中主要证据要具有合法性和有效性；

7. 必须确认被处罚主体身份。

（三）　适用法律问题

1. 实施行政处罚要有法律依据；

2. 必须适用现行有效法律依据实施处罚；

3. 认定违法事实或实施行政处罚要引用法律依据；

4. 适用法律依据必须准确（应当适用甲法不能适用乙法）；

5. 适用法律正确，引用条、款、项也必须准确；

6. 行政处罚种类和幅度要符合法律规定。

（四）行政处罚程序问题

1. 必须两名或两名以上执法人员进行调查或检查；
2. 必须告知当事人事实、理由、依据；
3. 必须告知陈述、申辩权；
4. 符合听证条件的，应当告知当事人听证权；
5. 依法应当举行听证的，必须组织举行听证；
6. 除依法当场处罚的，作出处罚决定必须履行审批程序；
7. 实施行政处罚程序不能倒置；
8. 依法应当进行集体讨论的，必须要经集体讨论程序；
9. 依法应当报上级机关审批的案件，必须履行上报审批程序；
10. 依法应当送达的法律文书，必须履行送达程序；
11. 处罚决定书的处罚内容与审批内容必须一致；
12. 卷中不得缺少行政处罚决定书；
13. 送达行政处罚决定书前应告知听证权；
14. 不能违法使用查封扣押权。

二　规范性问题

（一）行政处罚决定书

1. 告知听证后必须满三日才能做出行政处罚决定，被处罚人明确表示放弃听证的除外；

2. 决定书日期与审批日期必须一致；

3. 必须告知行政复议和行政诉讼权利和内容，告知要准确；

4. 不得把非行政处罚种类作为处罚种类；

5. 实施处罚依法应并处的必须并处；

6. 引用法律依据必须写全称；

7. 不得缺少行政机关名称或日期；

8. 被处罚主体基本情况记载要全面；（公民：姓名、性别、年龄、职业、单位、住址；法人：名称、法定代表人、地址）

9. 违法事实要素记载要全面；

10. 引用法律依据条、款、项、目表述要规范；

11. 行政复议和行政诉讼权利告知要规范。

（二）送达文书

1. 送达文书不得超过法定时限；

2. 送达回证要素要全面；

3. 送达回证要有行政机关印章；

4. 送达行政处罚决定书和缴款书记载名称、文号要全面准确。

（三）现场勘验笔录

1. 必须出示证件，表明身份；

2. 勘验笔录对象要与被处罚主体一致，如果不一致的要说明两者之间关系；

3. 当事人、执法人员在笔录上要签署姓名或注明"情况属实"字样，如果未按要求办理的要说明原因；

4. 勘验时间、勘验地点、勘验内容、勘验方式填写要规范。

（四）询问笔录

1. 一份笔录只能记录一名被询问人回答内容；

2. 询问笔录中被询问人拒绝签字，执法人员要说明情况；

3. 询问笔录要经询问人、记录人和本人签字；

4. 询问笔录中主要事实修改处要做技术处理；（主要事实是指姓名、地名、时间、行为、数量等影响案件事实的记录内容，技术处理是指在涂改处压上被询问人指印）

5. 被询问人要在询问笔录上签署"记录属实"字样；

6. 被询问人基本情况填写要完整；

7. 询问时间、地点填写要规范；

8. 询问笔录修改或笔误要做技术处理（指不影响案件事实的其他错误，修改处未压被询问人指印）；

9. 笔录末页要顶格签字；

10. 询问笔录被询问人要逐页签字。

（五）提取证物、查封扣押、先行登记保存文书等证据类文书

1. 先行登记保存物品要事先得到批准；

2. 先行登记保存物品必须做出处理决定；

3. 拍卖物品要明确去向；

4. 被提取证物、查封扣押、先行登记保存物品要填写物品清单；

5. 被先行登记保存物品 7 日内要做出处理决定；

6. 清单中的物品数量、品种等与对应的处理文书中要一致；

7. 鉴定结论必须由有权鉴定机构做出；

8. 鉴定结论要有鉴定人员签字或鉴定机构印章；

9. 被处罚人委托代理人或委托事项、权限要具体；

10. 授权委托书要素要齐全，制作要规范；

11. 查封扣押、抽样取证、证据保全文书、物品清单要素要齐全，填制要规范。

（六）重大案件集体讨论记录

1. 讨论时间、地点要准确；

2. 案由填写要清楚；

3. 参加人要签名，要填写职务；

4. 必须有结论性意见；

5. 必须分别记录参加讨论人员的主要观点和意见。

（七）听证文书

1. 履行听证程序必须有相关法律文书；

2. 听证通知书中要告知当事人，3 日内未提出书面申请视为放弃听证权；

3. 听证通知书中要告知当事人，无故不按时参加听证视为放弃听证权；

4. 通知中的听证时间、地点要准确；

5. 听证通知书、听证公告中要说明听证案由；

6. 听证通知书、听证公告中要说明听证主持人；

7. 听证笔录参加人签字要清楚；（听证参加人包括：听证申请人、委托代理人、案件调查人、主持人、记录人；听证参加人必须在听证笔录上清晰准确地填写自己姓名）

8. 听证报告结论性意见要明确；

9. 听证笔录起止时间、地点、案由，填写要规范；

10. 听证通知书中其他告知内容要齐全；

11. 听证文书要素要齐全，制作要规范。

（八）案件处理呈批表（调查终结报告）

1. 审核意见必须明确；

2. 负责人批准意见必须明确；

3. 负责人要签姓名和时间；

4. 案由填写要清楚；

5. 违法事实要素表述要清楚；

6. 承办人必须有明确的意见，不得少于两名以上承办人签名；

7. 承办人要签姓名和时间；

8. 审核人要签姓名和时间。

（九）移送文书问题

1. 案由填写要规范；

2. 案件性质和管辖必须明确；

3. 当事人基本情况填写要齐全、规范；

4. 移送理由要明确，主要案情要明确；

5. 承办人意见必须明确；

6. 承办人要签写姓名和时间；

7. 负责人批准意见要明确；

8. 负责人要签写姓名和时间；

9. 移送文书清单填写要齐全。

（十）行政处罚强制执行申请书

1. 申请强制执行的法律依据名称、依据必须准确；

2. 申请执行项目必须明确；

3. 案由叙述要清楚；

4. 送达日期、被处罚对象基本情况填写要规范。

（十一）延期缴纳审批文书

1. 延期缴纳审批文书文号与行政处罚决定书文号要一致；

2. 延期缴纳理由必须是法定理由；

3. 罚没财物要有处理结果；

4. 分期缴纳方式要明确；

5. 负责人批准意见要明确；

6. 负责人要签名和填写时间；

7. 行政处罚未执行部分要说明情况；

8. 责令改正文书要有复查记载。

（十二）缴款书

1. 缴款书处罚金额与处罚决定书中的罚没款金额要一致，不一致的要说明情况；

2. 缴款书上被处罚人的名称与处罚决定书上的要一致，不一致的要说明情况；

3. 缴款书中行政处罚决定书文号与行政处罚决定书要一致；

4. 缴款期限填写必须准确；

5. 缴款书填写要规范。

（十三）结案文书

1. 必须有结案审批文书；

2. 行政处罚决定要有执行结果。

3. 承办人要有明确的"建议结案"意见；

4. 结案审批要有明确的"同意结案"意见；

5. 行政处罚未执行部分要说明情况。

（十四）其他规范性问题

1. 法律文书中的签名不能机打或互相代替签名；

2. 制式文书填制要规范；

3. 法律文书中有错别字或涂改要经技术处理；

4. 法律文书（行政处罚决定书除外）引用的法律依据款、项要分清；

5. 复印件等传来证据要注明"核对无误，与原件一致"等字样并签署日期，加盖单位公章。

（十五）立卷归档问题

1. 应当另卷保存的，要分正卷、副卷分装；

2. 卷内文书不得有使用铅笔、圆珠笔或红笔痕迹；

3. 不能随文书装订立卷的证据，要放入证据袋；

4. 要按顺序装订文书（行政处罚决定书和送达回证在首页，其余按办案时间顺序；或者行政处罚决定书和送达回证在首页，其余按文书种类排序）；

  5. 破损文书要修补、复制；小文书要衬纸粘贴，大文书要折叠整齐；

  6. 卷内文书要按格式（正页在右上角，反页在左上角）逐页编写页码；

  7. 卷内目录和备考表填写要规范；

  8. 卷内不得有金属物。

后　　记

　　为纪念《中华人民共和国文物保护法》修订实施五周年，进一步推进依法行政，加强文物法制工作，强化行政执法，规范执法行为、提高执法水平，促进文化遗产事业发展繁荣，国家文物局继编辑出版《中华人民共和国文化遗产保护法律文件选编》、《国际文化遗产保护文件选编》、《文化遗产保护地方法律文件选编》后，编辑出版此《文物行政执法案例选编与评析》。

　　《文物行政执法案例选编与评析》简要介绍了文物法制工作的基本情况，对近年来的文物行政执法工作现状进行了概述，并着重将第一届文物行政执法案卷评比工作中各地选送的文物行政执法案卷进行整理、编辑和甄选，对其中一些具有代表性的案卷进行分析评价，制作了示范案卷，对执法过程中易出现的一些问题进行解答和解释。

　　本书的编辑出版，得到了各地文物行政部门的大力支持，尤其是北京市文物局和浙江省文物监察总队参与编写了本书的大部分章节，文物出版社也为此书的出版付出辛勤劳动，在此一并致以谢意。

国家文物局

2008 年 12 月